입시설계,
초등부터
시작하라

서울대 입학사정관이 알려주는
입시 맞춤형 공부법

입시 설계, 초등부터 시작하라

진동섭 지음

포르체

차례

프롤로그	전적으로 제 말을 믿으셔야 합니다	8
4차 개정판을 발간하며	고교학점제, 선택과 책임의 시대가 열립니다	18

제1장
입시 첫걸음, **공부 역량**을 키우셔야 합니다

1	이제 탐구력이 핵심이다	24
2	책, 책, 책! 공부의 기본, 독서	36
3	수리력을 기르는 수학 공부법	51
4	자유학기제에서 공부 도전을 배우는 법	61
5	중2병이 입시의 관건, 사춘기 아이와 소통하는 법	68
6	책상에 앉기 싫은 아이, 공부 습관 들이는 방법	71
7	수능과 내신 공부의 비법	86

제2장
고교학점제와 대입 제도 변화에 대비하셔야 합니다

1. 고교학점제 완전 이해 *100*
2. 2028 대입 준비하기 *135*
3. '꺼내는 교육'이라는 IB 교육과정 *156*
4. 대입 준비의 기본, 수능 vs. 학생부종합전형 *166*

제3장
입학사정관만 알고 있는 비밀

1. 교육 과정을 이해해야 입시가 보입니다 *182*
2. 학생부종합전형 평가 기준의 비밀 *206*
3. 입학사정관의 특별한 평가 방식 *217*

제4장
결국 학생부종합전형이 관건입니다

1	입시에 대한 오해를 풀어야 합니다 *222*
2	나에게 필요한 정보를 구분해야 합니다 *226*
3	공부는 태도가 먼저입니다 *230*
4	진짜 목표를 세워야 합니다 *233*
5	면접을 준비해야 합니다 *238*
6	대학은 발전 가능성을 보고 선발합니다 *243*
7	도전하라, 열릴 것입니다 *246*
8	개념학습보다 중요한 것은 없습니다 *249*
9	대학은 스스로 공부하는 학생을 원합니다 *253*
10	학생부종합전형의 8할은 교과입니다 *256*

11	학생부종합전형, 내신 성적이 오르면 유리할까요?	265
12	한 번 망친 시험이 발목을 잡지 않습니다	270
13	자기주도 학업 역량의 중요성	273
14	전공적합성에 대한 오해	277
15	결국은 학교 공부입니다	285

전적으로 제 말을 믿으셔야 합니다

5천 년 전인 수메르 문명 시대에도 어떤 아버지는 점토판에 아들이 공부는 하지 않고 사냥이나 다닌다는 한탄을 남겼다고 한다. 세상이 지금처럼 복잡하지 않았을 때에도 자녀의 공부 문제가 부모의 걱정거리였다니 교육에 대한 걱정은 동서고금을 막론하고 부모 된 사람의 공통분모임에 틀림없다. 그러나 같은 걱정이어도 현대사회에서는 그 양상이 조금 다르다. 과거에는 자녀를 많이 낳았기에 그중 잘하는 아이도 있고 못하는 아이도 있었다. 그러나 생계유지에 바쁜 부모는 모든 자녀를 돌보고 뒷바라지할 시간과 여력이 없었다. 그래서 스스로 공부하는 아이는 공부를 시켜주고, 공부하지 않는 아이는 굽은 나무니까 선산을 지키려니 하고 얼마간 공부시키기를 포기했다. 경제 규모가 크지 않았던 시절, 자녀를 셋 이상은 두었을 때만 해도 부모가 자식의 공부에 지금처럼 인생을 쏟아붓지는 않았다. 물론 1960년대에도 치맛바람은 국가적인 병이라고 했지만 규모나 걱정의 크기가 21세기 현재의 양상과는 비교할 바가 못 된다. 지금 대한민국 사회는 모든 부모가 자식의 공부 걱정에 과열되어 있다. 이 과열 양상은 아이를 많이 낳지 않는 탓도 크고, 또 공부해야 할 방향이 달라지고 그에 따라 대입 제도가 달라졌기 때문이기도 하다. 문제는 어떤 것이든지 과열이 되면 부작용만 커진다는 점이다.

현대 사회는 지식의 수명이 짧기에 학교에서 배우는 것이 과연 미래에 어떤 의미를 갖는지에 대하여 회의적으로 말하는 사람도 많다. 그래서 홈스쿨링을 선택하거나 대안 교육을 선택하기도 한다. 그러나 대부분의 학부모는 국가가 마련한 공교육의 틀에서 자녀가 잘 적응하고 자라기를 바란다. 공교육은 국가 수준 교육과정에 바탕을 두고 학생을 교육할 계획을 세운다. 이 계획은 국가 수준에서 보면 어느 학교나 차이가 별로 없다. 그래서 어느 학교에서 공부해도 대학수학능력시험(수능)을 보는 데 지장이 없다.

그런데 사회가 변하면서 이러한 시스템이 잘 들어맞지 않게 되었다. 인터넷과 스마트폰이 백과사전을 간직한 뇌를 대신하게 되면서 '살아 있는 백과사전'이 성공하던 시대는 가고 창의적인 사람이 존중받는 시대가 왔다. 이제는 많은 지식을 쌓은 사람보다 새로운 것을 만들어낼 수 있는 역량을 갖춘 사람이 대우받는다. 남다른 생각이 남과 같은 생각을 이기고, 새로운 것을 만들어 열광시키는 사람이 뜬다. 최근 들어 크게 성공한 기업을 운영하고 살펴보면 전통적인 산업보다 새로운 시장, 블루오션을 개척한 분야가 더 많으므로 이를 부정하기가 어렵다. 음식점이 개별적으로 배달할 수 있는 수단을 갖추어야 했던 과거를 부정하고 배달 중계를 전문으로 하는 시스템을 개발하여 기업으로 키운 사례를 보면, 생각의 차이가 삶의 차이를 만들어 낸다는 것에 동의하지 않을 수 없다.

그런데 우리 교육의 문제는 이런 창의적인 사람보다 교과서를 외워서 높은 점수를 받는 사람들을 선발하는 제도를 갖추고 있다는 점에 있다. 부모들은 자녀가 대학이라는 좋은 고등 교육 기회를 얻어 선진 지식을 배우고 역량을 길러 성공적인 삶을 살아가기를 바란다. 이 고등교육의 기회를 얻는 과정이 '좁은 문'이다. 누구나 원한다고 이 문 안으로 들어갈 수 있는 것이 아니다. 그러다 보니 아이들은 좁은 문으로 들어갈 수 있는 자격을 얻는 시험에 바로 적용할 수 있는 공부만 한다. 능력을 길러 훗날을 대비해야 한다는 말은 귓전으로 흘려듣는다. 학생을 가르치는 학교 또한 수능에 도움이 되는 공부만을 시켰다.

우리나라 학교는 대한민국 건국 이전에도 시험에 대비하는 공부를 시켜왔다. 조선시대 소설 《춘향전》의 주인공 이몽룡도 과거급제에 성공하기 위한 공부를 했다. 그가 공부한 서당은 시험공부를 시켜준 곳이다. 이몽룡이 시험 볼 때 출제된 문제는 단 하나, '춘당춘색이 고금동春塘春色古今同'이라는 문제였다. 지금과는 달리 당시에는 논술형이었던 것이다. 이 문제에 답을 쓰기 위해서는 관련 지식을 외우는 데 그치지 않고 사고력과 문장력을 기르기 위한 공부도 했을 것이다. 교과서에서 문제가 나오는 것이 아니므로 다양한 상황에 대비하는 공부를 통해 문제해결력 또한 길렀을 것이다.

그런데 지금은 이런 문제를 낼 수 없는 것이 현실이다. 정해진 교과서로 공부하고 거기서 출제하는 것이 아니라 외부에서 문제를 출제하면 학교 공부와 거리가 먼 것처럼 느껴져서 공교육보다는 사교육에 의존하려는 경향이 심해진다. 이럴 경우 학교는 그저 졸업장을 받으러 다니는 곳으로 치부되기 마련이다. 현재 대입에 사용되는 전형 요소 중 수능 시험은 이런 문제를 최소화하기 위해 교과와 관련성이 높은 시험으로 재설계되어 있다. 이 시험에서 높은 성적을 받으면 고등교육 기회를 부여받는다. 그런데 다시 문제는 조선시대 과거제도보다 못한 '선택형 시험'이 갖는 태생적인 허약함에서 생긴다. 교육은 자라나는 세대에게 미래 사회를 살아갈 준비를 시켜야 한다. 그런데 더 경쟁이 치열해질 미래 사회에서 살아갈 사람들에게 학교 공부와 연관된 지식을 선택형 시험으로 측정해서 고등 교육 기회를 배분하다 보니 학교와 수험생 모두 허약한 상태로 정체된다는 심각한 문제점이 나타난다.

이 문제를 극복하는 방안으로 제시된 것은 초기 수능과 같이 교과 내용과 좀 무관하게 시험 문제를 출제하는 방식이다. 이 방식은 학교에서 대비시켜 줄 수 없다는 이유로 학교가 손을 놓았고, 사교육 의존도를 높이는 부작용을 낳았다. 대학별 과목형 본고사도 제시되었는데 이 제도도 사교육을 유발하고 대학이 시험을 관리하기가 쉽지 않다는 문제점을 보였다. 선택형 시험의 문제를 극복하는 방안으로 논술고사도 제시되었는데, 논술고사 역시 사교육 의존이 심하다는 것과 시험시간이 짧아 학생의 역량을 평가하기가 어려워 보완재로밖에 사용할 수 없다는 것이 문제점이었다.

이러한 모든 문제를 극복하는 방법을 서울대가 연구하기 시작했다. 서울대학교 학생부종합전형 안내 책자에 따르면 서울대는 2000년에 입학본부를 만들고, 새로운 대입 제도의 적용 가능성을 모색하기 시작했다고 한다. "서울대학교는 2000년부터 우리 교육이 문제 풀이 중심 교육에서 벗어나야 함을 인식하고 학생부종합전형에 대해 연구하고 입학전형에 적용해 왔습니다. 2002년에 수시모집에서 교과 외 영역에 대한 서류 평가를 시작하여 2005년부터는 학교생활기록부, 추천서, 자기소개서를 종합적으로 활용하는 서류 평가 체계를 마련하였습니다."라는 내용이 그것이다.

정부 차원에서 대입전형으로 입학사정관제를 도입하겠다고 발표한 것은 2004년이다. 당시 대입 3년 예고제 개념을 적용하여 입학사정관제는 2008학년도 대입에서 적용하겠다고 하였다. 그런데 서울대는 2000년부터 이 평가 방식을 연구했다고 밝히고 있다. 서울대가 새로운 대입 제도를 연구한 까닭은 우리나라 고등학교가 수능 시대에는 수능 공부를, 논술 시대에는 논술 공부를 시키니, 학생이 학교 공부에서 공부시킨 전모를 평가하면 학교가 제대로 돌아가지 않겠냐는 생각에서 시도한 것으로 이해할 수 있다. 이 방안이 2004년에 노무현 정부에 의해 공식화된 것은 정부 차원에서도 학교 교육을 학교 자체의 동력으로 바꾸면 좋겠지만, 대입 제도를 그대로 두고는 교육을 바꾸기 어려우니 대입 제도 개선을 통해 학교 교육을 바꾸는 동력을 갖추도록 하는 것이 효과적이라고 판단했기 때문이다. 그러나 도입 초기에는 학교 교육을 바꾸는 데 한계를 보였다. 수능에서 점수 대신 등급만 제공하는 방식은 한해만 적용되었으며, 이후에도 입학사정관제보다 수능의 영향력과 범위가 더 컸고 입학사정관제는 소규모 전형이었기 때문이다. 그래서 학교 현장은 서울대나 정부가 의도한 대로 바뀌지 않았다. 2010년경에도 학부모와 학생들은 발표 위주의 수업을 진행하면 대학 가기 불리하다는 항의를 학교에 했었다.

그러나 현재의 학생부종합전형은 초기의 입학사정관제와는 크게 다른 방식으로 운영되고 있다. 학생부를 정성적으로 평가하는 전형은 시기별로 특징이 있어, 1~3기로 나누어 볼 수 있다.

1기는 입학사정관제가 도입되어 학생부종합전형으로 바뀌기 전까지의 시기이다. 정부는 2008학년도 대입부터 입학사정관제를 적용하겠다고 했으니 시작은 이때부터다. 이 시기에는 학생부보다 스펙 또는 비교과 활동이 중요했는데, 이런 기조는 2013학년도 대입까지 이어졌다. 2014학년도 대입도 이 시기에 포함되어야 하지만 일부 과도기적 모습을 보였다. 2011학년도부터 교외체험활동, 교외수상 등을 학교생활기록부에 기재하지 못하게 하면서 2013학년도와 2014학년도 대입은 이전과 달라지고 있었기 때문이다. 하여간 이 시기의 학교 수업은 수능 문제 풀이를 중심으로 이루어졌고, 학교 성적은 기출문제와 모의고사 문제를 변형한 선택형 문항을 맞춘 결과로 나왔으므로 성적과 학생의 공부 역량이 거리가 있을 수도 있는 시기였다. 학교는 교과 수업은 수능 대비를 위주로 하고, 소논문 쓰기, 진로 적합성을 높이기 위한 봉사활동 하기, 외국어 등 인증시험 성적 따기 등 학교 수업보다는 다양한 프로그램으로 입학사정관제에 대비했다. 이 시기의 학교 모습은 정부의 대입 제도 개선 의도와는 방향을 달리했다. 사실 이 시기의 입학사정관제에 대한 인식이 아직도 남아 있어서 학생부종합전형의 합격 여부는 비교과가 좌우한다, 등급 평균대로 붙는다 등의 부정적 사례가 보도되기도 한다.

2기는 학생부종합전형으로 이름을 바꾼 2015학년도 대입부터 시작된다. 학생부종합전형은 이름도 '학종'으로 간략하게 줄여 부르게 되었다. 세간에서는 학생부종합전형은 금수저 전형이라고 평하면서 학생부종합전형에 대한 거부감 확산도 이때부터 본격화된다. 학생부종합전형은 상위권 대학에서 가장 많은 학생을 선발하는 전형 요소로 등장하여, 학교는 이 전형에 대비하게 되었다. 입시를 준비한다는 학교 속성은 변하지 않았지만, 이전 시대에는 입시 대비 문제나 풀어주는 곳이 학교냐고 하는 자조가 있었는데 학생부종합전형 대비를 하게 된 후 그런 자조는 없어졌다. 학생부종합전형은 학생이 교육과정 목표(성취 기준)에 따라 수업에 참여하면서 자기주도적으로 학습했는지를 중시하므로 학교 교육이 바뀌기 시작했다. 그러나 이 전형은 공정성 논란에서 자유롭지는 못하였다.

3기는 대입 제도의 공정성 강화를 강력하게 적용하는 2021학년도 대입부터 시작되었다. 정부는 학생부종합전형에서 학교 정보를 대학에 제공하지 못하도록 하였고, 개인 정보도 제공하지 않도록 하였다. 추천서와 자기소개서도 없앴다. 학교 정보뿐 아니라 학생부의 일부 내용도 대학에 제공되지 않게 되자 이전 시기와는 다른 양상으로 학생부종합전형이 전개되기 시작하였다. 대학에서 전공할 때 필요한 과목을 선택해서 공부했는지, 그 공부를 충실히 했는지가 평가의 중요한 요소로 자리 잡았고 따라서 교과 학습이 더 중시되었다. 또한 공부를 충실히 하는 것은 탐구활동을 통하여 깊이 있게 학습하는 것이라는 생각도 자리 잡았다. 한편 주요 대학은 정시에 40% 이상을 수능 위주로 선발하도록 하여 학교는 수능 대비를 외면할 수 없게 되기도 하였다.

그러나 이러한 변화는 큰 흐름의 맥을 가지고 있다. 학생부종합전형은 학교가 학생들의 역량을 길러 주면 그 결과를 바탕으로 학생을 선발하는 제도이다. 대학은 학생부종합전형 선발을 확대하게 되기를 바란다. 대학은 학생부종합전형을 유지·발전시켜서 학교가 제 모습을 갖추도록 돕고, 이에 따라 고등학교가 학생의 역량을 길러 주는 교육을 하게 되면 더 많은 학생이 역량을 갖출 것이므로 대학에서 고등교육을 받을 기회를 부여받는 학생들의 질도 높아지는 선순환이 이루어질 것으로 기대하는 방향이 큰 흐름이다. 대학은 꼼수를 써서 좋아 보이게 화장을 한 학생보다는 학교 교육을 충실히 받아 올곧게 성장한 학생을 선발하는 것을 원칙으로 삼아야 모든 교육적 상황이 바람직해진다는 인식을 바탕으로 대입 전형을 운영한다.

그럼에도 불구하고 학부모의 공부 걱정 안에는 우리 아이가 더 좋은 대학에 입학하는 방법이 무엇인지에 그 답을 알 수 없다는 것이 포함되어 있다. 수능이 유리한지, 학생부종합전형이 유리한지, 수능은 어떻게 대비할 것이며, 학생부종합전형이라면 비교과가 중요한지, 동아리 활동은 어떻게 해야 할지, 독서 기록이 대학에 전달되지 않는다면 이제는 책을 보지 않아도 되는 건지 등 도무지 판단되지 않는 정보가 머리를 어지럽히고 가슴을 답답하게 한다. 이런 판단의 어지러움을 조금 해소할 수 있는 길은 학생을 평가하는 대학의 생각을 읽는 것이다. 대학은 고등학교 수업의 질이 높아져 좋은 인재가 입학하기를 바라고 있으며, 그 인재들이 모교를 빛내서 학교의 위상이 더 높아지기를 바란다. 그러기에 대학의 학생부종합전형 설계에는 원칙이 있다.

  이 책은 이런 원칙을 생각하자는 의도로 쓰게 되었다. 마침 드라마 〈SKY 캐슬〉은 전 서울대 입학사정관을 배경으로 가진 캐릭터를 표면에 내세웠고, 큰 인기를 끌었다. 또한 〈공부가 머니?〉라는 예능 프로그램이 MBC에서 방송되고, 이슈가 되다 보니 이 원칙을 전 서울대 입학사정관으로서의 경험과 2013년도 대입 제도 간소화를 위한 연구에 참여했던 경험으로 풀어낼 수 있는 마당이 생겼다. 드라마의 대사를 빌려오자면 "제 말을 전적으로 믿으셔야 합니다."라고 하겠지만, 과연 믿어 주실까?

돌이켜보면 엉겁결에 교사가 되어 학력고사부터 입학사정관제로 인한 정성 평가가 도입된 현재까지 다양한 대학입시를 경험하였고 교사를 그만두고 서울대 입학사정관도 했으며, 지금도 입시에 대해 의견을 내고 있으니 나는 입시와 질긴 인연을 가지고 있다. 사실 내가 서울대 입학사정관이 어떻게 되었는지 궁금해하는 분들이 많다. 대입 제도뿐 아니라 제7차 교육과정 이후 다양한 학교의 교육과정을 검토해서 조언하는 활동을 비롯하여 교육과정에 대한 정책 연구 등으로 교육과정에 대한 안목을 기른 것이 입학사정관이 된 배경에 있다. 입시와 학교 교육과정의 관계 속에 학생부종합전형이 있으므로 두 분야를 아우르는 이야기를 들려드릴 수 있게 된 것에 감사한다.

   더불어 책으로 이야기를 풀어낼 기회를 준 포르체 출판사에 감사의 인사를 드린다.

2020.03. 진동섭

고교학점제,
선택과 책임의 시대가 열립니다

교육부는 2022년 12월에 2022 개정 교육과정을 고시하였다. 지난 개정판을 발간했을 때는 2022 개정 교육과정을 확정 고시하기 전이었지만 대부분의 내용은 교육부가 2021년 2월과 4월의 추진계획에서 발표한 내용과 대동소이했으므로 고교학점제 관련 내용이 크게 달라진 부분은 없다. 고교학점제의 기본 아이디어인 선택형 교육과정 확대, 미이수 제도의 도입과 이로 인한 학기이수제, 수업 개선 등이 그대로 유지되었기 때문이다. 따라서 공부할 내용과 공부하는 방식은 고시 이전과 이후에 변화가 없는 셈이다.

그렇지만 고시된 교육과정에서 교과의 구조와 과목명 등이 분명해졌다. 또한 2023년 12월에 발표한 대입 제도 개편 확정안에서 교과 평가는 대부분 과목을 성취 평가와 함께 상대 평가 5등급도 병행한다고 발표했다. 또한 수능 과목에서 선택과목제를 폐지하고, 수학에서는 기존의 미적분에 해당하는 미적분Ⅱ 과목과 기하를 범위에서 제외하며, 사회와 과학은 통합사회와 통합과학만 범위로 한다고 확정했다. 2024년 8월에는 외국어고와 국제고에서 편성할 수 있는 과목을 추가로 고시했다. 이러한 부분은 2022년 12월의 2022 개정 교육과정 고시 이후의 변화이다.

이번 《입시설계, 초등부터 시작하라》 개정판에서는 교육과정과 대입 제도의 변화된 부분을 소개하고 대비할 방안을 추가로 안내하였다. 입시 측면에서 보면 이번 교육과정 개정과 대입 제도 개편의 핵심은 상대 평가 5등급으로 대입에서 중요시하는 과목을 평가하게 된다는 점, 수능에서 미적분Ⅱ와 사회와 과학 과목의 일반선택과목과 진로선택과목 등이 범위에 포함되지 않는 점 등이다.

교과평가가 5등급으로 되면서 1등급은 10%까지, 2등급은 누적 34%까지로 확대되었다. 교육 당국은 1등급을 4%에서 10%로 완화하면서 경쟁이 완화될 것으로 기대한다지만, 오히려 1등급이 되지 못하면 원하는 대학을 바라보기가 어려워진다는 점에서 다른 부담이 생기게 되었다. 이런 점은 2025학년도 고입에서 벌써 반영되고 있는 것으로 보인다. 또한 성취 평가였던 진로선택과목이 2022 개정 교육과정에서는 5등급으로 상대 평가까지 하는 것도 크게 달라지는 점이다. 또한 소인수과목의 경우 등급을 산출하지 않았던 것은 유지하지만 그 인원을 13명에서 5명 이하로 축소한 것도 큰 변화다. 이렇게 되면 학생은 진로를 고려하여 선택하기보다 더 많은 학생이 선택한 과목을 선택하게 될 가능성이 크다. 학생 수가 더 많은 학교를 선택하려고 할 수도 있다.

그런데 대학의 입장에서 보면 학생은 진로를 고려하여 과목을 선택하기를 바라고 그 과목을 잘 이수하기를 바란다. 등급은 교과전형에서는 중요할 수 있지만 이마저도 보완할 방안을 모색하고 있다. 교과전형에서도 진로 관련 과목 이수 상황을 반영하려고 하는 움직임이 그것이다. 종합전형에서는 수강자 수와 평균 점수 등을 활용하여 학생의 학업 역량과 진로 역량을 평가하려고 한다. 종합전형에서는 현재 방식과 달라지는 점이 거의 없다. 따라서 상대 평가 등급에만 지나치게 연연해하는 것은 오히려 입시에는 부정적인 영향을 미치게 될 가능성이 높다.

수능도 일부 영역이 범위가 축소되므로 대학은 정시에서 수능 이외에 교과평가를 고려하려고 한다. 이미 서울대와 고려대, 연세대, 한양대 등이 정시에서 교과 이수 평가를 하고 있고, 더 많은 대학이 이를 도입하려는 계획을 가지고 있다. 또한 2028 대입에서는 정시에서 40%를 선발해야 하는 서울 소재 대학 중 일부는 30%로 비중을 낮출 수 있게 될 전망이다. 결국 수능을 기본으로 하는 정시 입시에서 교과 평가를 추가로 부과하고 선발인원도 줄게 되면 진로에 맞는 교과를 선택하여 성실히 학습하는 것을 외면할 수 없게 된다. 수능 정시를 노리고 학교를 그만두는 일은 더는 좋은 방법이 아닐 가능성이 크다.

향후 전공자율선택제 등으로 전공을 나중에 정하게 되니 고등학교 때는 어떤 과목이든 성적만 좋으면 대학 가는 데 유리하지 않겠냐고 하지만, 전공자율선택제 역시 대학교 1학년을 마치면 전공을 정해서 자신의 길을 찾아가야 하니, 진로의 방향은 정하고 과목을 선택해서 공부해야 한다.

2026년 5월이 되어야 각 대학의 입시요강 격인 '2028학년도 대입 시행계획'이 발표되므로 아직은 대학별 전형에 대한 정확한 정보가 없다. 그러나 2015 개정 교육과정이든, 2022 개정 교육과정이든 공부는 개념과 원리를 설명할 수 있는 수준으로 이해하고, 이를 바탕으로 탐구 중심의 학습을 자기주도적으로 한다는 점에서는 변함이 없다. 수능 준비도 개념 공부가 우선이고 보면 입시 준비는 학교 공부를 충실하게 하는 데 있다는 점을 기억해야 한다.

이 책을 통하여 독자 여러분이 정확한 정보를 확인하는 데 도움이 되기를 바란다. 또한 4차 개정판을 내기로 한 포르체에 감사드린다.

2025.06. 진동섭

제1장

입시 첫걸음, 공부 역량을 키우셔야 합니다

이제 탐구력이 핵심이다

초등학생 엄마가 질문이 있다고 손을 들었다. "아이가 초등학교 6학년입니다. 공부한다고 아이 친구들이 모여서 머리를 맞대고 뭔가를 하는데 공부하는 것 같지 않아서 뭐 하냐고 물었더니 다음 수학 시간에 발표할 자료를 만들고 있다고 하는데 정말 공부하는 걸까요?"라고 하신다.

중학교 수학 선생님을 학부모 연수 자리에서 만났다. 학생들에게 개념을 알려 주고 그 개념을 활용해서 실생활과 관련 있는 문제를 해결하는 학습 활동을 했다고 한다. 그랬더니 엄마들 몇 분이 교장선생님께 항의해서 제대로 잘 안 돌아가는데, 선생님이 학부모한테 좋은 말씀 좀 해 주십사 하는 부탁의 말씀을 하신다.

이런 교실 상황은 공부와 거리가 먼 것일까? 이 질문에 대한 답은 '탐구'를 통한 학습에 있다. 영어로는 'inquiry'에 해당하는데, 이 탐구는 대학 이상의 교육 단계에서 하는 '연구'와는 차이가 있다. 탐구는 새로운 개념을 만들어 내는 연구와는 다르다. 탐구는 개념과 원리를 배운 뒤 자신이 문제를 해결할 수 있는 역량을 기르는 학습이다. 탐구를 통하여 학습하는 이유는 지식기반사회에서 고급 가치를 만드는 방식이 지식을 많이 암기해서 그대로 문제 상황에 적용하는 데 있지 않고, 습득한 정보와 지식을 통합해서 문제 상황을 합리적으로 해결하는 데 있기 때문이다.

과거의 학습은 교사가 물고기를 잡아 요리하는 과정을 보여주고 나서 '너희도 잘 할 수 있지?'라는 말로 끝을 맺었다. 이 학습은 학생에게 보여주기는 하지만 학생이 직접 고기를 잡아 요리하는 능력이 있는 단계까지는 가지 않았다. 이런 교육은 학생을 무능하게 방치하는 교육이었다. 학생에게 물고기 잡는 방법을 알려 주고 요리하는 법도 알려준 뒤, 학생이 스스로 물고기를 잡아 보고 요리도 해 보는 학습이어야 학생이 역량이 길러진다. 학생은 가르쳐준 대로 물고기를 잡을 수도 있지만 다른 방법도 있는지 알아볼 수도 있다. 이 단계가 호기심을 발동하는 단계이고 탐구가 시작되는 지점이다. 교사는 가르쳐준 대로만 물고기를 잡으려고 하는 학생들에게 다른 방법도 있는지 알아보라고 권장하여 학습이 일어나게 이끌어야 한다.

2022 개정 교육과정에서의 우리나라 교육은 학생이 새로운 상황이나 새로운 문제에 부닥쳤을 때 이미 학습한 개념과 원리, 교과 지식 등을 적용해서 해결책을 찾아내는 데 초점이 맞추어져 있다. 이제 피상적인 지식을 머릿속에 보관하고 있는 것은 의미가 없고, 써먹을 수 있는 지식을 배워

문제를 해결하는 것이 의미 있는 학습으로 취급된다. 과거 방식의 암기한 지식은 새롭게 생겨난 문제를 해결하는 데는 무기력한 죽은 지식이었다.

과거에는 시험도 죽은 지식을 많이 가지고 있는 학생이 유리하게 작동했다. 시험은 학력고사에서 수능으로 변해 왔지만 두 시험의 공통점은 문제해결력이나 창의력을 측정하는 시험은 아니었다. 그러다 보니 교실은 문제를 해결하는 학습으로 넘어가지 못하고 짧은 시간에 문제를 풀어본 뒤 맞았으면 넘어가고, 틀렸으면 성실하게 오답 노트를 써서 다음에는 틀리지 않도록 공부하는 것에 불과했다. 그때는 수능 잘 보면 좋은 대학에 진학했지만 수능 잘 본 그 학생이 사회에 잘 적응하고, 사회에 큰 업적을 남기는 괜찮은 사람으로 성장하지는 못했던 시기였다.

이런 상황을 개선하려는 노력은 꽤 오래전부터 있어 왔지만 여전히 공부는 수능 문제 풀이가 근간을 이루고 있다. 이런 상황에서 학습을 바꿔야겠다는 생각을 국가 교육과정에서도 표출하게 되었다. 2022 개정 교육과정 총론 문서에서는 교과목 편제와 시간 배당보다 학습과 평가를 먼저 기술하였다. 어떤 과목을 배우는지보다 어떻게 배울지가 더 중요하다는 의미이다.

'탐구 중심의 학습'을 총론에서는 '깊이 있는 학습'이라고 말하였다. 깊이 있는 학습을 하려면 '단편적 지식의 암기를 지양하고 각 교과목의 핵심 아이디어를 중심으로 지식·이해, 과정·기능, 가치·태도의 내용 요소를 유기적으로 연계'하라고 하였다. 그뿐 아니라 '융합적으로 사고하고 창의적으로 문제를 해결하는 능력을 함양하도록 하며, 학습 내용을 실생활 맥락 속에서 이해하고 적용하는 학습을 하도록 해야 한다고 했다. 이런 모든 학습 과정은 교실에서 이루어지므로 학부모는 학생이 공부 시간에 교과 지식과 개념·원리를 배워 지식을 쌓고 이해를 높이며, 이를 바탕으로 탐구활동을 혼자 또는 여럿이 모둠으로 한 뒤, 토론하고 발표하고 보고서를 쓰는 과정을 거쳐 공부를 하고 있다는 것을 이해하면 된다. 문제는 탐구활동은 누가 시켜서 하는 활동에서 한 걸음 나아가 자신이 궁금한 것을 알아내기 위하여 스스로 자료를 검색하고 책을 읽으면서 확인하는 데까지 이르러야 한다는 점이다. 그래서 학습은 자기주도적이어야 한다고 말한다.

여기까지 읽고 나면 '지금까지의 교육과정에서는 이해와 암기 중심으로 교육을 하라고 했었나?'하는 의문이 들 것이다. 물론 학생이 참여하는 학습을 하여야 한다는 지침은 이미 1980년대 말부터 있었다. 그러나 그때는 입시가 학력고사였고 그 이후는 수능이었기 때문에 굳이 탐구 중심 수업을 하지 않아도 되었다. 오히려 탐구 중심의 수업을 하는 선생님한테 제발 우리 아이 대학 좀 갈 수 있게 해달라고 요청하는 학부모가 대부분이었다. 상황이 이렇다 보니 탐구 중심의 학생 참여 수업을 하고 싶어도 하지 못했었다. 그런데 지금은 학생부종합전형으로 가장 많은 학생을 선발하기 때문에 또 정시에서도 교과평가를 하기 때문에, 그리고 평가 요소가 탐구 활동 여부에 있기 때문에 국가 교육과정에서 제시한 탐구 중심 학습을 학교에서 진행하는 데 무리가 없게 되었다.

이런 상황은 2022 개정 교육과정에서 제시한 '추구하는 인간상'과 관련이 깊다. 2022 개정 교육과정에서 밝힌 '추구하는 인간상'은 네 가지이다.

> 가. 전인적 성장을 바탕으로 자아정체성을 확립하고 자신의 진로와 삶을 스스로 개척하는 자기주도적인 사람
> 나. 폭넓은 기초 능력을 바탕으로 진취적 발상과 도전을 통해 새로운 가치를 창출하는 창의적인 사람
> 다. 문화적 소양과 다원적 가치에 대한 이해를 바탕으로 인류 문화를 향유하고 발전시키는 교양 있는 사람
> 라. 공동체 의식을 바탕으로 다양성을 이해하고 서로 존중하며 세계와 소통하는 민주시민으로서 배려와 나눔, 협력을 실천하는 더불어 사는 사람

이 중 학습은 나 항과 가장 관련이 깊다. 깊이 있는 학습, 문제를 해결하는 학습을 하기 위해서는 '폭넓은 기초 능력'이 있어야 한다. 폭넓은 기초 능력은 언어를 이해하고 활용할 줄 아는 능력이 바탕이 된다. 그러므로 교육과정에서는 언어 소양, 수리 소양, 디지털 소양을 강조한다. 우리말로 읽고 쓰기, 듣기와 말하기 능력이 뛰어나야 하고, 영어 등 외국어로도 의사 소통이 가능해야 한다. 대학생이 되면 영어로 된 문서/서적을 읽고 영어 강의를 듣고 영어로 보고서를 쓸 수 있어야 하기 때문이다. 또한 수학적 개념을 유창하게 활용할 수 있어야 한다. 유창하게 활용한다는 말은 머릿속에 간직하고 있다가 필요할 때 금방 꺼내 쓸 수 있어야 하는 정도의 익숙함을 말한다. 머릿속에 간직한다는 말은 피아니스트가 피아노 협주곡을 악보를 안 보고도 연주하는 것과 같다고 할 수 있다. 수영을 할

때 수영 방법을 생각하면서 수영하는 사람은 없는 것처럼 수학으로 문제를 해결할 때 개념을 생각하고 공식을 유도해서 문제를 해결하는 수준에서 더 나아가야 한다. 디지털 소양 역시 마찬가지이다. 앞으로는 AI를 활용해서 문제를 해결하는 능력을 길러야 한다. AI에게 질문하는 방식으로 학습을 하게 되자 PBA학습 개념에 프로블럼 기반 학습, 프로젝트 기반학습 이외에 프롬프트 기반학습이라는 개념이 추가되었다. 학습에서 디지털 기반 학습이 차지할 비중은 점점 커질 것이다.

국가수준 교육과정에서는 '폭넓은 기초 능력'을 길렀으면 '진취적 발상과 도전'을 하기를 요구한다. 깊이 있는 사고력을 요구하는 문제 앞에서 도전하지 못하고 도피하는 사람에게 고등교육을 받을 기회를 제공해야 할 이유가 없기 때문이다. 도전하는 사람은 '새로운 가치를 창출하는 창의적인 사람'으로 성장할 것이다. 도전하는 자세는 성적이 좋지 않을까 봐 생긴 두려운 마음을 극복하고 어려운 과목을 수강하는 것에서 가장 잘 나타난다. 다른 학생이 꺼리는 위계가 높은 과목을 수강한 학생이라면 도전한 학생으로 평가받는다.

이렇게 보면 고등학교 공부의 기본은 폭넓은 기초 능력을 기르는 것, 도전하는 것으로 요약된다. 그런데 여기에 '자신의 진로와 삶을 스스로 개척하는 자기주도적인 사람'이 결합된다. 남이 시켜서 또는 다른 사람이 한 것을 따라서 공부하기보다는 자기가 궁금한 것을 스스로 찾아서 자신의 머릿속에 지식 구조를 만드는 것이 진짜 공부이기 때문이다.

IB 교육과정에서도 학습은 2022 개정 교육과정과 다르지 않다. IB 교육과정 중 고등학교 2, 3학년 단계의 교육과정을 IBDP라고 한다. IBDP의 학습은 탐구를 기반으로 한다. IB에서는 '탐구하는 사람'이 IB학습자상의 하나라고 밝히고 있다. 탐구는 특정 모델을 준수하는 방식이 아니고 학생이 자기만의 정보를 찾고 자기만의 이해를 구축하는 방식을 추구한다. 탐구 기반 학습은 자기주도학습이다. 자기주도학습을 중시하는 이유는 문제나 상황에 접근할 수 있는 적절한 방법을 학생 스스로 결정하는 것을 기반으로 학습이 이루어진다고 믿기 때문이다.

이렇다 보니 대학이 서류 평가를 할 때 탐구력을 중시할 수밖에 없다. 공부의 핵심이기 때문이다. 건국대, 경희대, 연세대, 중앙대, 한국외대 등 5개 대학이 공동으로 제시한 서류 평가 기준은 크게 학업 역량, 진로 역량, 공동체 역량의 세 가지인데, 학업 역량에는 '탐구력'이 포함되어 있다. 탐구력은 '지적 호기심을 바탕으로 사물과 현상에 대해 탐구하고, 문제를 해결하려는 노력'으로 정의했다. 구체적으로는 다음과 같은 덕목이다.

- 교과와 각종 탐구활동 등을 통해 지식을 확장하려고 노력하고 있는가?
- 교과와 각종 탐구활동에서 구체적인 성과를 보이고 있는가?
- 교내 활동에서 학문에 대한 열의와 지적 관심이 드러나고 있는가?

앞의 두 가지는 '탐구활동을 얼마나 충실하게 했는가?'에 대한 물음이고, 마지막은 '자기주도적, 도전'과 같은 가치를 말하고 있다.

이러한 탐구활동은 유치원 때부터 시작된다. 유치원에서는 아이가 하고 싶은 것을 스스로 하도록 하고 교사가 도와주는 방식으로 교육하도록 교육과정에서 제시하고 있다. 이름하여 유아중심 교육과정이라고 한다. 초등학교 교과서도 모든 과목에서 '해보자, 알아보자' 등 학생이 스스로 과제를 하도록 유도한다. 이때 학생이 모범답안을 참고하지 않고 스스로 문제를 해결하는 경험을 갖도록 해야 한다. 이런 상황은 중·고등학교까지 이어진다. 특히 고등학교 시절에는 대학에 자랑할 만한 우수한 학습 경험을 중시하므로 자신이 스스로 세운 탐구 주제를 풀어 가는 활동이 필요하다.

정리하자면, "학습이란 무엇인가?"의 답은 "학습은 탐구다."이다. 학습은 탐구 중심으로 이루어진다. 탐구 이전에는 폭 넓은 기초 능력을 기르고 도전 정신을 갖추는 것이고, 탐구 이후에는 토론하고 발표하고 보고서를 쓰는 활동이 이어지고, 그 뒤에는 '성찰'로 이어진다. 성찰은 현 단계의 공부를 하고 난 뒤에 자신의 학습 상황을 점검하고 앞으로 할 공부 방향을 세우는 학습 활동이다. 대학입시에서도 탐구활동의 질과 양을 중심으로 한 평가가 가장 큰 비중을 차지한다.

그런데 대한민국 입시 현실로 돌아오면 수능이 차지하는 비중이 적지 않다. 수시에는 최저 학력 기준으로 쓰이고 정시에는 수능이 제1 전형 자료로 역할을 한다. 수능 대비 공부는 탐구하고 발표하는 학습이 아니고 주어진 시간에 정확하게 문제를 풀어 정답을 맞히는 학습이다. 이 부분을 명확히 인식해야 입시 대비 공부의 방향이 선다.

고등학생은 우선 학생부 위주 전형에 지원하게 되는데 이 전형은 탐구 학습이 주요 평가 요소이므로 탐구와 발표 중심으로 이루어지는 학습을 충실히 해야 합격의 길이 보인다. 이 길은 대학 공부와 사회생활로 이어져 있다. 그런데 이 과정에서 수능 성적이 필요하다. 수능은 교과 지식과 개념 및 원리를 공부한 뒤에 주어진 시간에 문제 풀이를 하는 연습을 하는 방식이다. 정답 고르는 훈련은 미래를 대비하는 학습이 아니라고 해도 이 공부를 외면할 수 없는 것 역시 현실이다. 2019년에 발표하고 2022학년도 대입부터 적용된 주요 대학은 정시에서 40% 이상을 선발해야 한다는 규제가 유지되고 있고 2028 대입 제도 확정안에서도 이 비중은 유지하겠다고 하니 수능 공부를 무시할 수는 없다.

그러나 공부의 기본은 기초 능력을 확한 뒤 탐구하고 발표하고 성찰하는 데 있다는 점을 잊어서는 안 된다. 수능으로 최저 학력 기준을 맞추는 공부는 그 다음이다. 공부가 정시에 맞춰져 있더라도 탐구하고 발표하고 성찰하는 단계까지 가야 한다. 2028 대입 수능은 수학과 탐구영역에서 대학이 성적을 알고 싶은 과목이 범위에 들지 않아 학생부 교과 평가를 하게 된다. 서울대는 이미 2023 대입부터 정시 전형에서 학생부 교과 평가를 해 왔다. 그리고 보면 학생부종합전형에 대비하는 공부, 원래 공부의 방향에 맞는 공부가 입시의 기본이라는 점이 더 분명해졌다고 하겠다.

이쯤 되면 공부가 무엇인지에 대하여 무릎을 탁 치게 되는 깨달음이 있어야 하는데, 실제로는 더 혼미하기만 하다. 교과서 달달 외워서 시험 잘 보는 방식은 공부하기 싫거나 외워지지 않아서 그렇지 대비하는 법은 지극히 간단하다. 그런데 교과 학습과 창의적 체험활동에서 탐구 활동을 중심으로 학습을 하라고 하니 무엇을 어떻게 탐구해야 하고, 어떻게 탐구해야 내가 한 탐구 활동이 대입에 도움이 된다는 말인가 알 수가 없다.

답답하고 혼미한 상황에서 벗어나려면 탐구활동을 무작정 시작하기 바란다. 학습하는 과정에서 궁금한 것이 생겨야 탐구 주제를 정할 수 있다. 탐구 주제를 남이 제시해 주는 것보다 자신이 정하는 것이 가치 있다. 그래야 자기주도적이기 때문이다. 자신이 어떤 지식을 원하는지, 해결 방법은 무엇인지를 스스로 깨치는 것이 진짜 공부이기 때문이다. 탐구하는 도중에 선생님의 도움이 필요할 때는 도움을 받아야 하고, 평가를 받아야 할 때는 평가를 받아야 한다. 혼자서도 탐구할 수 있지만 여럿이서 협력해서 하는 프로젝트도 큰 경험으로 인정받는다.

2023년 서울대아로리에 실린 물리천문학부 물리학전공 23학번 최원욱 씨의 이야기가 탐구활동에 대한 영감을 준다.

> 고등학교 2학년 3학년 동안 내내 물리를 들었는데 그 물리학의 수행평가는 늘 실험이었습니다. 그런데 그 실험이라는 것이 결국에는 교과서에 있는

내용을 거의 그대로 반복하는 것에 불과했습니다. 실험의 설계라든가 뭐 이론과의 정합성이라든가 그런 것을 저희가 직접 고려해 보는 그러한 실험은 아니었습니다. 저는 그런 실험이 과연 얼마나 큰 의미가 있을까 싶었습니다. 본래 실험은 이론과의 뭔가 유기적인 관계가 있는 그런 활동이어야 할 텐데 교과서에 나온 대로 진행하는 실험은 뭔가 죽은 실험이 아닌가 생각이 들었습니다. 물론 그런 실험도 실험 방법을 배우고 실험 결과를 정리한다는 점에서 굉장히 중요한 과정이긴 합니다마는 저는 그러한 실험에는 만족할 수 없었습니다. 그래서 저는 수행평가 시간에 실험을 하고 시간이 남으면 번외 실험을 진행해도 좋다는 선생님의 말을 듣고 시간이 남을 때마다 늘 번외 실험을 진행했습니다. 이제 기억에 남는 실험으로는 전자기유도의 실험에 관해서 코일과 자석의 움직임이 한 두세 가지로 정해진 실험이었는데 저는 이제 거기에서 벗어나서 자석을 코일 바깥에서 움직여 본다든가 혹은 코일을 겹쳐서 실험해 본다든가 하는 식으로 좀 더 여러 가지 실험을 시도해 보았습니다.

그렇게 시도한 실험들이 모두 성공적이지는 않았습니다. 아무래도 실험 도구라든가 실험 시간이 굉장히 한정되어 있었고 또 그 한정된 시간 속에서도 실험을 즉흥적으로 고안해 내고 즉흥적으로 측정을 하였기 때문에 아무래도 여러 가지 애로사항이 있었습니다. 하지만 그 와중에도 분명히 수확이 있었고 그러한 실험을 설계하고 진행해 보는 것은 저에게 큰 의미가 있었던 것 같습니다. 교과 내용을 그저 따라가기만 하지는 않았으면 좋겠습니다. 교과 내용은 여러분들에게 학습의 뼈대를 제공합니다. 거기에 살을 붙여 나가는 것은 여러분들의 역할이 될 것입니다.

'교과 공부를 하다가, 더 알고 싶은 사항이 있어서, 결과가 잘 나오지 않더라도'가 학생이 할 수 있는 탐구의 기본이다.

2023년, 서울대학교 입학본부 웹진 아로리에 실린 최원욱 씨의 글 [출처=서울대아로리]

책, 책, 책! 공부의 기본, 독서

모든 부모들은 아이가 걷고 말하기 시작할 무렵부터 교육 문제를 고민한다. 아이와 떡볶이를 먹다가도 '떡이 6개 남았네, 2개 더 먹으면 몇 개가 남지?' 같은 질문을 아이에게 던진다. 그러나 한글을 배우고 숫자를 아는 것보다 더 중요한, 아이가 어렸을 때부터 부모가 꼭 해 주어야 하는 일이 있다. 이것은 그 어떤 활동보다 이것이 아이의 뇌를 발달시키고, 어휘력을 늘려주며 상상력의 세계를 넓혀준다. 이것은 바로 '책 읽어주기'다. 아이는 누우면 금세 잠이 들기 때문에 밤에 잠시 시간을 내면 매일 잠들기 전에 책을 읽어 줄 수 있다. 잠들기 전에 잠깐 읽어주는 부모의 목소리에 아이가 행복감을 느끼면서 잠드는 것은 덤이다. 아이가 잠들 때 부모가 옆에서 책을 읽어주면 아이와 부모의 유대감이 깊어진다는 것이다.

초등학생 자녀를 둔 엄마가 질문했다. 몇 학년까지 책을 읽어주면 좋을까요? 초등학교 1, 2학년도 책을 읽어주면 좋겠지만, 한글을 깨우친 다음에는 책을 읽어주기가 쉽지 않을 것이다. 그래도 4학년까지도 책을 읽어주면 듣는 능력이 발달한다. 요즘 아이들은 집중해서 듣는 힘이 떨어져 걱정이라고들 하는데, 듣기 능력을 길러준다는 뜻에서 책 읽어주기는 좋은 학습 방식이다.

만약 아이가 어떤 이유로 학교 진도를 놓치게 되면, 그 부분을 이해하지 못하고 넘어갈 수 있다. 그렇지만 부족한 부분은 시간적 여유가 있는 주말이나 방학에 확인하고 점검하면 보충이 가능하다. 그러나 아이의 사고 수준이 낮아 수업 내용을 이해하지 못하면 지속적으로 문제가 된다. 이런 상황을 예방하는 가장 좋은 방법이 어렸을 때부터 아이에게 책을 읽어주는 것이다. 하루에 단 15분이라도 책을 읽어주면, 아이의 어휘력이 늘어나고 사고력이 깊어진다. 책은 모든 것이 알아서 움직이는 영상과 달라, 아이가 책 속 이야기를 상상하는 사이에 스스로 세계를 창조하는 상상력도 커진다.

유치원 시절에는 글자를 읽는 독서를 해야 할 필요는 없다. 독서하려면 한글을 알아야 하는데, 유치원 시절에는 한글을 알아야 할 필요는 없다. 오히려 글자 없이 그림만 있는 책에 이야기를 만들어 말하는 놀이가 더 유익하다. 스토리를 만들면서 생각을 작동시키기 때문이다. 때가 되면 저절로 한글을 알게 되고 혹시 초등학교 입학 전에 한글을 완벽하게 깨치지 못했더라도 입학 후에 한글 깨치는 시간이 있다. 그러니 서두를 일은 아니다.

정부가 정한 3~5세 아이들의 표준 교육과정을 '누리과정'이라고 한다. 유치원을 다니면서 이 과정을 따라가다 보면 그 나이에 맞는 학습을 하게 된다. 누리과정은 아이들이 놀이를 통해서 사회를 배울 수 있도록 설계되어 있어, 유치원에서 한글과 숫자, 영어 단어를 배우기를 바라는 부모에게는 고민이 될 수밖에 없다. 초등학교에 입학했을 때, 우리 아이만 아무것도 모르는 뒤처진 아이가 될까 두려운 것이다.

그러나 너무 걱정할 필요는 없다. 아이는 곧 저절로 한글을 읽게 될 것이다. 항상 글자에 노출될 수 있을 만큼 거리에 간판도 많고, 텔레비전이나 유튜브에서도 자막으로 글자가 계속 나오기 때문이다. 또한 2022 개정 교육과정에서는 초등학교 입학 직후 한글 교육 시간을 더 확보하도록 규정하였다. 입학 뒤에도 한글을 확실히 깨우칠 수 있는 시간이 있다.

영어 또한 때가 되면 알게 된다. 초등학교에 들어가면 1, 2학년을 대상으로 영어 방과 후 학교를 열어 공부할 수 있도록 되어 있으며, 3학년부터는 정규 수업이 편성된다. 초등학교 영어 수업은 말하기와 듣기 중심으로 아이가 영어에 흥미를 잃지 않도록 학교에서 가르칠 계획이다.

왜 독서가 중요할까?

MBC 〈공부가 머니?〉에 출연한 박민 학생은 뮤지컬 배우의 꿈을 가지고 연극영화과에 진학하려고 했다. 학교에서도 일반 과목에는 흥미가 없고 오로지 음악 시간에만 흥미를 보였다. 그런데 이 학생에게 한 조언은 음악을 열심히 해야 한다는 것은 아니었다. 조언의 핵심은 유명한 대학을 나온다고 연기를 잘하는 게 아니니 어디에서 공부하더라도 잘 배우고 성장하면 된다는 것과 나중에 대본을 읽고 맡은 역할을 분석해서 개성 있게 표현하기 위해서는 배경지식과 독해력이 필요하다는 것이었다. 예체능으로 진로를 정한다고 해서 학업 전반에 소홀해서는 안 되는 이유다. 독해력을 기르기 위해서는 평소 학교 공부에도 관심을 가져야 하며 무엇보다 독서를 꾸준히 해야 한다.

방송에서는 뮤지컬 배우가 되기를 원하는 학생뿐 아니라 관상 닭을 기르는 학생, 인플루언서가 되려는 학생, 웹툰 작가가 되려는 학생 모두에게 전공에 대한 깊이뿐 아니라 독서 깊이가 중요하다는 전문가의 조언을 주었다. 앞으로 그림은 AI가 그리게 되니 그리고 싶은 분야의 덕후가 되어야 성공할 수 있는데, 그렇게 되려면 책을 읽어야 한다는 조언이었다.

방송에서는 전남의 금오도에 있는 여남고등학교 졸업생 진성일 씨를 예로 들었다. 진 씨는 고등학교 시절, 학교 도서관에 있는 책뿐만 아니라 금오도에 있는 책을 모두 읽었다고 한다. 이 대단한 독서력을 높이 사서 서울대가 수시 전형에서 진 씨를 선발했고, 이후 섬마을 학교인 여남고로 육지 학생들이 전학을 갔다는 전설 같은 이야기가 있다. 이렇듯 독서는 입시와도 그 연결고리가 분명하다.

대학 입학 이후에도 독서 능력은 빛을 발한다. 서울대 입시설명회에서 합격생들의 공부 이야기를 들려주는 자리에 한 경제학과 재학생이 나와 이런 말을 했다.

"교수님이 책 한 권을 들고 오셔서 보여주시기에 그 책이 이번 학기에 쓸 교재라고 생각했는데, 교수님께서 그 책을 다음 주까지 A4 용지 20매로 요약하고 핵심 질문 두 개를 만들어 프레젠테이션을 할 수 있게 준비하라고 하셨습니다. 다음 주까지 이미 고향 친구들과 만날 약속도 있었고, 활동 중인 동아리 모임들도 있어서 정말 시간이 부족했습니다. 밤을 새워 겨우 끝냈는데, 함께 수업을 듣는 다른 친구들도 모두 기한 내에 완성해 왔습니다. 이런 정도의 독서 역량이 있어야 대학 공부를 성공적으로 할 수 있습니다."

단순히 대학에 들어가는 것이 목표라면 책을 많이 읽지 않아도 합격할 수 있다고 했지만 대학수학능력시험에서 수험생의 발목을 잡는다는 국어 영역의 문제를 보면 평소 독서를 해 두어야 할 이유가 충분히 해명된다. 대입에서 주요 대학의 정시를 확대하는 규제를 하자 수능은 계속해서 중요한 전형 요소 자리를 차지하고 있다. 수능에서 수험생의 발목을 잡는 영역이 국어영역이다. 의대 지망생이라면 수학과 영어를 못하는 경우는 없다. 과학도 발목을 잡지는 않을 것이다. 그렇다면 열쇠는 국어에 있다. 어렵지 않은 수준의 글이 이 정도이다. 글을 잘 이해하려면 '패권, 항상성, 가변적, 시비 판단' 같은 어휘를 정확히 알고 있어야 하고, 내용에 대한 배경지식도 있어야 한다.

『한비자』는 중국 전국 시대의 한비자가 제시한 사상이 담긴 저작이다. 여러 나라가 패권을 다투던 혼란기를 맞아 엄격한 법치를 통해 부국강병을 꾀한 한비자는 『노자』에 대한 해석을 통해 자신의 법치 사상을 뒷받침했고, 이러한 면모는 『한비자』의 「해로」, 「유로」 등에서 확인할 수 있다.
　『노자』에서 '도(道)'는 만물 생성의 근원으로 묘사된다. 도를 천지 만물의 존재와 본질의 근거라고 본 한비자의 이해도 이와 다르지 않다. 그는 자연과 인간 사회의 모든 현상은 도의 영향을 받지 않을 수 없다고 보고, 인간 사회의 일은 도에 따라 제대로 행했는가의 여부에 따라 그 성패가 드러나는 것이라고 이해했다.
　한비자는 『노자』에 제시된 영구불변하는 도의 항상성에 대해 도가 천지와 더불어 영원히 존재한다는 것을 의미하는 것이지, 도가 모습과 이치를 일정하게 유지하는 것은 아니라고 이해했다. 그리고 도는 형체가 없을 뿐 아니라 일정하게 고정되어 있지 않기 때문에 때와 상황에 따라 유연하게 변화하는 것이라고 파악했다. 도가 가변성을 가지고 있어야 도가 일정한 곳에만 있지 않게 되고, 그래야만 도가 모든 사물의 존재와 본질의 근거가 될 수 있다고 파악한 것이다. 그는 도가 가변적이기 때문에 통치술도 고정되어서는 안 된다고 주장했다.
　한편, 한비자는 도를 구체적인 사물과 사건에 내재한 개별 법칙의 통합으로 보고, 『노자』의 도에 시비 판단의 근거라는 새로운 의미를 부여했다. 항상 존재하는 도는 개별 법칙을 포괄하기 때문에 다양한 개별 사건의 시비를 판단하는 기준이 될 수 있고, 이러한 도에 근거해서 입법해야 다양한 사건을 판단할 수 있다고 본 것이다. 이러한 이해를 바탕으로 그는 만족을 모르는 인간의 욕망을 사회 혼란의 원인으로 지목한 『노자』의 견해에 동의하면서도, 『노자』에서처럼 욕망을 없애야 한다고 주장하지 않고 인간은 욕망을 필연적으로 가질 수밖에 없음을 지적하며 욕망을 제어하기 위해 법이 필요하다고 강조했다.

2023년 11월에 치러진 '2024학년도 대학수학능력시험' 국어영역 12-17번 문제 [출처=한국교육과정평가원]

과학 제시문만 수험생을 괴롭히는 것이 아니다. 이어지는 경제 관련 제시문도 쉽지 않다.

> BIS 비율은 은행의 재무 건전성을 유지하는 데 필요한 최소한의 자기 자본 비율을 설정하여 궁극적으로 예금자와 금융 시스템을 보호하기 위해 바젤위원회에서 도입한 것이다. 바젤위원회에서는 BIS 비율이 적어도 규제비율인 8%는 되어야 한다는 기준을 제시하였다. 이에 대한 식은 다음과 같다.
>
> BIS 비율(%) = 자기자본/위험가중자산 × 100 ≥ 8(%)
>
> 여기서 자기자본은 은행의 기본자본, 보완자본 및 단기후순위 채무의 합으로, 위험가중자산은 보유 자산에 각 자산의 신용 위험에 대한 위험 가중치를 곱한 값들의 합으로 구하였다. 위험 가중치는 자산 유형별 신용 위험을 반영하는 것인데, OECD 국가의 국채는 0%, 회사채는 100%가 획일적으로 부여되었다. 이후 금융 자산의 가격 변동에 따른 시장 위험도 반영해야 한다는 요구가 커지자, 바젤위원회는 위험가중자산을 신용 위험에 따른 부분과 시장 위험에 따른 부분의 합으로 새로 정의하여 BIS 비율을 산출하도록 하였다. 신용 위험의 경우와 달리 시장 위험의 측정 방식은 감독 기관의 승인하에 은행의 선택에 따라 사용할 수 있게 하여 '바젤 I' 협약이 1996년에 완성되었다.
>
> 금융 혁신의 진전으로 '바젤 I' 협약의 한계가 드러나자 2004년에 '바젤 II' 협약이 도입되었다. 여기에서 BIS 비율의 위험가중자산은 신용 위험에 대한 위험 가중치에 자산의 유형과 신용도를 모두 고려하도록 수정되었다. 신용 위험의 측정 방식은 표준 모형이나 내부 모형 가운데 하나를 은행이 이용할 수 있게 되었다. 표준 모형에서는 OECD 국가의 국채는 0%에서 150%까지, 회사채는 20%에서 150%까지 위험 가중치를 구분하여 신용도가 높을수록 낮게 부과한다. 예를 들어 실제 보유한 회사채가 100억 원인데 신용 위험 가중치가 20%라면 위험가중자산에서 그 회사채는 20억 원으로 계산된다. 내부 모형은 은행이 선택한 위험 측정 방식을 감독 기관의 승인하에 그 은행이 사용할 수 있도록 하는 것이다.

> 또한 감독 기관은 필요시 위험가중자산에 대한 자기자본의 최저 비율이 규제 비율을 초과하도록 자국 은행에 요구할 수 있게 함으로써 자기자본의 경직된 기준을 보완하고자 했다.

2019년 11월 14일 치러진 '2020학년도 대학수학능력시험' 국어영역 37-42번 문제 [출처=한국교육과정평가원]

일단 어휘에 대한 정확한 이해가 있어야 하며, 내용도 이해되어야 문제에 접근할 수 있지 않을까? 그리고 수능에서는 빠르고 정확하게 읽을 수 있어야 한다.

학생부종합전형과 독서의 상관관계

"학생부종합전형에서 독서는 중요한가요? 학생부에 기록된 독서 활동은 얼마나 비중 있게 평가되나요?"라고 많은 사람들이 묻는다. 이에 대한 답은 "참 중요합니다."이다. 학생부의 독서활동 상황을 대학에 제공하지 않는 데도 중요한가를 묻는다. 지금은 세부능력 및 특기사항에 탐구활동을 하면서 참고한 책 등이 기재되므로 여전히 독서는 평가 대상으로 중요하다. 독서는 학업 능력을 평가하는 지표 역할을 한다.

학생부종합전형의 전형 요소에서는 당연히 학생부가 가장 큰 비중을 차지하고 있고, 그중에서도 학업 능력이 차지하는 몫이 크다고 대학은 말한다. 여기서 주목해야 하는 것은 학업 '성적'이 아니고 학업 '능력'에 집중

한다는 것이다. 학업 능력과 학업 성적이 일치한다면 이 둘을 구분해야 할 이유가 없겠지만, 현실은 그렇지 않다. 학교가 학생에게 '수능 잘 보는 공부'를 목표로 학습 기회를 제공했다면 학생은 그 수준의 지적 역량을 가지게 될 것이고, 선택형 문제를 푸는 뛰어난 능력도 갖추게 될 것이다. 그러나 국가교육과정에서 제시한 교육목표가 '수능 공부를 열심히 한 인재 양성'은 아니지 않은가? 따라서 학업 능력이 무엇인지 정확한 정의를 내려야 학생부종합전형에 한 걸음 더 다가갈 수 있다.

고등학교 3학년인 기환 학생은 경제학을 전공하고 싶다고 했다. 그런데 전교 1등도 경제학과에 가기를 원하고 있었다. 이럴 때 같은 대학의 경제학과에 지원하면 자신이 합격할 수 있냐고 기환 학생이 나에게 질문했다. 그래서 이렇게 되물었다.

"1등인 친구가 학생보다 성적은 좋은가요?"

"네."

"1등인 친구가 학생보다 실력도 더 있나요?"

"음, 아닌 거 같아요."

"그럼, 실력은 학생이 더 좋은 거네요. 그렇다면 겨뤄볼 만하겠죠. 그런데 실력이 더 낫다는 판단의 기준이 뭔가요?"

"물론 그 친구의 시험 성적은 저보다 좋아요. 그런데 저는 시험을 망치는 한이 있어도 책을 많이 읽거든요. 또 교내 논술대회와 토론대회에서 좋은 결과도 거두었고요."

"그렇다면 학생이 원하는 길로 갈 것이냐 말 것이냐 정하는 것은 학생 자신의 의지겠네요."

　이런 대화를 하다 보면 분명 성적과 실력이 반드시 일치하는 게 아니라는 것을 학생들도 이해하고 있는 듯하다. 시대가 바뀌어 대한민국의 교육이 단순한 지식 이해와 암기 수준에 머무른 채로는 우리의 미래가 어둡다는 인식이 생겼다. 2022 개정 교육과정에서는 교육이 추구하는 인간상으로 '자기주도적인 사람, 창의적인 사람, 더불어 사는 사람, 교양 있는 사람'을 내세웠다. 학생들을 추구하는 인간상에 도달시키기 위해서는 스스로 진로를 탐색하고, 스스로 공부하고, 문화에 대한 안목을 가지고 다양한 문화를 이해하는 사람으로 교육해야 한다. 또한 지식을 바탕으로 창의적으로 문제를 파악하고 해결하는 사람으로 길러야 하며, 세계를 바르게 끌어가는 사람으로 길러야 한다.

　그렇다면 당연히 정답을 잘 맞혀 골든벨을 울리는 사람이 좋은 성적을 내는 지금의 시스템을 개선해야 한다. 새로운 문제 상황을 접했을 때 깊이 생각할 줄 알고, 창의적으로 문제 해결의 방향을 찾아가는 사람이 좋은 성적을 거두는 시스템으로 바뀌어야 하는 것이다. 이에 따라 교육부와 학교들이 수업 개선에 열을 올리고 있는 것이 현실이다. 물론 아직 만족스러운 변화를 끌어내지는 못했다. 기환 학생의 말대로 책 읽는 능력이 뛰어나고 토론도 잘하고 논술대회에서 수상도 한 것이 실력이라고 생각했다면, 학교 성적도 당연히 이런 능력을 측정하고 반영해서 점수를 주었어야 한다. 아직 그 정도 수준에는 못 미치고 있는 것이 현실이다.

　이렇듯 성적과 실력이 일치하지 않는 경우가 있다 보니, 대학은 성적 좋은 학생보다 실력 있는 학생을 선발하려고 한다. 대학교 1학년을 마친 재학생의 말은 이 점을 분명하게 해 준다.

"고등학교나 대학이나 선생님들은 공부 잘하는 학생을 좋아하시는 것 같아요. 그런데 대학에서 하는 공부는 고등학교 공부와는 좀 달라요. 고등학교 때는 주어진 것만 열심히 하면 됐는데, 대학에서는 스스로 찾아서 공부할 수밖에 없죠. 대학에 와서 첫 중간고사를 봤는데, 시험 범위가 없더라고요. 그냥 배운 게 다 시험 범위였어요. 더 기가 막힌 건 배운 게 뭔지를 확정하는 것도 어려운 거예요. '동양에서의 한류 문화의 역할과 확산 가능성'에 대해 공부했는데 그러면 동양 문화와 한류 문화 전반에 대해 알아야 하잖아요. 그러니 범위가 뭔지 알 수가 없는 거예요. 게다가 간단한 주제에 대한 리포트도 15매 정도는 써야 하고, 다음 시간까지 읽고 요약해 오라는 책은 150쪽이나 되고요. 그래서 고등학교 때 얕게 공부해 온 친구들은 엄청 고생해요. 게다가 동아리도 세 개 들었는데 수시로 동아리 모임에 참석하면 언제 이걸 다 하겠어요? 그래도 해 내는 게 능력이죠."

이렇듯 대학이 원하는 학업 능력을 갖추기 위해서 독서는 필수 불가결이다. 서울대학교에서 발행한 '학생부종합전형 안내' 책자에서도 독서하라고 주문하고 있다. 다음은 책자 내용 일부를 가져온 것이다.

예비 서울대학교 학생이라면 독서는 기본입니다

독서는 모든 공부의 기초가 되며, 대학 생활의 기본 소양입니다. 어디서 책을 찾을까요? 수업 안에서도 답을 얻을 수 있습니다. 교과와 관련된 인문학, 사회과학, 자연과학, 철학, 공학 분야 도서를 수업 활동 중 선생님이 추천해 주실 수도 있고 토론활동, 주제탐구 활동에서도 관련 도서를 만날 수 있습니다.

어떤 책을 읽어야 할까요? 그것은 여러분의 선택입니다.

이미 학교생활에서 도서를 선정하는 계기를 많이 접할 수 있을 것입니다. 더 알고 싶은 분야의 전문 서적을 찾아 읽을 수도 있고, 호기심으로 책을 선택할 수도 있을 것입니다. 책을 읽다가 생긴 궁금증으로 또 다른 책을 선택하기도 합니다.

어떤 분야의 책이든지 읽고 또 읽어가는 사이에 생각하는 힘, 글쓰기 능력, 전문 지식, 의사소통 능력, 교양이 쌓여갈 것입니다. 타의에 의한 수박 겉핥기식 독서는 도움이 되지 않습니다. 수많은 책들 가운데 그 책이 나에게 왜 의미가 있었는지, 읽고 나서 나에게 어떤 변화를 주었는지 깊이 생각하기 바랍니다.

서울대학교는 독서를 통해 생각을 키워온 큰 사람을 기다립니다.

이에 더하여 '서울대학교 학생부종합전형에 대해 묻습니다' 코너에서 독서를 한 번 더 언급한다.

> **Q**: 자연계열 학생에게도 독서가 중요한가요?
>
> **A**: 독서는 성공적인 대학 생활을 위해 갖추어야 할 가장 기본적인 역량입니다. 따라서 독서 능력이 부족하면 대학교에 입학하여 학업을 이어가는 데 어려움이 있습니다. 서울대학교는 어느 분야든 폭넓은 독서 경험을 바탕으로 사고력을 기르기 위해 노력한 학생을 우수하게 평가합니다.

학부모들이 전 서울대학교 입학사정관에게 궁금해하는 사실, 전형 안내 책자에는 나와 있지 않은 다른 질문과 그에 대한 답은 다음과 같다.

Q: 전공 관련 서적을 읽어야 하나요?

A: 자신의 진로에 대해 공부하다 보면 전공 관련 서적을 찾아 읽게 되는 것이 당연하겠지만, 전공 관련 도서가 꼭 포함되어야 학업 능력이 있다고 대학에서 판단할지는 다시 생각해 볼 일이다. 오히려 전공은 학업을 통해서 배우게 되므로 보다 다양한 분야의 책을 읽어 배경지식을 쌓는 것이 도움이 된다. 기초가 넓고 튼튼해야 탑을 높이 쌓을 수 있기 때문이다.

Q: 서울대 필독서 중 몇 권이나 읽어야 하나요?

A: 서울대학교 입학본부는 대학 입시 차원의 추천 도서를 제시한 적이 없다. 서울대 필독서 100권은 고등학생 용도 중학생 용도 아니다. 그 책은 서울대에 입학한 학생이 교양으로 읽었으면 좋겠다고 서울대 내부에서 권장한 목록이다. 서울대 입학본부에서는 그 책을 읽으라고

말한 적도 없고 평가할 때 그 목록의 책을 읽은 학생을 뛰어나다고 평가하지도 않는다. 오히려 서울대 입학본부는 권장 도서만 읽어 모든 학생이 획일화될 것을 우려한다.

참고로 예년 지원자들이 읽었다는 책 제목 통계가 서울대 입학 웹진 〈아로리〉에 실려 있다. 그러나 상위에 자리매김한 책을 읽은 학생이 합격하는 것은 아니다. 〈아로리〉에서는 학생들이 다양하게 읽은 책들을 칭찬하고 있으며, '추천'된 책을 많이 읽는 경향에 대하여 안타깝다고 표현하고 있다. 자기소개서가 폐지되어 도서 목록 최근의 자료는 없다.

마지막으로 독서와 관련해 실천해야 할 사항을 몇 가지 조언하고자 한다.

첫째, 공부방이 있으면 책장을 놓고 책을 가까이 두자. 공부방이 따로 없다면 책상 위 책꽂이에 문제집, 자습서만 두지 말고 좋은 책을 꽂아두자. 기숙사가 있는 학교를 방문하면 기숙사 방에 있는 학생들의 책상은 각기 다른 모습임을 확인할 수 있다. 어떤 학생의 책상에는 문제집과 EBS 교재, 자습서만 빼곡히 꽂혀 있었는데, 그 학생의 머리 위 천장에는 '죽어도 서울대 간다.'고 큼직하게 써 붙인 종이가 있었다. 그 옆 학생의 책상에는 단행본이 몇 권 꽂혀 있었는데, 《역사란 무엇인가》, 《대항해시대》 등이 눈에 띄었다. 그런데 그 옆에 일반화학 책도 보였다. 문이과 통합형 공부를 하는 학생인 것 같았다. 서울대에 갈 수 있어 보이는 학생은 과연 누구일까? 후자가 더 어울리지 않을까? 한번은 남쪽 바닷가 고등학교에 방문했는데, 그곳 학생들 기숙사 책상에는 문제집보다 책이 더 많았다. 학생들은 공부하는 데 참고가 되는 책을 도서실에서 빌려와 읽기 때문에 책꽂이에 책이 많다고 답했다. 이 학생들처럼 책을 가까이 두고 습관처럼 책을 읽자.

둘째, 책꽂이에 둘 내 책은 딱 세 권으로 제한하자. 구매한 책을 다 읽고 난 뒤 다른 책으로 바꾸면 된다. 시간을 내어 서점에 가서 고르는 것도 좋다. 이것저것 둘러보는 사이 책에 대한 애정이 생기기 때문이다. 더 많이 사서 꽂아 놓더라도 어차피 안 보게 된다. 세 권 외에 읽어야 할 책은 모두 도서실에서 빌려보는 것을 추천한다. 사서 보는 세 권의 책은 자신의 지적 성장에 도움이 되는 책이면 좋다. 그리고 학년이 올라가면 새 책을 마련해야 한다. 그러려면 학년이 올라가기 전에 사 둔 책은 모두 읽어야 한다. 학기 중간에 이미 다 읽었다면, 새 책으로 바꾸는 것도 좋다. 읽은 책은 큰 책장으로 옮겨 모아두자.

셋째, 책을 읽고 내용 파악이 되었는지, 나는 어떤 생각을 가지게 되었는지 정리해 두어야 한다. 즉, '독서록'을 쓰는 것이 도움이 된다. 구매한 책이라면 읽는 과정에서 든 생각을 책의 여백에 쓸 수도 있다. 빌린 책이라면 포스트잇에 생각을 적고 해당 쪽을 사진으로 찍어두면 된다. 더 중요한 일은 책을 다 읽은 뒤 저자가 중점적으로 개진한 의견에 대해 두 개의 질문을 만들어보는 것이다. 같이 책을 읽은 친구나 부모님이 있다면 서로의 질문에 답을 하는 과정에서 저절로 독서를 바탕으로 한 토론이 이루어진다.

수리력을 기르는 수학 공부법

현대사회는 수학이 만든 세계라서 수학을 공부하지 않고는 대상의 깊이를 알 수 없고, 시대를 이끄는 리더가 되기 어렵다. 유발 하라리는 그의 저서 《사피엔스》에서 "1687년 아이작 뉴턴은 《자연철학의 수학적 원리》를 출간했는데, 우주의 모든 물체의 운동을 단순한 수학 법칙으로 설명한 책이었다. 중세 유럽에서는 논리학, 문법, 수사학이 교육의 핵심을 이루고 수학 교습은 단순한 산술과 기하를 넘어서는 경우가 없었는데, 오늘날은 수사학을 공부하는 사람은 찾기 어렵고 모든 학문이 수학에 의존하고 있다."라고 주장했다. 사람들이 수학을 공부하기 시작하면서 금융업과 보험업이 생기고, 산업 혁명이 일어나고 그것이 대량생산으로 이어져 현대 사회가 되었다는 것이다. 현대 사회에서 부의 축적은 수학 공부에서 비롯되었다는 주장이다.

직업과 연봉의 관계에서도 심화 수학을 필요로 하는 직업이 수학과 관계없는 분야의 직업보다 연봉이 높다는 주장도 있다. 경제·경영학과와 공학계열의 연봉이 높고 인문학이나 어학 전공자 쪽의 연봉이 낮은 것은 통계로 사실을 뒷받침할 필요도 없을 정도이다. 그러고 보면 대학의 외부 장학금도 수학이 많이 요구되는 전공에 쏠려 있다. 국어국문학과의 외부 장학금은 찾아보기 어렵지만 경영학과의 외부 장학금은 장학금 목록 리스트를 만들 정도다.

OECD는 'OECD 교육 2030'에서 미래 학습자가 가져야 할 네 가지 역량을 제시했는데, 그 네 가지는 문해력Literacy, 수리력Numeracy, 데이터 이해력Data literacy, 디지털 이해력Digital literacy이다. 의사소통의 중요성으로 볼 때 문해력이 가장 앞서 제시된 것은 당연한데, 그 뒤를 이어서 바로 등장하는 역량이 '수리력'이라는 점에 주목할 필요가 있다. 그만큼 학생들에게 수학이 중요한 과목이라는 방증이다. 우리 교육과정도 이런 방향을 반영하고 있다. 2022 개정 교육과정에서는 학생이 갖추어야 할 기초 소양으로 '언어 소양, 수리 소양, 디지털 소양'을 들고 있다. 공부의 기본에 수리 소양이 포함된 것이다.

2015 개정 교육과정과 이 교육과정을 적용한 2022학년도 이후 수능에서 수학은 더 강조되고 있다. 과거 수능에서 문과 진학자라면 쉬운 수학(나)형에 응시하면 되었고, 심지어 과학탐구 응시자 중 7만 명 이상이 수학(나)형에 응시했었는데, 2024학년도 수능에서 어려운 수학인 미적분 선택자가 쉬운 수학인 확률과 통계 선택자보다 더 많았다. 과거에는 어려운 수학을 선택하라고 권장했었는데, 지금은 잘 모르면 미적분을 선택하

지 말라고 충고하는 상황이 되었다. 그만큼 자발적으로 어려운 수학에 도전하는 경향이 되었다.

수능뿐 아니라 학교에서 수강하는 과목 역시 문·이과의 벽이 무너졌다. 이전 교육과정까지는 경제학과로 진학하려면 미적분이나 기하를 배우지 않아도 되었다. 그런데 2015 개정 교육과정은 문·이과 통합형 교육과정이라고 설명하면서 이 수학의 경계를 무너뜨렸다. 전통적으로 이공계를 지망하는 학생들이 배워야 할 과목이라고 했던 미적분과 기하 과목을 이공계 학생들뿐 아니라 경영·경제 등 사회과학을 전공할 학생들에게도 유용한 과목이라고 수학과 교육과정 해설서에 명시했다.

즉, 과거의 수학 교육은 문과와 이과로 나눠 문과는 쉬운 수학으로 부담이 다소 적었고, 이과는 어려운 수학으로 부담이 컸다. 그러나 이제는 수학이 필요한 분야로 진출하려면 어려운 수학을 선택해서 배우고, 수학이 덜 필요한 분야로 진출하려면 쉬운 수학을 배우도록 교육과정이 바뀌었다. 또한 수학이 덜 필요하다고 생각했던 분야도 수학이 필요한 분야로 탈바꿈하고 있다. 따라서 경제학과에 진학하려는 학생은 수학 공부를 더 하게 되었고, 영어영문학과에 진학하려는 학생도 음성학을 공부하는 데 필요한 어려운 수학 공부를 하게 되었다.

2022 개정 교육과정의 수학과 교육과정에서 위계가 가장 높은 과목은 미적분Ⅱ이다.

1학년 때는 공통수학을 배운다. 기본수학은 공통수학을 배울 수 있는 기초가 되어 있지 않은 학생이 선택하는 과목이다. 2학년 때는 주로 일반

교과(군)	공통 과목	선택 과목		
		일반선택	진로선택	융합선택
수학	공통수학1 공통수학2 기본수학1 기본수학2	대수, 미적분 I, 확률과 통계	기하, 미적분 II, 경제 수학, 인공지능 수학, 직무 수학	수학과 문화, 실용 통계, 수학과제 탐구

선택과목을 배운다. 2015 개정 교육과정과 비교하면 대수는 수학 I, 미적분 I 은 수학 II에 해당한다. 여기에 확률과 통계 및 진로선택과목 중 기하와 미적분 II(2015 개정 교육과정의 미적분에 해당)가 수능에 해당하는 과목이다.

 2022 개정 교육과정이 적용되는 2028학년도 수능에서는 2015 개정 교육과정의 미적분에 해당하는 미적분 II를 수능 과목에서 제외했지만 이 조치로 미적분 II보다는 쉬운 확률과 통계나 기하만 해도 되지는 않을 것이다. 학생부종합전형 평가에서는 미적분 II 이수 여부와 학습 수준을 면밀히 반영하게 될 전망이기 때문이다. 학생부종합전형 평가뿐 아니라 수능 전형 등에서도 교과평가를 반영할 전망이므로 보통교과 수준의 수학은 최고 위계 과목인 미적분 II까지 이수해야 좋은 대학에 진학할 수 있을 것이다.

여기서 짚고 넘어가야 할 것은 고등학교 단계에서 대학이 요구하는 수학의 수준은 보통교과의 일반과목 수준이라는 것이다. 일반과목이란 위의 표에 제시된 과목이다. 대학은 결코 대학 수준의 수학이나 혹은 그 이상의 수준을 요구하지 않는다. 우리나라의 학생부종합전형은 대학에서 배울 분야를 고등학교 때 미리 배웠다고 더 알아주거나 높은 점수를 주는 체제가 아니다. 그러므로 일단은 미적분Ⅱ, 기하, 확률과 통계를 학습의 결손 없이 잘 배우고 익히면 된다. 또한 수학 공부 방식도 이전과 달라지고 있다는 것을 기억하자. 수능 문제 같은 짧게 생각해서 답을 구하는 방식에 최적화된 공부에서, 개념을 적용하여 문제를 해결하는 과정을 서술하는 방식으로 변화를 꾀하고 있다. 답보다 중요한 것이 그 문제를 푸는 과정이다. 풀이의 기본은 정확한 '개념'이라는 것을 기억해야 한다.

수학 공부는 어떻게 해야 할까?

대부분 교과 공부가 학년이 오를수록 계단식으로 어려워지는데, 아이들이 특히 수학은 더 어려워진다고 느낀다. 그것은 수학 공부가 능력을 조금씩 길러 어려운 문제를 해결하는 것이 아니라, 새로운 개념이 등장할 때마다 갑자기 높은 벽을 마주한 듯 어려워지기 때문이다. 초등학교 1, 2학년에서는 두 자릿수 범위의 덧셈과 뺄셈을 배우는데, 3, 4학년에서는 세 자릿수의 덧셈과 뺄셈을 배운다. 이 경우는 같은 개념인데 조금 복잡해지는 것이라 서서히 오르막을 오르는 듯한 느낌으로 받아들이게 된다. 그러나 3, 4학년에서 분모가 같은 분수의 덧셈과 뺄셈을 배우고 5학년이 되면 분모가 다른 분수의 덧셈과 뺄셈을 배운다. 이어서 분수의 곱셈과 나눗셈까지 배우게 된다. 이때가 되면 지금까지와는 다른 새로운 개념과 마주하게 되는데, 다소 난도가 높고 생경하다는 느낌을 받아서 아이가 수학을 어려워하거나 싫어하게 된다.

따라서 수학을 놓치지 않기 위해 중요한 것은, 앞서 나가는 것보다 지나온 단계에 대한 학습 '결손'이 없어야 한다는 것이다. 이전 학기에 배운 내용 중 학습 결손이 있으면 반드시 채우고 넘어와야 한다. 매 학년의 여름방학과 겨울방학이 학습 결손을 메우기에 적기이다. 예습보다 중요한 것이 복습으로 학습 결손을 점검하는 일이다. 중학교에 들어오는 과정에서도 초등학교 단계의 학습을 꼼꼼히 점검해야 한다.

"중학교 수학은 왜 어렵나요?"라고 물으면 "방정식과 부등식이 등장하면서 어려워집니다."라는 대답이 돌아온다. 이때가 되면 수학으로 식을 세워 해(답)를 구하게 되는데, 본격적으로 '생각'이 필요하게 된다. 보통 이 단계에서 학생들은 주춤거린다. 그런데 수학에 흥미를 가지고 있으면 머리를 짜내 생각을 하는 것이 즐겁게 느껴진다. 문제를 해결했다는 쾌감과 함께 스스로 뿌듯함을 느낀다는 점에서 자기 보상이 된다.

중학교를 마치고 고등학교에 입학하기 전에도 시간 여유가 생긴다. 이때도 해야 할 공부는 중학교 과정의 학습 결손을 찾아 보완하는 일이다. 중학교 단계의 학습 결손이 다 메워졌다면, 다음 학기 진도를 예습하는 것이 좋다. 그러나 예습을 이유로 진도를 너무 많이 나가기만 하는 것은 의미가 없다. 학교에서 해당 진도를 나갈 때 개념을 더 확실히 익히고 복습을 통해 문제를 풀어보는 과정을 거치는 것이 좋다. 이런 과정을 거치면 예습하는 과정, 학교 수업에서 진도를 나갈 때 생각하는 과정, 복습을 통해 문제를 풀어보고 내면화하는 과정, 시험을 준비하면서 다시 복습하는 과정을 거쳐서 공부가 심화된다. 그 결과 성적이 잘 나온다면 내적 보상도 이루어진다.

한편 중학교 자유학기제나 국가 수준의 교육과정에 따른 경험 중심의 공부에 대한 의문을 제기하는 학부모들이 있다. 부모가 수학을 공부하던 시절에는 활동을 통해서 학생이 수학적 사고를 하고, 수학으로 실제 생활 속 문제를 해결하는 방식으로 공부하지 않았다. 그래서 경험을 중시하는 학교 수업 방식을 이해하지 못하는 일이 생긴다. 그런데 보통의 경우는 학생들이 수학적 체험을 하면서 수학에 흥미를 가지고 공부를 하게 되며 나아가 수학을 활용하는 방식을 배우게 된다. 그러므로 학교 공부를 무시해서는 안 된다.

어려운 수학적 개념을 스스로 깨치고 적용하는 공부를 하는 것에는 한계가 있으며, 실력 있는 선생님이 문제를 어떻게 푸는지 그 방식을 배우는 것이 선행되어야 한다고 주장하는 학자도 있다. 이는 수능에서 가장 어려운 문제를 풀기 위해서는 체험하는 수학 공부에서 한 발자국 더 나아가야 하는데, 이럴 때 모든 것을 스스로 하는 경험만으로 해결할 수는 없다는 말로 받아들이면 된다. 개념학습이 충분히 이루어진 다음에 문제 풀이로 넘어가는 것이 현명하다.

다음은 초등학생이나 중학생이 수학 공부가 어렵게 느껴질 때 점검해 볼 사항들이다.

1. 지난 학년에 배운 내용을 다 이해하고 있나?

지난 학년에 배운 단원의 제목과 개념을 설명할 수 있어야 하고, 계산도 능숙하게 빠르게 틀리지 않게 할 수 있어야 한다.

2. 지난 학년과 현재 학년의 대단원 차례를 안 보고 기억할 수 있나?

수학은 단원의 제목이 곧 학습한 개념이다. 그래서 매 학년 교과서 단원을 복사해 두었다가 배운 단원의 제목을 회상해 보아야 한다.

3. 학습 결손이 있다면 보완할 계획이 있나?

지난 학기에 배운 단원명과 내용이 기억이 나지 않는다면 보완할 시간을 확보해야 한다. 이미 지난 학년 내용이므로 복구에 많은 시간이 걸리지는 않는다. 단지 남이 알까 부끄러울 뿐이다.

4. 수학 용어를 잘 이해하고 있나?

초등학교 때부터 수학 용어를 잘 이해하고 있어야 다음 단계를 알 수 있다. 초등학교 때에 나오는 용어도 만만하지 않다. 동치관계, 비례배분 등 초등학생이 알까 하는 용어들이 나온다. 중학생 때는 더 어려운 용어가 나온다.

5. 풀이 과정을 수식으로 쓸 수 있나?

풀이 과정을 수식으로 쓸 수 있어야 수학적으로 사고하는 것이다. 한 사람이 종이학을 1분에 7개 만드는데, 5명이 105개를 만들려면 몇 분이 걸리는지 수식으로 쓰라는 문제가 있다.

공부 잘하는 유준이는 '105÷5=21÷7=3분'이라고 썼다. 틀렸다. 답을 이렇게 쓰면 안 되는 이유를 알고 바로 써야 한다.

6. 현재 진도를 잘 이해하고 있나?

지금 배우는 진도가 이해가 안 되면 앞으로 배울 내용은 더 이해가 안 될 가능성이 높다. 현재 배우는 진도에서 이해가 안 되면 이해할 수 있는 방법을 찾아야 한다.

7. 문제를 시간 내에 풀어야 한다는 강박이 있나?

수학 문제를 빨리 정확하게 풀어야 한다는 생각에 문제만 보면 긴장하는 학생이 있다. 이런 학생은 배우는 진도의 개념 원리를 잘 설명하다가도 문제 앞에서는 얼어버린다. 문제 앞에서 여유를 찾는 마음을 갖도록 도와주면 좋아진다.

8. 답이 틀리면 다시 도전하고 싶은 생각이 드나?

틀린 답은 틀린 태로 두고 다음으로 넘어가거나 틀리니까 좌절하고 포기하면 다음 진도로 넘어갈 수 없다. 학교 진도에서 틀렸다면 동기부여를 통해 도전하게 해야 한다. 선행 학습을 하다 틀렸는데 이해조차 되지 않는다면 선행을 멈춰야 한다.

9. 풀리지 않는 어려운 문제에만 매달리지는 않나?

수준에 맞지 않는 가장 어려운 문제집을 풀고 있는데 답을 맞히는 경우가 매우 드물다면 학생은 좌절하게 된다. 자기 수준보다 딱 한 치 여려운 문제에 도전해서 풀어내는 수준으로 공부해야 성취감이 높아진다.

10. 모르는 부분이 있을 때 도움받을 사람은 누구인가?
모르는 부분을 부담 없이 물어볼 수 있는 사람이 있어야 마음 다치지 않고 깨우칠 수 있다. 도움을 받을 수 있는 사람이 누구인지 생각해 보자.

자유학기제에서 공부 도전을 배우는 법

2013년부터 자유학기제 연구학교 42개교를 선정하여 자유학기제를 운영하기 시작했다. 모든 중학교에서 자유학기제를 적용한 교육과정을 운영한 것은 2016학년도부터다. 2019학년도에 고등학교에 입학한 학생은 자유학기제를 거쳐 온 학생이었다. 이 학생들은 '이전 학생들에 비해 참여형 수업에 익숙하다, 스스로 자료를 찾아 발표하는 습관이 있는 학생들이다.'라는 평을 받았다. 그래서 이 학생들은 수능 공부처럼 혼자서 책상에 오래 앉아, 외울 것은 외우고 문제를 풀면서 틀리지 않는 연습을 하는 방식의 공부와는 거리가 멀다는 말도 한다. 자유학기제 때는 성적이을 평가하지 않아서 공부를 하지 않는다, 학력이 떨어진다는 말도 한다. 그래서 공부의 틀을 잡아야 하는 중학교 1학년 때 자유학기제를 잘 활용할 필요가 있다.

다른 나라에 이런 제도가 있다는 것도 자유학기제에 힘을 더한다. 아일랜드의 전환학년제Transition Year가 대표적인데, 중학교 3학년을 마치고 고등학생이 되기 전에 학교 공부뿐 아니라 다양한 공부를 하면서 진로를 탐색하는 시간을 가지는 제도다. 핀란드에서는 고등학교 졸업 후 대학에 가기 전에 1년을 진로 탐색 시기로 갖는 경우가 있다고 한다. 우리나라로 치면 일종의 재수 기간이 아니냐는 말이 있지만, 우리는 재수 기간을 어쩔 수 없이 해야 하는 재도전의 시간이라고 생각하지만, 핀란드는 발전적 성장의 시간으로 생각한다는 점이 큰 차이다. 덴마크에도 애프터스콜레 Efterskole라는 제도가 있다. 중학교를 졸업하고 고등학교에 가기 전 1년 짜리 기숙사형 학교를 다니는 제도인데, 전체 학생 중 30%의 학생이 이를 이용하는 것으로 알려져 있다. 이 학교에서는 학생 중심으로 교육과정을 운영하고, 프로젝트 학습을 하기도 하며 학생들을 위한 친교 활동 및 다양한 예체능 수업을 진행한다.

자유학기제는 2020학년도부터 자유학년제로 확대되다가 2022 개정 교육과정이 적용되는 2025년부터는 다시 자유학기제로 축소될 전망이다. 그런데 자유학년제에서 이 시간에 포함된 체육활동, 동아리 활동을 자유학기제 활동에서 제외하고 주제 선택 활동과 진로 탐색 활동 중심으로 한 학기만 운영하도록 하였으니, 좀 더 내실 있는 운영을 하는 방향으로 개선되었다고 해야 한다. 근거는 2022 개정 교육과정의 총론에서는 자유학기제의 운영에 대해 제시한 내용이다.

> 가) 중학교 과정 중 한 학기는 자유학기로 운영하되, 해당 학기의 교과 및 창의적 체험활동을 자유학기 취지에 부합하도록 편성·운영한다.
> (1) 자유학기에는 지역 및 학교 여건을 고려하여 자율적으로 학생 참여 중심의 주제 선택 활동과 진로 탐색 활동을 운영한다.
> (2) 자유학기에는 토의·토론 학습, 프로젝트 학습 등 학생 참여형 수업을 강화하고, 학습의 과정을 중시하는 다양한 평가 방법을 활용하되, 일제식 지필 평가는 지양한다.

- 자유학기제는 한 학기만 운영한다. 자유학년제에서 두 학기를 운영하던 방식에서 바꾸는 부분이다.
- 2015 개정 교육과정에서는 진로 탐색 활동, 주제 선택 활동, 동아리 활동, 예술·체육 활동 등 다양한 체험 중심의 활동을 운영하도록 하자고 명시했었는데, 2022 개정 교육과정에서는 주제 선택 활동과 진로 탐색 활동을 하도록 순서를 바꾸었다. 특히 2015 개정 교육과정에서는 진로 탐색 활동이 앞에 있고 주제 선택 활동이 이어서 제시되어 진로 활동의 중요성이 강조되었다는 인상을 받았던 데서 2022 개정 교육과정에서는 주제 선택 활동이 중요하다는 인상을 받게 되었다.
- 참여형 수업, 과정 중심 평가 실시, 지필 평가 지양 등의 내용은 변함이 없다.

이상을 종합해 보면 자유학기제 때에는 주제 선택 활동을 기본으로 학업에 도전하고, 공부하는 방향을 기준으로 진로를 탐색하라는 뜻으로 해석된다. 학습과 진로의 관계는 닭과 달걀의 관계와 같다. 진로에서는 학습이 중요한데, 그 학습은 진로 방향에 대한 학습이기도 하고, 진로를 개척해 나가기 위해서는 필요한 교과 공부를 해야 한다는 의미에서의 학습이기도 하다. 즉 공부하다 보면 그 공부를 적용해서 할 수 있는 일이 진로가 된다는 말이다. 한편 진로를 정하고 그에 필요한 공부를 할 수도 있다. 그런데 좋아하는 공부를 더 깊이 하다 보면 진로가 결정된다는 말에서 보듯이 학습이 먼저고 진로가 나중이다.

학생은 과학을 싫어하지만, AI를 활용해서 식품을 개발하는 꿈을 가지고 있다면 자유학기제 때 과학에 도전해서 정말 자기가 과학을 싫어하는 건지 확인해 볼 기회를 가질 수 있다. 토론에 자신이 없는 학생은 토론 학습에 도전해서 활동하다 보면 토론에 자신이 생기고 좋아질 수 있다. 자유학기제에서 정량 성적을 산출하지 않는 이유는 성적 때문에 도전하지 않겠다는 학생에게 기회를 주기 위함이다. 자신 없는 분야의 공부가 좋아진다면 학생이 진로를 탐색하는 데 걸림돌을 제거한 셈이 된다.

자유학기제에서 주제 선택 활동을 진로 선택 활동보다 강조한 것은 새삼스러운 일이 아니다. 지금도 자유학기제는 진로를 탐색하는 학기라고 말하지만, 원래 그보다 더 큰 의미를 가진 개념에서 출발한 제도다. '자유학기제'라는 이름에 그 의도가 담겨 있다. 진로를 중시했다면 진로학기제라고 이름을 붙였을 것이다. 자유학기제는 자유를 가르치고 배우는 학기라는 의미가 포함되어 있다. 자유는 곧 선택을 허용한다는 것과 같은 뜻이다.

학생은 경직된 중학교 교육과정에서 벗어나 자신이 원하는 분야를 선택하는 자유를 누릴 수 있게 되면서 자유의 소중함을 깨달을 수 있다. 한편 자유롭게 선택한 분야는 자신이 좋아하는 분야일 것이므로 진로와도 관련 있다. 그러니 자유학기제가 진로탐색과 관련을 맺는 지점이 생긴다. 이렇게 자유롭게 활동을 하는데 기존과 동일하게 시험을 본다면 이 활동은 위축될 것이다. 그래서 자유학기제 동안 이수한 과목의 이수 상황은 서술형으로 기재되어 학부모에게 전달된다.

자유학기제에 해당하는 중학교 1학년 때에는 서술형으로 이수 상황이 기록되다 보니, 2학년이 되었을 때 점수가 나오는 성적표를 보면 충격을 받는다고 말한다. 그러나 상대 평가로 성적이 기재되면 100점이 아닌 이상 충격을 받기 마련이다. 어떤 사람들은 성적이 서술형으로 기재되고 교과 수업을 줄여 활동 중심으로 배우는 시간이 늘어나다 보니 기초학력 부진 학생이 증가했다고도 말한다. 한편 또 다른 사람들은 기초학력이 떨어지는 학생이 늘어난 것은 자유학기제 탓을 할 일이 아니라고도 주장한다. 초등학교 단계에서 학생들이 마땅히 배워야 할 학업 수준을 잘 성취했어야 하는데, 그 단계에서 문제가 있었던 것이 중학교에서 나타난 것이라는 점, 기초학력 부진을 측정하는 도구는 타당했는가에 대한 의문 등도 가세하여 이 문제를 다룬다.

교육 선진국으로 알려진 북유럽 각국에서는 학업 성취 수준이 떨어지는 학생을 대상으로 특수교사가 별도의 수업을 한다. 진도 자체가 워낙 천천히 나가서 학생이 따라가지 못하는 경우가 드물지만, 그럼에도 불구하고 수업을 못 따라가는 학생은 특수교사가 별도로 가르쳐 수준을 맞춰 준다. 우리나라에서 수업을 못 따라가는 학생을 대상으로 별도의 수업을 진행하면 학습 부진아라고 낙인이 찍힌다고 말하겠지만, 별도 지도를 실시하고 있는 나라들에서는 그런 일은 생기지 않는다. 개인이 잘 배워서 사회생활에 적응하도록 돕는 것이 교육이며, 못하는 학생도 그 과목을 못하는 것이지 낙오자가 아니라는 점을 모두가 인정하므로 따돌림이나 낙인 현상이 나타나지 않는다고 한다.

이야기를 다시 주제 선택 활동으로 돌리자.

교과에서 감축한 시간으로 운영하는 주제 선택 활동에서는 학생이 원하는 분야를 선택할 수 있다. 만약 학생이 수학 분야를 좋아한다면 이와 관련된 주제인 '수학이 쑥쑥'과 '문제적 수학' 같은 주제를 선택해 학습할 수 있다. 국어를 좋아하는 학생은 '신나는 디베이트'와 '원탁의 기사' 같은 주제를 선택해서 토론을 통해 듣기·말하기 실력을 기를 수 있다. 그런데 이때 좋아하는 분야나 과목만 집중하지 말고 잘 모르는 분야, 지금까지 싫어했던 분야에 도전해서 새로운 힘을 기른다면 더 큰 성과를 얻을 수 있다. 대부분 학생이 싫어하는 과목과 분야는 능력보다 어려운 것이면서 대학 공부의 기초가 되는 것일 가능성이 높기 때문이다.

그러므로 자유학기제는 '공부를 안 할 자유'를 주는 학기가 결코 아니다. 학생이 스스로 계획하고 탐구하는 사이에 학습 습관을 잡아가는 시기라고 해야 맞는 말이다. 이를 잘 활용하면 하기 싫은 과목이 좋아지는 시기가 될 수 있으며, 단순한 암기 위주의 수동적인 학습에서 벗어나 능동적으로 공부하는 올바른 습관을 들이는 공부 태도를 바꾸는 시간으로 사용할 수 있다.

다만 학생들이 탐구에 중점을 두기보다 발표 자료 꾸미기에 중점을 두는 경향은 우려할 일이다. 수학 동아리 활동을 하면서 수학에 흥미를 키우고 개념을 적용해 보는 학습을 하는 대신에, 발표 행사 포스터 그리기, 발표 행사장 꾸미기에 열을 올리면서 발표 내용은 인터넷 서핑으로 구한 자료를 재구성하는 수준에 머무르는 것은 경계해야 한다.

자유학기제에는 지필평가 기간이 별도로 없다. 따라서 시험이 없다고 학생들이 마냥 풀어질 수도 있다. 그러나 시험은 수업이 진행되는 사이에 '과정 중심 평가'라는 이름으로 이루어진다. 정량평가 성적이 나오지 않는 것이 공부를 하지 않는 요인이 될 수도 있다. 그러나 자유학기제의 원래 취지는 학생에게 시험 부담을 주지 않고 자신이 원하는 활동을 찾아 해보면서 하고 싶은 것이 무엇인지를 찾아보는 시기로 삼으라는 것이다. 이를 유념해서 자유학기제를 보낸다면 학생은 더 자기주도적으로 학습하는 사람으로 자랄 것이다.

중2병이 입시의 관건, 사춘기 아이와 소통하는 법

입시 준비에서 가장 중요한 것은 아이와 부모의 소통이다. 부모가 원하는 방향과 아이가 하고 싶은 것에는 차이가 있을 수 있기 때문이다. 이 차이를 좁히기 위해서는 아이와 꾸준히 대화하는 것이 가장 바람직한 방법이다. 아이가 중학생이 되면 말귀를 알아들어 부모와 대화가 통한다고 한다. 그러나 곧 질풍노도의 시기가 찾아온다. 사춘기 아이는 수시로 자기 방에 들어가 문을 잠가버리고 대화를 차단한다. 대화할 기회가 없으니 자연스레 식탁에서는 숙제 잘 하는지, 시험은 잘 볼 수 있는지 등 공부 이야기만 하게 된다. 얼굴 보고 말할 틈이 없으므로 밥상머리에서 겨우 이야기를 꺼내는 것이다. 그러나 아이는 부모가 공부 이야기를 하는 것이 듣기 싫으니, 얼른 수저를 놓고 상을 떠나기 일쑤다. 그러고는 바로 스마트폰을 들어버린다. 부모는 이대로 아이가 영영 마음의 문을 닫게 될까 속이 탄다. 일종의 악순환이다.

여기서 문제는 대화를 할 수 있는 타이밍에 부모가 오로지 '공부' 이야기만을 꺼낸다는 것에 있다. 냉정하게 생각해 보면 아이를 꾸짖는다고 아이를 공부하게 할 수는 없다. 자기 방에 있을 때, 아이가 책을 거들떠보지도 않을 수 있다. 부모가 아이를 책상에 앉힐 수는 있어도 본질적인 '공부'를 하게 만들 수는 없는 것이다. 결국 공부는 자신의 꿈을 이루기 위해, 필요에 의해서 하게 된다. 그런데 부모가 이에 대해 물으면 왜 아이들 대부분이 묵묵부답일까? 자신의 꿈이 부모의 기대에 못 미칠 것 같아 그러기도 하고 실제로 어떤 꿈을 가져야 할지를 모르기 때문이기도 하다.

아이와 애착 관계가 형성되어 있다면 아이의 사춘기에도 대화가 아예 차단되는 상황에 부딪히지는 않는다. 반항기라지만 아이도 누군가와 말하고 싶어 하고, 자신을 드러내고 싶어 한다. 그래서 사춘기가 오기 전부터 아이와 지속적으로 대화를 이어갈 필요가 있고, 아이의 입장에서 생각해 볼 필요도 있다. 아이의 퉁명스러운 대답에도, 그것이 아이의 본심이 아니었을 것이라고 스스로 달래며 아이와 마주해야 한다.

한편 사춘기에 들어선 아이와 소통이 안 된다면, 학교의 도움을 받는 것이 효과적이다. 예전에는 한 반의 학생 수가 60명을 넘었지만, 지금은 한 반에 20여 명 정도다. 그리고 학교에는 진로진학상담을 전문으로 하는 선생님도 있다. 담임선생님이나 진로진학상담 선생님은 아이와 잘 소통하는 선생님이나 친구를 통해서 아이의 꿈과 그것을 위해 어떻게 노력하려고 하는지를 알아볼 수 있다. 그러니 학교에서 아이의 정보를 얻는 것도 한 방법이다.

정보를 얻고 난 다음에는 아이의 마음이 되어 아이를 이해해야 한다. 아이는 왜 묻는 말에 퉁명스럽게 대답할까? 내 말은 왜 들어주지 않는 걸까? 사실 부모가 아이에게 다가가서 말할 때에도 아이는 자기에게는 관심이 없다고 생각할 수 있다. 아이는 칭찬을 받고 싶은데, 엄마는 '그 정도야 뭘' 하는 태도로 칭찬에 인색했을 수도 있다. 아무리 사춘기라고 해도 아직은 어린아이들이다. 아이가 부모를 거부한다고만 생각하지 말고, 아이를 대하는 내 태도, 즉 부모의 태도가 어떤지 되돌아보자.

부모가 아이의 행동을 바라보는 시각이 문제가 되기도 한다. 엄마는 아이에게 결정권을 주고 스스로 할 수 있는 기회를 늘 주고 있다고 하지만 엄마의 스트라이크존은 엄마가 생각하고 있는 것보다 훨씬 작은 경우도 있다. 아이가 선택한 책, 선택한 옷, 선택한 학원, 선택한 간식 등 모든 선택에서 간섭을 하고 있으면서도 자유를 주고 있다는 착각을 하고 있는 경우이다. 이런 경우 대부분 아이는 엄마의 말을 간섭으로 받아들이고 문을 닫아 버릴 수 있다. 결국 엄마의 속이 타들어 가더라도 아이에게 선택권을 주면서 너그러워질 필요가 있다.

그렇지만 방관하지는 말아야 한다. 아이가 마음에 들지 않는 행동을 할 때 지적했다면 고쳐질 때까지는 관심을 두어야 한다. 엄마뿐 아니라 온 가족이 아이의 습관이 달라질 수 있도록 지원해야 아이가 달라진다. 가족이 모여 대화하고 합의한 사항을 적어두고 지켜지는지를 확인하자. 잘하고 있으면 칭찬을 아끼지 않는다. 좀 호들갑스럽다고 느낄 정도로 칭찬해 주어야 아이가 자기를 알아준다고 느끼게 된다.

책상에 앉기 싫은 아이, 공부 습관 들이는 방법

 딸보다 아들을 기르기가 더 힘들다고 말한다. 과연 정말로 아들 양육이 딸 양육보다 힘들고 어려울까? 아들은 부모가 원하는 방향으로 공부하거나 생활하지 않으니 속이 터지고, 큰소리를 내지 않으면 움직이지 않으니 더 버거울 수 있다. 게다가 아들이 딸보다 더 부산스럽고 행동적이니 엄마가 감당하지 못해 더 힘들게 느껴지기도 한다. 그렇지만 공부를 스스로 해야 한다는 관점에서 보면 아들과 딸이 별 차이가 없다. 아들과 딸을 떠나서 스스로 찾아서 공부하는 자녀가 이상적이지만, 현실에서는 찾아보기 힘든 것이 사실이다. 아이가 자발적으로 (이 말을 요즘은 자기주도적이라고 한다.) 공부하게 만들기 위해서는 어떻게 해야 할까?

스스로 챙기는 습관 들이기

〈공부가 머니?〉 방송을 준비하면서 엄마들이 아이의 등교 준비를 전부 해 주는 모습을 자주 보았다. 모든 엄마가 아이가 학교에 입고 갈 옷이나 교복을 챙겨주고 가방과 준비물까지 챙겨 준다. 이렇게 엄마의 손길을 받아 등교하는 것이 습관이 되다 보니, 한 고등학생은 엄마가 준비해 주지 않으면 학교 가기 어려울 것 같다고 말했다. 아이의 일상에서 가장 쉬운 일 중 하나인 학교 갈 준비도 스스로 하지 못하는 상황에서는 의사 결정 능력을 기를 수 없다.

중학교 1학년 여학생이 출연했는데, 수업을 마치고 소지품을 정리하는 데 시간이 오래 걸려 친구를 한참 동안 기다리게 한다. 학원에서도 정리가 늦어 가장 늦게 나온다. 이 학생의 지능검사 결과 작업처리속도 항목에는 문제가 없었다. 그런데도 이 학생이 생활 전반에서 느린 행동을 보이는 이유는 엄마가 전부 도와주기 때문이라고 아동심리 전문가가 진단했다. 엄마가 판단하고 명령하면 스스로 생각할 시간이 필요 없어지므로 여유가 생겨 느리게 반응하는 습관이 들었을 것이라는 점을 지적했다. 그는 엄마가 대신해 주거나 할 일을 명령하기보다는 "이제 할 일이 뭐지?"라고 물어보며 아이가 스스로 생각하게 하는 방식으로 아이의 생활을 도와주어야 한다고 조언했다.

아이는 스스로 자신이 해야 할 일을 하면서 성장한다. 아이에게는 아이 몫의 일을 줘야 한다. 아침에 자고 일어나면 이부자리 정리도 스스로 해야 하고, 입고 나갈 옷도 스스로 챙겨 입어야 한다. 다음날 가지고 갈 준비물과 교과서는 전날 미리 챙겨서 현관 옆에 두었다가 아침에 들고 나갈 수 있도록 준비하는 것이 바람직하다. 그래야 스스로 해야 할 일을 챙기는 습관이 생기게 되고, 그 과정에서 길러진 자기주도력으로 공부도 계획해서 하게 된다. 초등학생이라면 자신이 입을 옷을 스스로 선택하는 사이에 선택 역량도 생긴다. 선택은 늘 존재를 건 모험이다. 옷을 입으며 매일 아이는 모험의 경험을 쌓는 것이다.

엄마가 챙겨주는 습관이 들면 자신이 챙기지 못해 일어나는 모든 일을 엄마 탓으로 돌리기 쉽다. 책임을 지는 연습이 되지 않는 것이다. 준비물을 학교에 가지고 가지 못해서 생기는 문제도 엄마 때문이라고 하고, 집으로 전화해서 준비물을 가져다 달라고 한다. 이렇게 자라면 성인이 되어도 달라지지 않는다. 버릇은 변하지 않기 때문이다. 어릴 때부터 아이의 물건은 아이가 챙기고, 등교 준비는 전날 다 해 두고 잠자리에 들도록 해야 한다. 게으른 사람이 화초를 잘 키운다는 말처럼, 부모가 자녀의 일상을 부지런히 챙기기보다는 다소 게을러질 필요가 있다.

숙제 검사를 하고 단호하게 꾸짖기

공부에도 남녀 차이가 있을까? 초등학교 고학년과 중학교 1학년은 남녀 학생 간 차이가 크다고 말한다. 여학생은 이미 성숙한 단계에 들어서서 자신이 할 공부를 꼼꼼히 잘 챙긴다고 하는데, 남학생은 덜렁거리고 자신이 해야 할 일을 잘 챙기지 않는다고 한다. 물론 남녀 차이도 있겠지만, 개인 차이가 더 크다. 어떤 남학생은 여학생보다 꼼꼼하고 스스로 잘 챙기지만 어떤 여학생은 남학생보다 덜렁거리고 숙제도 잘 안 한다. 그러나 대체로 선생님들은 남녀 차를 수긍하는 편이다. 학부모 입장에서도 아들 키우기가 딸 키우기보다 백배는 어렵다고 한다. 한편 남자아이 엄마라고 절망적인 것만은 아니다. 여학생은 자율적으로 과제를 수행하지만 주어진 과제를 잘하는 수준에 머무르는 경향이 있는 반면, 돌발 상황을 해결하는 방안은 남학생이 더 잘 내는 경향이 있다는 연구 결과가 있다. 남학생을 자녀로 둔 부모에게 위로가 되는 말이다.

공부에 있어 가장 중요한 자기주도학습 습관이 없는 아이들에게, 어떻게 하면 스스로 하는 습관을 들일 수 있을까? 보통 엄마들은 "숙제 다 했니?"라고 묻기만 할 뿐, 따로 검사는 하지 않는 경우가 많다. 그러나 검사를 하지 않으면 아이는 건성으로 대답한다. 스스로 하는 아이들은 가끔 검사하고 수시로 묻기만 해도 된다. 그러나 자기주도력이 약한 아이는 말로만 묻는 것이 아니라 실제로 했는지 검사해야 한다. 특히 남자아이는 매일 검사를 해서 공부 습관이 들 때까지 타의로라도 해야 할 것은 반드시 하도록 해야 한다고 말한다.

만일 숙제를 하지 않았으면 단호하게 꾸짖어야 한다. 이번만 용서한다고 말하는 것은 영원히 용서해 주는 것과 같다. 한 번 용서하면 아이는 다음번에도 용서를 기대한다. 가족 중에서 엄마만 단호하게 대처한다고 아이의 습관이 고쳐지지는 않는다. 모든 가족이 아이와 약속하고 비슷한 정도의 압력을 행사해야 한다. 엄마가 아이를 꾸짖고 있는 사이 할머니와 아빠가 동정의 눈길을 보내면 아이는 할머니와 아빠 뒤로 숨고 만다. 고쳐야 할 습관 목록을 만들고 날짜별로 잘 지켰는지를 점검하도록 하면 아이가 스스로 자기 조절을 하는 역량이 생긴다.

경청하는 습관 들이기

공부의 기본은 '경청'에 있다. 선생님의 말씀에 귀를 기울여 듣는 것이 우선이다. 설명을 듣고 이해하는 것이 공부의 시작이기 때문이다. 그런데 주의가 산만한 아이들은 경청하지 못한다. 특히 남학생이 경청하는 자세가 부족하다고 하는데, 이는 남자아이의 듣는 기능이 늦게 발달하는 것이 원인이라고 한다.

수업 시간에 선생님 말씀을 집중해서 듣기 위해서는 공부할 내용을 미리 보고 수업에 들어가야 한다. 즉, 간단한 예습이 경청에 큰 도움이 된다. 내일 배울 것을 전날 예습하고, 쉬는 시간에 다음 시간에 공부할 내용을 예습하면 된다. 그런데 중학생의 경우 교과 교실제를 하면 교실을 옮겨야 하므로 쉬는 시간에 책을 보기 어렵다. 따라서 다음 날 학교에 가져갈 가방을 챙기며 지난 시간 배운 것도 복습하고, 미리 다음 수업을 예습하는 것이 좋다.

경청은 학교생활뿐 아니라 의사소통에서도 중요한 부분을 차지한다. 상대방은 자신의 말을 경청해 주는 사람이 자신에게 호감이 있다는 생각을 하게 된다. 두 사람이 짝을 지어, 한 사람은 말을 하고 한 사람은 듣는 연습을 해 보자. 고개를 끄덕여주고 가끔 말을 받아주기도 하며 3분간 이야기를 듣고 난 뒤, 자신이 들은 이야기를 요약해서 상대방에게 이야기해 주는 것이다. 그다음에는 역할을 바꾸어 한 번 더 한다. 이렇게 하면 한 번은 말하는 연습, 한 번은 듣는 연습을 할 수 있다. 경청도 습관이기 때문에 노력한다면 충분히 해낼 수 있다.

잘 듣기 위해서는 메모하면서 듣기가 효과적이다. 메모하면서 듣기는 글씨를 빠르게 쓸 수 있는 학년이 되어야 할 수 있다. 메모하느라 다음 이야기를 듣지 못하면 오히려 맥락을 이해하지 못하게 되므로 메모는 중요한 단어 수준으로 하고 꼭 필요한 경우 요약해서 문장으로 적어둔다. 메모를 하면 듣는 내용의 맥락을 놓치지 않게 되고, 적은 위치와 함께 기억이 되므로 장기 기억으로 저장하는 데도 도움이 된다. 청각 시각 촉각 등 다감각 효과도 장기 기억으로 저장하는 데 도움이 된다. 졸지 않고 수업에 참여하는 효과도 있다. 열심히 공부하는 모습이 선생님 눈에 띄어 칭찬받게 되고 칭찬으로 인하여 더 공부를 열심히 하는 선순환이 생긴다. 들을 때는 언제나 메모를 하자.

공책 정리하기

수업 중 선생님의 설명을 듣고 그것을 공책에 적는 것은 공부가 된다. 적다 보면 모르는 게 무엇인지를 알게 되고 추후에 그것을 보완하며 진짜 공부를 할 수 있다. 공책에 적기보다 책에 적으라고 말하는 사람도 있지만, 개념을 정립하고 공부 습관을 들이는 데는 공책 정리보다 더 좋은 방법은 없다.

경청한 내용을 공책에 적기 위해서 과목별로 공책을 준비해야 한다. 반드시 과목별로 적어야 나중에 체계적인 복습이 가능하다. 공책에는 단원 이름과 학습 목표를 적고 주요 내용을 요약해서 적는다. 그리고 오늘 공부에서 느낀 점도 같이 적는다. 의문이 들었던 점과 질문 내용 등도 적는다. 이렇게 공책 정리하는 방법을 '코넬식 노트 필기'라고 한다. 하지만 코넬식 노트 필기가 단 하나의 정답이라고 할 수는 없다. 공책 정리를 하다 보면 나중에는 자기만의 방법이 생긴다.

코넬식 노트 필기

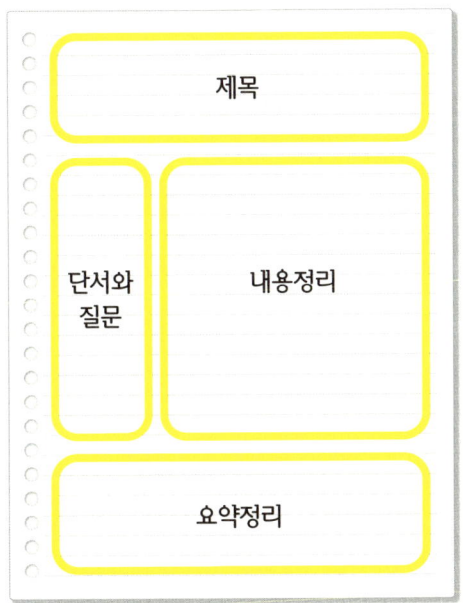

그날 배운 내용의 개념을 그날 바로 이해한다는 점에서 공책 정리는 공부의 핵심이다. 여학생은 공책 정리를 잘하고 남학생은 잘하지 못한다는 편견이 있다. 여기서 주의할 점은 여학생은 여러 가지 색 볼펜으로 공책 필기를 정성껏 하다가 정작 내용은 놓칠 수 있고, 남학생은 검사를 하지 않으면 필기를 빼먹거나 중단하기도 한다는 것이다.

초등학교 고학년 때의 공책 정리 습관은 중학생이 되어서도 이어진다. 그래서 초등학생 때 습관을 들이는 것이 중요하다. 공책 정리 상황을 확인하고 칭찬도 해 주어야 한다. 학교 선생님이 검사해 주는 것이 가장 좋지만, 그렇지 않으면 부모가 직접 검사하는 것도 도움이 된다.

아이에게 적절한 보상하기

어떤 일을 잘 해낸 결과로 칭찬해 주고 시상하거나 상품을 주는 것을 '강화'라고 한다. 즉, 행동의 반응, 빈도나 강도를 높이는 자극을 말하는데 이 용어보다는 '보상'이라는 단어가 좀 더 일반화되어 있다. "시험 잘 보면 선물 사 줄게."라는 제안은 보상을 기대하게 하는 행위다.

보상에는 내적 보상과 외적 보상이 있다. 자기가 공부를 하면서 깨달은 것이 있고 알아가는 즐거움을 느낀다면 그보다 큰 보상은 없다. 어떤 일을 잘 해서 친구와 주위 사람들이 인정해 주면 뿌듯한 느낌을 갖게 된다. 그 뿌듯함이 내적 보상이다. 중학생이 되면 친구들이 인정해 주고 칭찬해 주면 동기부여가 되면서 내적 보상이 이루어진다. 더 인정받고 싶어서 더 열심히 노력하게 된다.

그러나 모든 경우에 내적 보상이 이루어지는 것은 아니다. 자신이 좋아하는 과목이 아닐 경우 공부하기 싫을 것이고, 싫으면 자연스레 열심히 하지 않게 된다. 그렇게 되면 성과가 좋을 수가 없으므로 내적 보상이 이루어질 수 없다. 이럴 때 부모가 쓸 수 있는 방법이 외적 보상이다. 내부가 아니라 외부에서 다른 사람에 의해 주어지는 보상이 외적 보상이다. 공부를 잘했다고 선물을 주는 것이 바로 외적 보상의 한 예다.

그러나 학생이 어릴 때 이미 사탕으로 보상을 받았다면 커서는 사탕으로 보상할 수는 없게 된다. 스마트폰을 바라는 아이에게 사탕이라는 보상은 효과가 적을 것이다. 보상은 게임과 관련이 있다. 게임은 점수가 오르는 것을 눈으로 확인하는 기쁨이라는 보상이 있는 반면, 공부는 오늘 해봐야 뚜렷하게 언제 보상이 주어진다고 예상할 수가 없다. 그래서 사람들은 공부보다 게임을 더 좋아한다. 게임은 보상에 취해 중독이 되지만 공부 중독은 잘 되지 않는 이유다.

보상은 상대의 마음을 잘 읽고 주어야 한다는 점에서 협상과 닮았다. 올스타전에 나가기 싫어하는 프로축구 선수들에게 보상으로 무엇을 제시해야 효과적으로 설득할 수 있을까? 세 가지 보상 방법이 있다. 출전 수당을 준다. 부상에 대비한 보험을 들어준다. 휴가를 준다. 이 중에 가장 매력적인 보상은 '휴가를 준다'일 것이다. 올스타전에 나갈 선수라면 이미 돈도 있고 부상을 대비한 보험도 들었을 것이다. 그들이 원하는 것은 휴가일 가능성이 크다. 이처럼 적절한 수준에서 아이의 마음을 읽고 보상을 생각해야 하는 부모의 마음은 참 고달프다.

지속적으로 보상이 이루어지면 아이가 더 큰 보상을 요구할 수도 있고, 부모도 더 큰 보상으로 아이의 행동을 유도하려고 하기도 한다. 이미 작은 보상은 아이를 자극하기에는 효과가 없어졌기 때문이다. 그래서 매번 보상을 하면 그 효과가 떨어진다는 사실을 기억해야 한다. 몇 번의 칭찬과 간혹 물질적인 보상을 섞어 사용해서 아이가 다음 보상을 궁금하게 만들 필요가 있다. 즉, '간헐적 보상'이 가장 효과적이라는 뜻이다.

동기 부여하기

엄마는 아들을 과학고에 보내고 싶어 한다. 중학교 1학년밖에 되지 않았는데, 학원을 보냈더니 10개월 만에 영재반에 들어간 것으로 볼 때 자질이 있어 보인다며 영재교육원 설명회까지 다녀왔다. 반면 학생은 영재교육원 시험도 보고 싶지 않은 마음이라 모자가 갈등을 겪고 있었다.

과학고 입시는 2, 3학년의 수학·과학 과목 성적을 평가하고, 추천서를 바탕으로 면접도 진행된다. 그런데 학생은 아직 1학년이고 내년과 후년이 기다리고 있다. 이 시기를 어떻게 보내느냐에 따라 진학할 학교가 달라질 것이다. 과학고 교육과정은 수학·과학 과목이 절반 이상이다. 매일 이 두 과목 수업 시간이 일과의 반 정도를 차지한다. 그러니까 좋아하고 즐기지 않으면 잘할 수 없다. 과학고에 진학할 준비를 하는 것도 수학·과학 분야가 좋아야 할 수 있다. 이미 흥미를 놓았으면 다시 마음먹고 준비하기가 어렵다.

　목표를 세움에 있어 가장 앞세워야 할 것이 동기 부여다. '과학고'라는 목표를 세우기 이전에 학생의 마음에 수학·과학 공부를 하고 싶은 마음이 있어야 한다. 그 분야에 호기심을 가지고 탐구의 즐거움과 뿌듯함이 솟아나야 공부도 하고 성취도 한다.

　그런데 학생은 과학고 갈 생각도 없고 수학·과학 공부도 하기 싫다고 한다. 이유를 알아보니 학생은 지금까지 엄마를 기쁘게 하려고 죽어라 공부했는데, 그 결과에 대해 엄마가 기뻐하지도 않는 것 같아 공부하기 싫다는 것이었다. 결국 아이의 마음에 과학고 가고 싶은 마음이 생기도록 동기 부여를 했어야 했는데, 그렇게 하지 못한 것이 아이의 마음을 사는 데 실패한 결과로 돌아온 것이다.

　아이가 친구 사이에서 공부를 잘 하게 된 것이 알려지고 그 사실로 인하여 뿌듯함을 느꼈다면 내적 동기가 유발되었을 것이다. 이런 상황을 어떻게 만들까 하는 것이 엄마의 몫이었을 것이다. 또한 엄마가 칭찬에 인색하면 동기 부여가 잘 안 된다. 엄마가 좋아하는 것을 보려고 공부를 하기 시작했는데, 잘 해도 엄마는 좋아하지 않으니 잘 할 이유가 없어져 버린 것이다. 그래서 엄마가 반응을 크게 보이고 감탄을 연발하는 편이 동기부여에 효과적이다.

아이에게 적절한 성취 압력 주기

아이에게 수준보다 높은 공부를 강요하면 아이는 폭넓게 기초를 다질 기회를 잃어버리게 된다. 유치원을 다니는 아이라면 아직 그림책을 보고, 색칠 공부를 하고 열심히 뛰어놀 나이다. 사칙연산이나 글자로 된 책을 읽는 것은 때가 되면 다 하게 된다. 교육을 서두르기보다는 아이의 발달 단계에 맞는 학습을 시키고 마음껏 놀게 하는 것이 좋다. 부모의 욕심이 과하면 아이는 의도하지 않은 방향으로 엇나갈 수 있다. 그래서 아이에게 적절한 성취 압력을 주는 일이 어렵지만 매우 중요하다. 일찍부터 영재고를 목표로 너무 심한 압력을 넣었다가 중간에 아이가 무너지기도 하고, 성취 압력을 주지 않아서 아이가 공부에서 멀어지기도 하기 때문이다.

어릴 때는 알파벳 하나 더 아는 것이 대견한 일이지만 좀 더 자라면 그 정도는 하루면 따라잡을 수 있다. 아이가 남보다 알파벳 하나 더 아는 것이 자랑스러운 시기는 결코 길지 않다. 초등학생만 되어도 알파벳 아는 것은 더는 자랑거리가 아니다. 우리 아이들이 살아갈 시대는 어른의 기준으로 판단되지 않는 시대다. 그래서 아이에게 스스로 판단하게 하고 부모는 지켜보고 지지해 주는 것이 바람직하다.

한편, 세상 모든 부모와 교육자는 아이가 올바른 선택을 할 수 있도록 선택 역량을 길러 주어야 한다. 이 역량을 기를 수 있도록 적절한 압력을 주는 것이 성장 과정에서 때로는 필요하다. 아이에게 공부 압력을 전혀 가하지 않으면 아이는 발달 단계에 맞는 학습을 하지 않고 지나가게 되기도 한다. 발달 단계에 맞는 학습을 하지 못하면 학교생활이 지루하고 친구 관계가 달라진다. 공부하지 않는 아이들끼리 뭉칠 가능성이 높다. 결국 공부 압력을 전혀 가하지 않는 것은 아이를 행복하게 하는 것이 아니다. 아이가 창의적인 생각을 머리에 가득 넣고, 일터로 나갈 힘을 기를 수 있게 만드는 압력은 필요하다.

경쟁과 성장의 상관관계

공부를 더 열심히 하고 좋은 결과를 끌어내도록 부모들이 아이의 경쟁 심리를 부추기는 방법을 사용하는 경우가 있다. 물론 어떤 아이는 경쟁심이 강하여 경쟁 상태에 있으면 더 열심히 하기도 한다. 그러나 경쟁심이 언제나 긍정적인 효과를 내는 것은 아니다.

경쟁심은 아이가 공부에 몰두하는 계기가 될 수는 있지만, 그것으로는 자발성을 이끌어내기가 어렵다. 고등학교에 가서도 공부를 잘하는 아이는 결국 '자발적으로' 공부하는 아이다. 부모가 시킨 선행 학습으로 좋은 점수를 내거나 경쟁심으로 잘하는 것에는 한계가 있다.

김연아 선수는 아사다 마오라는 라이벌이 있어서 성장했다고 할 수 있지만, 김연아 선수 스스로 훌륭한 연기를 하고, 난이도가 높은 기술을 익히는 것에서 오는 만족감이 더 컸다는 것은 이미 알려진 사실이다. 당장의 경쟁보다는 성장이 더 소중하다. 아이 스스로 성장의 기쁨, 새로운 것을 알고 문제를 해결할 때의 기쁨을 언젠가는 맛보아야 아이가 스스로 공부하게 되고 책상에 앉게 된다.

그런 면에서 다른 아이와 자신의 아이를 비교하는 일은 삼가야 한다. 아이들도 부모가 다른 아이나 형제자매와 자신을 비교하는 것을 모독이라고 생각할 정도로 싫어한다. 비교하게 되면 아이는 반감을 갖게 되어 공부는 하지 않고 부모와 자식 간의 관계만 나빠지는 결과를 낳게 된다.

수능과 내신 공부의 비법

1993년에 1994학년도 대입 수능을 처음 시행한 이후 수능 초기에는 만점자가 없었다. 그러다가 1999학년도 수능에서 첫 만점자가 나와 1968년 대입 예비고사가 도입된 이후 30년 만에 첫 만점자가 탄생했다며 화제가 되었다. 그 주인공은 한성과학고 출신의 오승은 씨로, 어떻게 만점을 맞았는가란 기자의 질문에 "그냥 모르는 문제가 없었어요."라고 대답했다고 해서 또 한 번 화제가 되었다. 그전에도 해마다 예비고사, 학력고사, 수능을 거쳐 오며 수석을 한 수험생에 대한 인터뷰가 있었는데 대부분 교과서를 중심으로 공부하고 사교육은 전혀 받지 않았다는 모범 답안을 말하던 차에, "그냥 모르는 문제가 없었어요."라는 대답은 무심한 듯 새로운 느낌을 주었다. "최근에 본 책은?", "백과사전.", "H.O.T 중 좋아하는 멤버는?", "H.O.T가 뭐죠?"라는 문답도 함께 화제가 되었다.

오승은 씨는 서울대 물리학과를 수석으로 입학, 이후 MIT에 유학했고, 2003년에 생물 물리학 박사를 받고 하버드 대학에서 연구원으로 지낸 뒤, UC샌디에이고에서 테뉴어 트랙을 밟고 있다. 테뉴어는 대학에서 교수의 종신 재직권을 보장해 주는 제도이다.

오승은 씨의 이력에서 여러 궁금증이 생길 수 있다.

Q: 과학고 학생이 수능 수석을 했다?
A: 그 당시에는 특목고도 모두 수능을 봐야 대학에 갈 수 있었다. 과학고도 외고도 대학 갈 때의 중요한 전형 요소는 수능이었다. 수능을 잘 보는 길 외에는 방법이 없었다. 그러나 그 당시의 수능은 출제 방식이나 과목이 지금과는 달랐다. 교과와의 관련성이 좀 적었다. 과목 이름도 달랐다. 언어, 수리·탐구Ⅰ(수학), 수리·탐구Ⅱ(사회·과학), 외국어(영어)가 그 당시의 네 개 영역이다. 지금 수능은 지식 암기가 큰 비중을 차지하지만, 당시 수능은 문제 안에 판단 자료가 대부분 제시되었고 그것을 바탕으로 답을 추리하는 문제 형태였다.

Q: 수능으로도 창의적 인재가 나오지 않나?
A: 물론 수능이 창의적 인재로 성장시키는 가장 적합한 방식이 아닐 수는 있지만, 수능을 만들 당시에는 교과서 내용에서만 출제하는 학력고사로는 학생의 창의성을 측정할 수 없다는 문제의식에서 수능이 시작되었다. 당시에는 그 방법이 최선이었던 것이다. 1987년에 학력고사를

개선하기로 하고 몇 년에 걸친 모의시험을 통해 시대에 가장 알맞은 방식으로 개발된 시험이 수능이었다. 그래서 교과서 암기 중심의 공부는 개선되었지만, 여전히 선택형 문제를 푼다는 문제점은 남아 있었다.

Q: 수능으로도 창의적 인재가 나오는 거 맞지 않나?
A: 그렇게 단정할 수 없다. 앞으로의 교육은 일부 학생만 창의적으로 기르는 교육이어서는 안 되고 모든 학생을 창의적으로 기르는 교육이어야 한다. 그래서 교실 수업이 창의성을 길러 주어야 하고 입시도 창의성을 기른 결과를 바탕으로 선발하는 구조여야 한다. 수능은 일부 학생에게 창의적 인재가 되는 기회를 줄 수 있지만, 대부분 학생이 창의성을 기르는 공부를 하도록 유도하지는 못한다. 고등학교의 공부 방향성을 설정할 때, 대입 제도가 그 방향성을 정해 주는 역할을 일부 수행한다. 수능을 강조하면 대부분 학생이 창의성을 기르는 공부를 하지는 않는다. 현재 수능은 선택형 문제를 푼다는 점에서는 과거 수능과 같지만, 문제가 교과서 중심으로 돌아갔다는 점에서 개방적인 창의성을 기르는 데는 한계가 있다. 수능이 가장 중요한 전형 요소로 우뚝 서게 되면 결국 학생들은 '학생이 참여하는 학습'보다는 수능 문제 풀이에 더 치중하게 되기 때문이다.

수능의 한계를 인식한 노무현 정부는 2004년에 '2008학년도 대입 개선안'을 통해 수능의 영향력을 줄이기 위해 수능 점수 대신 등급만 제공하기로 하고 입학사정관제를 도입하기로 결정했다. 이후 입학사정관제는 2015학년도 대입부터 학생부종합전형으로 이름이 바뀌었다. 그러다 보니 공부는 수시 학생부종합전형 대비 공부와 정시 수능 대비 공부로 나뉘게 되었다.

한편, 입학사정관제 도입 초기에는 수시 대비 공부와 정시 대비 공부가 분화되지 않았다. 당시에 유행하던 '죽음의 트라이앵글'이라는 단어가 상황을 대변한다. 이 단어는 수능, 내신, 논술을 가리키는 말로, 입시를 위해 이 세 가지를 모두 대비해야 한다는 뜻이다. 앞에 '죽음'이라는 단어가 수식어로 붙은 것처럼, 학생들은 내신과 수능과 논술을 모두 대비하느라 벅차고도 벅차했다. 2004년에 입학사정관제가 도입된다고 하자, 대학은 고등학교의 학생부를 읽을 준비가 되어 있지 않았기에 대학이 출제하는 자체 시험을 도입하려고 했고, 수능도 사용하기로 했다. 입시에서 세 가지 전형 요소를 모두 사용하자 '죽음의 트라이앵글'이라는 말로 학생들은 대입 제도에 저항했다. 그러다가 수시 입시는 전형 요소 중 한두 가지를 학생이 선택할 수 있게 되면서 이 용어는 점점 사라졌다.

지금 대부분의 수험생과 학부모는 수시 공부와 정시 공부는 다르다고 생각한다. 수시 공부는 내신을, 정시 공부는 내신 대신에 수능 문형에 적응하는 훈련을 중심에 두어야 한다고 믿고 있다. 그러던 중 2019년 11월 28일, 교육부는 서울 시내 열여섯 개 대학에 정시 선발 비중을 40%로 확대하라고 권고했다. 이들 대학은 수시에 학생부종합전형과 특기자 전형 비중이 45% 이상인 대학이기 때문에 조정이 필요하다고 했다. 정시가 확대되고 수시 학생부종합전형이 줄어들자, 수험생과 학부모들은 정시 수능 공부에 치중해야 하지 않을지 혼란스러워하게 되었다. 이는 내신 공부와 수능 공부가 다르다는 생각을 전제로 한다.

내신과 수능 중 하나면 잘하면 되지 않나요?

최근의 대입 제도에서는 수시 학생부 위주 전형에서 학생부 기재 요소는 간소화되었고, 학생부 이외의 평가 자료였던 학교소개서, 교사추천서, 자기소개서는 모두 폐지된 상황이 반영되어 전형 방식이 달라지고 있다. 대학은 학생부로만 평가하게 되니 수능으로 최저학력 기준을 설정하거나 면접을 부과하는 경우가 많아졌다. 2028 이후 대입에서는 상대 평가 등급이 5단계로 축소되므로 학생부교과전형에서는 변별력 확보를 위해 수능 최저 적용은 여전히 유효하게 작동할 것이다. 한편 종합전형의 경우는 수능 최저를 두지 않는 대학이 더 많다. 대신 면접으로 학생의 역량을 검증한다.

또한 교과전형에서 학생이 수강한 과목이나 창체 활동 등을 반영하여 선발하게 될 수도 있다. 현재도 교과전형에서 정성 평가를 도입하는 대학이 늘고 있는 추세이다. 교과전형에서 정성 평가를 한다는 것은 종합전형과의 차이점이 줄어든다는 뜻이다.

정시에서는 수능에서 탐구영역이 1학년 때 배우는 공통과목뿐이고 수학에서 미적분Ⅱ가 범위가 아니므로 대학은 학생부 평가를 추가하게 될 전망이다. 정시에 논술을 실시하는 것은 논술은 수시 전형 요소라는 큰 틀을 바꾸는 것이므로 쉽지 않다. 입시에서 논술을 걱정하지 않아도 될 이유이다. 물론 학교 시험에서 서·논술형 평가를 확대할 계획이라고 하니 논술을 못해도 문제가 없다는 말은 아니다.

이렇게 보면 2028 대입 이후 수능은 어려운 과목들이 빠지지만 좋은 등급을 맞아야 수시와 정시 모두 유리한 위치에 서게 되고, 학생부종합전형 준비하는 방식으로 공부해야 교과전형의 교과평가, 정시 수능 전형의 교과평가 모두 좋은 평가를 받을 수 있으므로 내신과 수능 두 마리 토끼를 잡는 것이 수험생의 목표가 된다.

내신 공부의 특징은?
진로에 맞는 과목 선택이 기본이다

대입에서 학생부를 평가할 때 가장 중요한 요소는 '진로 방향으로 공부하는 데 기초가 되는 과목을 수강했는가'와 '수준이 있는 탐구 중심으로 학습하고 표현도 잘했는가'에 있다. 수준이 있는 탐구 중심으로 학습하고 표현도 잘했다면 당연히 성적도 좋고 세부능력 및 특기사항에 학생의 장점이 잘 기록되어 있을 것이다. 그런데 학생이 배운 과목 중 진로에 기초가 되는 과목을 수강하지 않았다면 크게 불이익을 당하게 된다. 배워야 할 과목이 학교에 개설되어 있다면 반드시 수강해야 한다. 진로 목표가 바뀌어서 수강을 못 했다는 말도 고려되지 않는다. 따라서 과목을 선택할 때

신중하게 선택해야 한다. 그렇지만 선택할 대상이 많지는 않다. 선택하지 않아 불이익을 받게 되는 과목은 대부분 수학과 과학 과목이다. 미적분Ⅱ를 선택할까 말까부터 물리학이나 화학 또는 이와 관련된 진로선택과목을 선택할까 말까를 결정하면 된다. 진로를 정하지 못했다면 주로 2학년에서 배우는 물리학, 화학을 선택에 포함시키고, 3학년에서는 미적분Ⅱ를 포함시키면 수시든 정시든 불이익을 당할 모집 단위가 없다.

모든 과목을 다 잘해야 하는 것은 아니다

모든 과목을 잘해야 하고 적어도 일부러 포기한 과목은 없어야 한다. 그러나 종합전형에서 점수와 등급이 모두 매우 좋아야 한다는 말은 사실과 조금 다르다. 전 과목의 결과가 다 좋아야만 하는 것도 아니고 모든 학기의 성적이 좋아야만 하는 것도 아니다. 국어 성적이 다 좋은데 2학년 1학기에 문학 성적이 낮다면 국어를 못 하는 학생이라기보다 문학에 어려움을 겪는 학생 또는 문학은 잘하는데 시험을 못 본 학생으로 평가하기도 한다. 학생부종합전형 평가에서는 학생이 학교생활을 해 온 '맥락'을 중시하기 때문이다.

내신 공부는 범위가 있다

당연히 내신 시험은 범위가 있다. 범위가 있기에 그 대비가 가능하지만, 문제가 지엽적일 때는 어려움을 겪기도 한다. 학교에서는 성적의 변별력을 위해 지엽적인 문제를 출제하기도 하는데, 이를 지양하도록 교육청에서 학교에 권고하고 있다.

과정 중심 평가인 수행평가 비중이 높다
단순히 지식을 이해하는 학습에서 할 수 있는 역량을 기르는 학습으로 변하면서 수행평가 비중이 높아지고 있다. 수행평가는 탐구활동과 발표와 토론, 실험, 실습 등이 포함되는데 여기에 어려움을 겪는 학생은 고득점을 받기가 어렵다. 그러나 이런 능력은 사회생활을 위해서도 가져야 하므로, 훈련을 통해 관련된 역량을 길러야 한다.

지필고사에는 논술형, 서술형 문항이 포함되어 있다.
부정적으로 보면 논술형, 서술형 문항은 어렵기만 하고 수능으로 대학 가는 데에는 별로 필요하지 않다고 생각하기 쉽다. 그러나 대학에서 공부하려면 리포트를 쓸 줄 알아야 하고, 논문 계획서도 써야 한다. 글쓰기 능력을 길러두지 않으면 대학 공부와 이후 사회생활을 훌륭하게 해낼 수가 없다. 논술형, 서술형 문항을 피할 일이 아니고 즐길 줄 알아야 한다.

학교 시험 문제는 수업에서 다룬 한도에서 출제된다
학교 시험은 수업이라는 맥락을 거쳐 실시하게 된다. 그러므로 국가 수준에서 전 수험생을 대상으로 출제하는 문항에 비하여 완성도가 낮을 수도 있다. 그러나 학교 시험은 수업과 연관해 출제되므로 수업을 잘 들은 학생이라면 더 잘 해결할 수 있다. 또한 학생부종합전형에서는 성적만으로 학생을 평가하지 않으므로 성적의 편차와 해석의 여유를 감안한다면 문제의 완성도가 떨어진다는 부정적 요소보다는 학생부종합전형이 원하는 방식의 공부가 학생의 역량을 길러 주는 데 도움이 되는 긍정적 요소가 훨씬 크다.

내신은 학교 공부를 충실히 해야 좋아진다

학원에 다니는 목적은 대부분 수능과 내신을 대비하는 데 있다. 평소에는 수능 대비를 하다가, 시험 때가 되면 내신 대비에 돌입한다. 학교 시험은 학교에서 선생님이 가르친 것에서 출제되지만, 결국은 학원에서 해결하려고 한다. 그러나 내신을 위해 학원에 다닌다고 하기 전에 학교 수업에 잘 참여할 일이다. 문제는 수업 중 다룬 것에서 출제되기 때문이다. 또한 앞으로는 학교에서 서·논술형 시험 비중을 확대하라고 교육부가 권장한다고 하니 관련 역량을 기르는 데 초점을 두어야 좋은 성적을 얻을 수 있게 된다. 교실에서 직접 글로 써야 하는 문제가 출제되면 학원에서 대비하는 것만으로는 부족하다.

수능 공부의 특징은?
탐구를 제외한 과목은 응시해야 할 과목이 대체로 정해져 있다

2028 대입 수능은 국어, 수학, 영어, 한국사, 탐구 과목 모두 공통이다. 상위권 대학에 지원할 학생이라면 이 과목은 모두 응시한다. 제2외국어/한

문 과목은 하나를 선택해서 응시하게 되므로 필요한 경우 한 과목을 선택해서 응시하면 된다. 이공계를 지원하는 학생 중에서 인문계 학과에 입학해서 이공계를 복수전공하려는 학생들도 제2외국어/한문 과목에 응시하기도 한다. 제2외국어/한문 과목에 응시해야 지원 자격이 있는 경우가 있기 때문이다. 이런 지원 방식에 관심이 있다면 스스로 해당 모집 단위의 요강을 찾아봐야 한다.

탐구는 1학년 때 배우는 통합사회와 통합과학으로 한정된다

통합사회와 통합과학은 1학년 때 배우는 과목이다. 두 과목 모두 응시해야 한다. 이 과목에는 중학교 때 배운 내용이 일부 포함되어 있다. 1학년 때 배우는 이 과목을 고3 말에 시험을 보니 준비할 시간은 충분하다. 고등학교 입학 전에 이 과목을 선행 학습해야 한다는 소문도 있지만, 그보다는 중학교 과학까지 잘 공부해 두는 것이 대비의 첫걸음이다. 또한 2, 3학년 때 사회 및 과학 과목을 선택해서 배우게 되므로 학년이 높아지면 이해의 폭이 넓어질 것으로 기대한다. 이 과목도 상대 평가 등급과 표준 점수, 백분위 점수 등이 산출되므로 줄을 세우기 위한 고난도 문항이 일부 출제될 것이다. 그래도 범위가 많지는 않아 출제에 한계가 있을 것이라는 추측과 사회와 과학의 모든 과목이 해당되므로 범위가 넓어 대비가 어려울 것이라는 전망이 동시에 있다. 기본은 일단 초등학생 때부터 사회와 과학에도 관심을 가지고 공부해 두고, 중학교 때까지 기본적인 공부에 충실하며, 고1 때 해당 과목을 성실히 학습해 두는 데 있다.

모두 선택형 문항이다

수학 문항에서 답을 구해서 표기하는 문항을 제외하고는 모두 선택형 문항이므로 생각을 서술할 필요가 없다. 논술 같은 긴 글을 쓸 일도 없다. 그래서 수능을 부담 없는 시험이라고 생각한다. 풀이하는 방법도 5개의 보기 중 정답이 아닌 것부터 하나씩 지워가면서 정답만 남기는 방식을 쓴다. 그렇다고 확실히 몰라도 답을 찾을 수 있는 것은 아니다. 확실히 모르면 매력적인 오답에 유혹당하기 십상이다.

유형이 있어 예측 가능하다

수능이 오래 지속되면서 제한된 내용에서 출제하다 보니 유형이 생겼다. 그러므로 수능을 대비하기 위해서는 우선 기출문제를 풀어야 한다고 한다. 이는 학교 시험에 비하여 큰 장점이다. 2024학년도 수능은 킬러 문항을 배제한 출제로 쉬울 것으로 예상했지만, 어려운 문제는 유형이 달라져서 더 어렵게 느껴졌다. 2028 수능은 2024에 달라진 유형이 계속될 것이다. 국어, 수학, 영어 영역은 유형이 유효할 것이다. 수학은 범위가 대수, 미적분Ⅰ, 확률과 통계인데, 이 범위는 2015 수능에서의 수학Ⅰ, 수학Ⅱ, 확률과 통계와 같다. 즉 공통에 선택과목으로 확률과 통계를 보는 것과 같으므로 유형은 여전히 예측 가능하다. 탐구는 2028 수능 이전에는 실제 수능은 없으므로 2028 실제 수능을 보기 전까지 출제되는 모의고사를 보면서 대응해야 한다.

인터넷 강의로 공부할 수 있다

수능 공부는 유명한 강사의 족집게 같은 인터넷 강의(인강)를 들으면 확실히 성적이 오른다고 한다. 그러나 인강은 예습을 철저히 하고 자신이 아는 것과 모르는 것을 잘 구별해서 사전 학습을 해야 하며, 컴퓨터 게임 등에 유혹되지 말아야 한다. 인강을 듣는 학생 중 상당수는 완강(끝까지 다 듣는 것을 말함)하지 못하고 중간에 그만둔다. 인강을 효과적으로 듣는 방법을 확인하고 듣기 시작하면 효과가 있다.

수시와 정시 공부는 완전히 다른가?

현행 대입 제도는 요약하면 수시 학생부종합전형 대 정시 수능이다. 사교육에서는 그동안 수시 경쟁이 치열했는데, 이제 정시가 늘어나고 수시가 줄어들면 경쟁이 더 심화될 것이므로 정시 대비를 해야 한다고 말한다. 그러기 위해서는 학원에 와야 한다며 손짓하고 있다. 학생과 학부모는 어떤 결단을 내리는 것이 현명할까?

막상 해답은 수시 대비 공부와 정시 대비 공부가 다르지 않다는 점에 있다. 수능을 잘 보기 위한 몇 가지 대비법이 있지만, 가장 중요한 것은 시험 과목의 학습 목표를 통해 교과 지식과 개념·원리를 분명히 익혀야 한다는 점이다.

과거 삼수 끝에 수능 만점을 받은 한 수험생은 한 문제 이내로 틀려야 합격할 수 있는 대학이 목표였다. 그 개수보다 더 틀리는 원인을 곰곰이 생각해 보니 개념 정립이 덜 되었다는 결론을 냈다고 한다. 그래서 한 해 동안 개념을 정리하는 공부를 했더니 만점을 맞았다고 했다. 또한 독해 능력이 국어 영역과 영어 영역의 성패를 좌우한다. 수능 우수자가 수시에 많이 합격하는 이유도 독서에 있다. 수시에서는 독서를 많이 한 학생을 우수한 학생으로 치는 경향이 있고, 수능에서도 독서를 많이 한 학생이 잘 보는 경향이 있다.

그러고 보면 고등학교 2학년 때까지는 주로 학생부종합전형 대비 중심으로 학습을 하고, 수능이 필요한 정도에 따라 빠르면 2학년 여름방학 때부터거나 2학년 2학기말부터 준비를 하면 된다. 정시로 갈 학생이라면 한 문제라도 더 맞는 것이 중요하지만 수능 최저는 한두 문제 틀리더라도 등급만 맞추면 되니 탐구가 더 중요하다.

수험생은 다음 세 가지를 반드시 유념해야 한다.
이것에 있어서는 저를 전적으로 믿으셔야 한다.

★ 개념을 알아야 수능을 잘 본다.
　그런데 개념 위주 공부를 하면 먼저 수시에 붙는다.
★ 자기주도학습 태도가 갖추어져야 한다.
　공부할 마음이 있어야 공부가 된다.
★ 독서와 토론을 열심히 해야 한다.
　독해력이 있어야 수능 문제도 이해한다.

제 2장

고교학점제와 대입 제도 변화에 대비하셔야 합니다

고교학점제 완전 이해

교육에 AI가 도입되어 개인의 학습을 돕게 되는 날이 오면 학습자 개인의 요구와 속도에 맞춰 개인별로 학습을 할 수 있게 될 것으로 기대하고 있다. 아직은 알든 모르든 한 교실에 앉아 아는 학생은 알고 모르는 학생은 모르는 채로 두고 진도를 나가는 형편이다. AI 시대가 되면 알든 모르든 그냥 진도 나가는 방식은 개선될 전망이다.

교육부는 2023년 초, 「디지털 기반 교육혁신 방안」을 발표하였다. AI 등 첨단기술을 활용하여 학생들에게 자신의 역량과 배움의 속도에 맞는 '맞춤 교육'을 제공함으로써 학생 한 명 한 명을 소중한 인재로 키우고, 교사들이 학생과의 인간적 연결에 더욱 집중할 수 있도록 함으로써 인성, 창의성, 비판적 사고력, 융합역량 등 디지털 시대의 핵심역량을 키우는 교육 환경을 구축하는 것을 목표로 교육을 전환한다는 설명이다. 이는 챗지피티(ChatGPT) 등 AI가 광속으로 발달하자 이를 교육에 적용해서 교육을 개선하려는 시도이다.

앞으로는 협력 과제도 AI와 함께 하고, 토론도 AI와 할 수도 있을지도 모른다. 이미 챗GPT에게 발문을 입력하고 추가 질문을 해서 원하는 정보를 얻어내는 학습을 프롬프트 기반 학습이라고 하는데, 이 학습이 새로운 학습 방법으로 떠올랐다.

개인별로 진도가 다르면 같은 공간에 있어도 협력 학습과 토론 학습을 같이 하기가 어렵다. 대학처럼 동질 집단이 아닌 고등학교는 더 어려울 수 있다. 그래서 어쩌면 자신과 같은 주제를 공부하는 학생을 온라인에서 찾아 협력학습을 하거나 토론 학습을 할 수도 있을 것이다. 배우는 지점을 코드화하고 이 학생이 현재 수행하는 학습 코드와 같은 지점을 학습하는 학생을 전 세계에서 찾아 온라인에서 협력 학습을 할 수도 있다.

개인을 존중하는 학습 방식의 도입

교육의 목적지는 개인화에 있다. 개인을 존중하는 학습 방식이 우리나라에 도입된 것은 제7차 교육과정부터이다. 이 교육과정은 1997년 12월에 고시되고 2002년에 고등학교 입학하는 학생들부터 적용되었다. 그 이전까지는 고등학교도 초등학교나 중학교처럼 모든 학생이 똑같은 과목을 똑같은 속도로 배웠다. 입시도 학력고사나 수능 초기처럼 모든 학생이 같은 시험을 보았다. 1995년의 소위 5·31 교육개혁에서는 이런 교육과정을 개개인을 무시하는 싸구려 교육으로 규정하고 학생에게 선택권을 주는 21세기형 교육을 하기로 하고 선택형 교육과정을 개발하여 고시하였다. 이 교육과정이 제7차 교육과정이다.

그러나 선택형 교육과정은 생각처럼 쉽지 않았다. 과목을 선택하게 하려면 선택하는 학생을 다르게 수용할 수 있는 교실이 필요하고, 선택으로 생기는 불편을 감수할 만한 이득이 있어야 한다. 그러나 이 모든 것은 갖추어지지 않았다. 2002년 교실은 학급당 학생 수를 줄였다고 하지만 43명이 기준이었으며 학교별로 학급수도 어마어마했었다. 한 학년에 15학급이 넘는 학교가 수두룩했던 시절이었다. 그러니 이 학생들을 두 반을 묶어 희망대로 배정하면 한 반은 60명이 넘고 한 반은 20여 명이 되니 60명을 들일 교실이 없는 것이다. 또한 시험은 같은 과목을 보는 수능이 위력을 발휘하고 있으니 굳이 선택과목을 찾아 교실을 돌아다니며 쉬는 시간을 낭비할 필요가 없었던 것이다. 야자라고 불리던 야간 자율학습에서 밤늦게까지 공부하느라 피곤한 심신을 달래기 위해 쉬는 시간에는 책상에 엎드려 단잠을 자거나 수다를 떨어야 했던 시절이었으니 과목 선택과 이동 수업을 반기지도 않았고 학교에서 선택 인원이 적은 과목을 폐강한다고 불만을 표했던 학생도 없었다.

문제의 발단은 교실 붕괴에서 찾아왔다. 2000년 초반 고등학교 아이들은 과거 아이들처럼 싫어하는 과목이나 수능에 해당하지 않는 과목 시간에는 자거나 딴짓을 하기 시작했다. 이전 아이들은 교실에서만큼은 불필요하거나 싫어해도 하는 척도 하고 고개도 끄덕여 주었는데 어느 순간부터 교실은 무너지기 시작하였다. 이런 상황에 대한 해법으로 2007 개정 교육과정을 연구하던 2005년 무렵, 학점제가 논의되기 시작하였다. 출석만 하면 졸업이 되는 제도를 성적이 나빠 F를 맞으면 졸업이 안 되는 제도로 바꾸어 학생들이 학교에서 실질적으로 뭔가를 배우고 졸업하도록 하자는 의도를 교육과정에 반영하자고 했었다. 즉, 출석만 하면 이수가 되는 단위제를 F를 줄 수 있는 '학점제'로 개선하자고 한 것이다. 학점제는 고등학교 학사제도 방식을 대학과 같은 방식으로 바꾸어 적용하는 것을 말한다.

그런데 학생들이 어려워하는 과목을 필수로 정해 놓고 성적이 나쁘면 F를 주기로 한다면 너무 많은 학생들이 졸업을 하지 못할 수도 있다. 아이들은 어려운 수학, 어려운 과학, 세계사, 경제, 세계지리, 윤리와 사상 같은 과목을 어려워한다. 그래서 이 학생들이 어려운 과목 대신 배울 수 있는 최소한의 고등학교 수준의 과목을 정해서 수강할 수 있게 하는 방식을 도입하려고 한다. 즉 과목 선택형 교육과정을 도입하기로 한 것인데, 이미 제7차 교육과정이 과목 선택형이었으므로 고교학점제형 교육과정이라 해도 선택이라는 점에서는 새로울 것이 없었다.

단지 대학은 대부분 과목의 학점을 3학점으로 통일하여 어디서나 선택이 가능하도록 되어 있지만 제7차 교육과정의 과목들은 주당 4시간, 6시간, 8시간 과목들이 혼재해 있어 벽이 거의 없는 선택은 불가능했었다. 그래서 과목의 기준 단위를 통일할 필요가 생겼고, 2007 개정 교육과정에서는 대부분 과목을 6단위로 통일해서 매일 한 시간씩 일주일 공부할 수 있는 학습량으로 만들기로 하였다. 그러나 고교학점제는 논의에 그치고 실제 도입하지는 않았다. 실제로 추진하기까지 교사 수급, 시설 보완 등 넘어야 할 산이 크고 많았다. 이어진 2009 개정 교육과정에서도 단위 수를 5단위로 통일하여 선택이 자유롭게 하려는 시도는 했지만 고교학점제를 내세우지는 않았다. 일정 수준까지 공부를 한 학생만 이수를 시키는 제도로 바꾸기가 쉽게 이루어지지 않았다.

문·이과 통합 교육과정 도입

2013년이 되자 다시 교육과정 개정을 논의하기 시작하였다. 이 개정은 대입 제도 개선에서 비롯되었다. 우리나라 대학입시는 단순한 방식에서 복잡한 방식으로 바뀌어 왔다. 물고기는 헤엄치기로, 원숭이는 나무타기로, 치타는 달리기로 선발하는 것이 공정한 방식인데 모두 달리기로 선발하는 것은 바람직하지 않다는 주장이 나타났고 이 주장은 대입에 반영되었다. 2012학년도 대입 전형은 삼천칠백 가지가 넘는다고 하였다. 복잡함을 권장하던 정부는 박근혜 정부로 바뀌면서 대입을 간소화하는 방식을 택하였다. 다양한 방식의 대입 제도를 그대로 두면서도 단순화하는 어렵고도 어려운 작업을 한 결과 현재와 같은 방식으로 정리되었다. 수시는 학생부 교과 및 종합, 논술, 실기 및 특기자 전형으로 유형화하고, 정시는 수능과 실기 및 특기자 전형으로 단일화한 것이다.

입시를 개선하면서 한 가지 더 해결해야 할 일이 있었는데, 그것은 당시 2011년 스티브 잡스의 사후, 문·이과통합형 인재에 대한 강조와 관련이 있었다. 세계가 문·이과 구분을 하지 않으며, 심지어 중국(베이징)도 문·이과를 나누지 않는 교육과정으로 개편했는데 늘 중국(베이징)보다는 앞서가던 우리 교육과정은 문·이과로 구분되어 문과를 선택하면 어려운 수학과 과학을 배울 기회가 없고, 이과를 선택하면 인문학을 배울 기회가 없었다. 정부는 창의 융합 인재 육성을 목표로 문·이과의 벽으로 막힌 교육과정을 개선하려고 하였다.

그런데 당시 교육부는 교육과정에서 문·이과가 나뉘어 융합 교육이 이루어지지 않는 이유를 수능에서 찾았다. 모든 전국의 고3 학생이 응시하는 수능이 사회와 과학 교과 중에서 한 영역을 선택한 뒤 그 안에서 과목을 두 개까지 선택하는 방식 때문에 학교에서 융합교육이 이루어지지 않는다는 문제점을 부각하여, 융합 과목을 만들고 수능을 개선하기로 하였다. 이를 위해서 문·사·철을 융합한 인문학 과목과 사회와 과학을 융합한 과목을 만들려고 하였지만 교육과정을 개정하면서 이런 과목을 만들기는 불가능하다는 생각을 하게 되었다. 모든 과목은 나름대로의 존재 가치가 있고 통합은 개인이 분리된 것들 중에서 선택하고 학습하여 자기만의 방식으로 통합한 것이어야 가치가 있다는 결론에 이른 것이다.

그래서 결국 교육과정 개정은 통합사회와 통합과학 과목을 만들어 모든 고등학교 1학년이 배우게 한 것으로 마무리되었다. '모든'을 강조한 것은 그 이전 교육과정에서는 과학고라면 통합과학이나 통합사회와 유사한 과목을 배우지 않았고, 일반고에서도 이런 과목을 편성하지 않는 학교가 많았기 때문이다.

이 개정의 결과물이 2015 개정 교육과정이다. 2015 개정 교육과정은 수능을 개선하기 위해 만들어졌지만 통합사회와 통합과학을 공통으로 수능 과목에 포함하는 안은 최종적으로 적용되지 못하였다. 결국 2015 개정 교육과정은 문·이과를 구분하지 않는 교육과정으로 탄생하기는 하였다. 문·이과를 구분하지 않는다는 의미는 이전 교육과정에서 문과를 선택하면 미적분을 배워야 할 경제과 지망생은 미적분을 배울 수 없고, 물리학 등 과학 과목도 배울 수 없다. 간호학을 전공하려는 학생은 이과를 선택하니 생명과학이나 화학 이외에도 물리학과 지구과학을 덤으로 배워야 하지만 정작 필요한 인문학과 심리학 등은 배울 수가 없었다. 이제는 이 장벽을 없앤다는 의미였다.

한편 문·이과 통합이 되었으니 쉬운 수학과 쉬운 사회를 배우고도 의약학계나 공학계열의 진로를 택할 때 불이익이 없어야 한다는 주장은 공부는 하기 싫지만 좋은 자리를 차지하는 데는 밀리지 않고 싶은 이기심에서 비롯된 주장이다. 고등학교에서는 대학에 진학해서 공부하는 전 단계까지는 공부해야 하며 이를 두고 전공적합성 또는 계열적합성이라고 한다.

학교가 문·이과 구분이 없는 교육과정을 전면 운영하는 것은 공급자인 학교와 교사 입장에서는 쉬운 일이 아니다. 아이들이 배우고 싶은 과목을 다 제공하기가 쉽지 않고, 외부에서 수강하도록 한다면 이동 중에 사고라도 나면 책임을 누가 질 것인가의 문제가 있다.

이런 질문은 끝이 없다.

"수업이 2교시 이후에 있어 늦게 오는 학생 대책은 무엇인가?"

"공강 시간에 지도 교사가 배정되어 있어야 하나?"

"아이들이 가장 많이 원하는 보컬 트레이닝 과목은 과연 고등학교 수준의 과목인가?"

이뿐이 아니다.

"한 선생님이 더 많은 과목을 담당하는 것은 어떻게 보상할 것인가?"

"수업이 없거나 적은 선생님은 어떻게 하나?"

"과목을 한 학기에 이수시키면 정작 수능은 3학년 말에 있는데, 아이들이 다 까먹고 난 뒤에 시험 봐야 하는 어려움을 두고 보아야 하나?"

학교가 어려워하더라도 고교학점제는 2025학년도 입학생이 2022 개정 교육과정을 배우기 시작하면서 본격적으로 적용되게 되었다. 그런데 선택형 교육과정이 고교학점제의 전부라면 호들갑스럽다고 할 정도로 큰 변화가 있는 것처럼 이야기가 되고 있을까?

고교학점제는 교육과정을 선택형으로 바꾸는 것과 함께 학습의 방식을 바꾸려는 데도 목적이 있다. 2022년에 고시한 2022 개정 교육과정 총론 문서를 보면 학교급별로 어떤 과목이 있는지를 밝힌 '교육과정 편제'보다 '학습과 평가'를 먼저 내세우고 있다. 이전의 국가 수준 교육과정의 순서와 달라졌다. 그만큼 2022 개정 교육과정은 학습과 평가를 중시한다는 점을 시사한다. 또한 이수를 못 하면 재이수를 시켜야 하니 학기별로 한 과목씩 배워야 한다. 두 학기에 걸쳐 배우는 과목이 없어야 한다. 모든 과목이 마찬가지이다. 이점도 과거와는 크게 달라졌다.

고교학점제의 특징을 요약하자면 다음과 같다.

> 1. 학습과 평가를 개선한다.
> 2. 모든 과목을 학기별로 이수한다.
> 3. 과목 선택을 최대한 보장한다.

학교 교육과정 편성표를 찾아보자

학교 교육과정은 '학교알리미(www.schoolinfo.go.kr)' 사이트에서 찾아볼 수 있다. 단, 입학한 학생이 3년간 배우는 교육과정을 제시하고 있으므로 아직 입학하지 않은 학생이 자신이 그 학교에 다닌다면 배울 수 있는 교육과정은 알 수 없다. 선배들의 교육과정을 보고 짐작할 뿐이다.

학교교육과정 편성표는 학교알리미 사이트를 방문해서 다음과 같은 순서로 찾는다.

❹번에서 해당연도는 현재 검색하고 있는 연도를 기본으로 하는데, 공시 정보는 정보별로 올리는 시기가 있으므로 연초에 검색하면 아무 정보도 없는 경우가 있다. 이럴 때는 당황하지 말고 전년도를 선택한 뒤 선택 버튼을 누르면 전년도에 탑재한 모든 자료를 볼 수 있다.

우리가 찾으려고 하는 '학교교육과정 편성·운영 및 평가에 관한 사항'

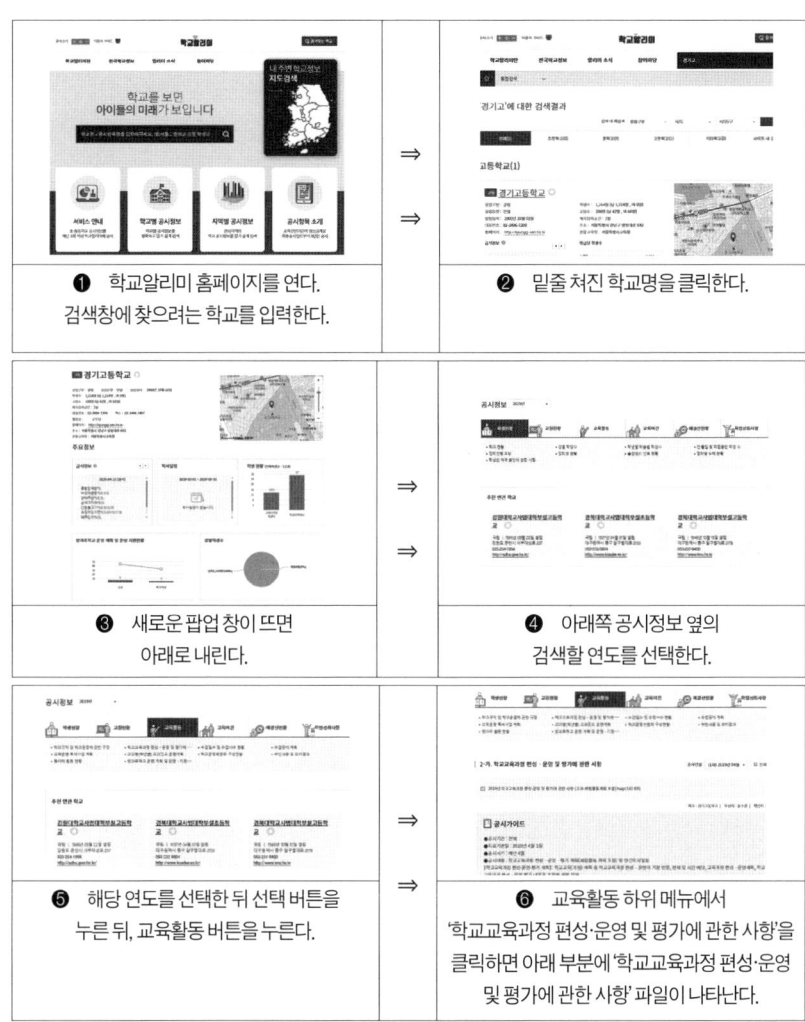

파일은 한글파일이거나 엑셀 파일로 탑재되어 있다.

파일에는 학교 교육과정 운영 계획을 포함하여 입학연도별 교육과정 편성표가 제시되어 있고, 그 해에 1, 2, 3학년이 배우는 교육과정도 들어 있다. 거기서 고등학교 1학년 신입생에 해당하는 교육과정 편성표를 찾아본다.

개정 중점

교육부는 총론 시안에서 '교육 환경 변화에 적극적으로 대응하기 위해 국가·사회적 요구를 반영하여 미래 사회가 요구하는 포용성과 창의성을 갖춘 주도적인 사람으로 성장할 수 있도록 초·중등학교 교육과정 개선'을 추진한다고 밝혔다.

- '미래 사회가 요구하는 역량 함양이 가능한 교육과정'으로 '학습자의 삶과 연계한 깊이 있는 개념적 학습과 탐구 능력 함양, AI 소프트웨어 교육을 비롯한 디지털 기초 소양 강화, 기후 생태환경 변화 등이 가져오는 지속 가능한 발전 과제에 대한 대응 능력 및 공동체적 가치를 함양하는 교육 강화, 기초학력 보장 지원 및 특수교육 대상 학생, 다문화 학생 등 모두를 위한 교육과정 강화'를 내세웠다.

모든 주제가 다 중요하지만 대입에서는 특히 '학습자의 삶과 연계한 깊이 있는 개념적 학습과 탐구 능력 함양'이 중요하다. 여기에는 피상적 학습이 아닌 깊이 있는 학습, 대충 아는 학습이 아닌 개념적 학습, 현실 문제 해결에 적용하지 못하는 단편적 지식 학습이 아닌 탐구 중심 학습이라는 의미가 담겨 있다. 학생부종합전형 평가에서 중시하는 기준이 이 안에 담겨 있다.

- '학습자의 삶과 성장을 지원하는 맞춤형 교육과정'으로 '학습자 스스로 목적의식을 가지고 자신의 진로와 적성을 바탕으로 무엇을 어떻게 배울지 주도적으로 교육과정을 설계할 수 있도록 지원하고 미래의 다양한 진로와 직업 사이에서 이동할 수 있도록 융통성을 유지하고, 스스로 삶과 진로를 설계할 수 있도록 진로연계 교육과정을 운영하도록' 한다고 내세웠다.

  특히 학습자 주도성을 내세웠는데, 이는 학습자가 자신의 삶과 학습을 주도적으로 설계하고 구성하는 능력으로, 미래 사회에 변화의 주체가 될 수 있도록 하는 것을 강조한다고 하였다.

  학습자 주도성은 이미 교육과정에서 중요한 주제로 자리 잡았다. 모든 것을 다 가르칠 수 없이 지식의 양이 늘어났기 때문에 학생이 궁금한 사항을 호기심을 발동해서 스스로 문제를 정하고 답을 찾아보는 공부를 해야 한다는 점이다. 탐구활동과 연계하면 '자기주도적 탐구 중심의 학습'이 된다.

- '지역·학교 교육과정 자율성 확대 및 책임교육 구현'으로 '학생의 요구와 학교의 여건을 고려한 학교 교육과정의 자율성 확대 및 지역 학교 간 교육격차 완화와 책임교육 구현과 다양한 교육 주체들의 역할과 전문성을 존중하는 상호 협력 체제 구축 및 지역사회와 교육공동체 간 상호협조 체제 마련'을 내세웠다.

학생 교육을 학교만의 힘으로 하기보다는 지역사회가 협력하여 다양한 교육 자료를 제공하여 내실 있는 교육을 한다는 뜻이다.

- '디지털·AI 교육 환경에 맞는 교수·학습 및 평가체제 구축'으로 '비대면 원격교육의 확대와 디지털 시대의 교육 환경 변화에 부합하는 미래형 교수 학습 방법과 평가체제 구축, 온·오프라인 학습, 에듀테크 활용 등 유연한 교육과정 운영을 통해 학습자 개별 맞춤형 지도 및 평가 강화' 등을 내세웠다.

  향후 에듀테크를 활용한 교육, 개별화 교육으로의 변화 등을 교육과정에 반영하겠다는 의미이다.

인간상 및 역량 제시

이 부분에서는 2022 개정 교육과정으로 개정하면서 고려된 사항을 '지향점'으로 나타냈다.

대부분 사항은 익히 알고 있는 점들이다. 2015 개정 교육과정 고시 이후에 충격적인 사건은 이세돌 기사와 AI 알파고의 바둑 대결과 코로나19로 촉발된 전 지구적인 감염병 현상이다. 개정 교육과정에서는 이러한 상황에 대응하는 교육을 염두에 두었다.

글로벌 동향의 학생 행위 주체성(student agency)은 '자기주도성'으로 나타냈다. 이는 불확실한 미래에 대응하기 위해서는 학생이 스스로 선택하고

미래 전망	4차 산업혁명 도래, 인구 급감, 학습자 성향 변화, 기후환경 변화 등 불확실성 심화	⇒	인간상 설정 시 고려 사항
국민 의견	개인과 사회 공동의 행복 추구 자기 정체성을 바탕으로 한 자기주도적 학습, 책임 있는 시민으로 성장 ※ 국가교육회의 설문조사 ('21.5.17. ~ 6.17.)		☞ 자기주도성 (주체성, 책임감, 적극적 태도) ☞ 창의와 혁신 (문제해결, 융합적 사고, 도전)
글로벌 동향	학생 행위 주체성(student agency) 변혁적 역량, 세계 시민 역량 등 강조		☞ 포용성과 시민성 (배려, 소통, 협력, 공감, 공동체의식)

학습해야 한다는 점을 강조한 것이다. 이를 근거로 '자기주도적인 사람, 창의적인 사람, 교양 있는 사람, 더불어 사는 사람'으로 인간상을 정하고 핵심역량으로는 '자기관리, 지식정보처리, 창의적사고, 심미적 감성, 협력적 소통, 공동체 역량'을 정했다. 대체로 2015 개정 교육과정과 같고, 자주적인 사람을 자기주도적인 사람으로 바꾼 것, 의사소통 역량을 협력적 소통 역량으로 바꾼 것만 달라졌다.

인간상에서 제시한 자기주도적인 사람, 창의적인 사람은 '자기주도적 탐구 중심의 학습을 하는 학습자'로 볼 수 있다. 이 인간상이 학생부종합전형에서 제시하는 평가 기준과 동일하다.

기초 소양 제시

205 개정 교육과정에는 없던 기초 소양을 강조했다.

기초 소양	개념(안)
언어 소양	언어를 중심으로 다양한 기호, 양식, 매체 등을 활용한 텍스트를 대상, 목적, 맥락에 맞게 이해하고, 생산·공유, 사용하여 문제를 해결하고 공동체 구성원과 소통하고 참여하는 능력
수리 소양	다양한 상황에서 수리적 정보와 표현 및 사고 방법을 이해, 해석, 사용하여 문제해결, 추론, 의사소통하는 능력
디지털 소양	디지털 지식과 기술에 대한 이해와 윤리의식을 바탕으로, 정보를 수집·분석하고 비판적으로 이해·평가하여 새로운 정보와 지식을 생산·활용하는 능력

학습에 필요한 언어 문해력과 수리 문해력, 디지털 문해력을 기초 소양으로 정리해서 내세운 점이 2022 개정 교육과정의 특징 중 하나이다. 즉, 학습을 잘하기 위해서는 기본이 되는 언어를 잘 익혀야 한다는 점인데, 이 언어는 국어라는 언어, 외국어라는 언어, 수학이라는 언어, 디지털이라는 언어를 가리킨다.

공동체 가치를 함양하고 역량을 강화하는 교육 측면에서 초·중·고 전체에서 '인간과 환경의 공존을 추구하는 생태전환교육', '시민성 함양을 위한 민주시민교육'이 이루어진다. 두 가지 사항은 모든 교과와 연계해서 반영하게 된다.

정보 교육 강화

초·중·고 학생 모두를 대상으로 디지털·AI 소양을 함양하는 교육도 강화한다.

'AI·SW 등 신산업기술 혁신에 따른 미래 세대 핵심 역량으로 디지털 기초 소양을 함양하고, 교실 수업 개선 및 평가 혁신과 연계'하며 '모든 교과 교육을 통해 디지털 기초 소양 함양 기반을 마련'한다.

학교 교육과정에서 정보 교육도 강화한다. 초등학교는 학년별 34시간, 중학교는 68시간 이상 편성·운영하도록 하고, 고등학교에는 AI 및 빅데이터 등 다양한 신기술 분야 과목을 신설하여 학생이 선택하여 학습하도록 한다.

〈초·중등학교 교육과정에서의 정보교육 강화 방안 예시〉

구분	교과목 편제 및 교육과정 편성	교과 내용 재구조화
초등학교	• 정보 관련 내용을 학생 수요 및 학교 여건에 따라 학교장 개설과목으로 편성 가능 ※ 실과 교과를 포함하여 학교 자율시간 활용을 통한 34시간 이상 시수 확보 권장	• 정보 관련 교과(실과) 내용에 인공지능(AI) 등 신산업기술 분야 기초 개념·원리 등 반영 • 놀이·체험 활동 중심으로 간단한 프로그래밍 등 디지털 역량 함양을 위한 과목 신설
중학교	• 학교 자율시간 및 교과(군)별 시수 증감을 통한 정보시수 확대 이수 권장 기준 마련 ※ (개선안) 정보 과목은 학교 자율시간을 확보하여 68시간 이상 편성·운영을 권장	• 인공지능에 대한 학습(learning about AI) 관련 내용 강화 • 디지털 기초 소양 함양 교육과 연계한 기본·심화를 위한 정보 과목 개설

고등학교	• 정보교과를 신설하고, 진로·적성에 따른 다양한 선택과목 편성 ※ (현행) 기술·가정교과군 → (개선안) 기술·가정/정보	• 인공지능(AI) 및 빅데이터 등 다양한 신기술 분야 과목 신설

정보 시수가 적어 보이지만, 주어진 시간 내에 배워야 할 것들이 적절하게 시간을 나누어 갖고 있으므로, 정보 시수도 최소 시간을 반영했다고 볼 수 있다. 또한 고등학교 이상의 단계에서 배우는 정보 교과 내용은 수학과 물리학을 어느 정도 배워야 이해할 수 있는 내용이므로 저학년에서는 기본을 대강 알 수 있는 정도로 다룬다.

진로 연계 학기 운영

초등학교는 입학 초기의 안정적 적응 및 중학교생활 준비 등을 위해 교과 및 창의적 체험활동, 학교 자율시간 등을 활용하여 진로연계학기를 운영한다. 초등학교 1학년 입학초기와 6학년 2학기 시간에 운영한다.

중학교는 중학생의 안정적인 학교급 전환 및 고교생활 준비 등을 위해 교과 학습과 진로를 연계한 교육과정을 운영 중학교 3학년 2학기에 운영한다. 이 시간에는 중학교 단계에서의 기초학력 보장을 위한 교과 수업을 하고, 고등학교 교육과정을 안내하며, 과목 선택 연습, 희망 진로 구체화, 학업 설계를 해 보게 된다.

즉, 고교학점제가 되면 중학교에서 고등학교 교육과정에 대한 안내를 받을 수 있게 된다. 그런데 중학생에게 고등학교 교육과정을 알려 주면 진지하게 받아들이지 않을 가능성이 높다. 눈앞에 닥친 일이 아니기 때문이다. 그러나 고등학교 1학년 봄이 되면 2, 3학년 때 배우게 되는 과목을 선택해야 하고, 이 선택은 인생의 갈림길을 선택하는 중요한 선택이므로 잘 들으면서 어떤 선택을 할지 고민을 해야 한다.

한 학기 수업은 16주로 감축

고교학점제가 되면 단위는 학점으로 바뀐다. 단위란 고등학교 수업을 계량하는 기준인데, 50분 수업을 17회 수업하는 분량을 말한다. 17회란 한 학기 수업이 17주이니 매주 1시간씩 수업을 하면 1단위이다. 대학에서 1학점이란 주당 1시간 수업을 한 학기 하는 분량을 말하므로 단위와 학점은 양적인 면에서는 같다.

   고교학점제로 바뀌면 1학점은 50분을 기준으로 16회를 이수하는 수업량으로 정하기로 하였다. 2023, 2024 고등학교 입학생부터 16회로 운영하고 있다. (16+1회로 2020년에 개정되었다.) 1주는 학교가 적절하게 운영한다. 연간 수업일수는 그대로이기 때문이다.

과목은 학기 단위로 편성

학기 단위로 과목을 편성하고 방학 중 계절 수업을 할 수 있도록 학사 운영을 지원하겠다고도 했다. 학기 단위 과목 편성은 의무사항이다. 미이수 제도를 두기로 했으므로 학기집중이수 편성은 불가피하다. 예를 들면 물리학 과목을 학생이 2학년에서 선택하여 듣고 있는데, 이 과목이 1학기에 2학점, 2학기에 2학점으로 분리되어 있다. 그런데 이 학생이 1학기 때 이수를 못하는 일이 발생했다. 그런데 2학기가 되었다. 그러면 이 학생은 물리학 과목 2학기 해당 부분을 수강하면 안 될 것이다. 앞부분이 미이수 상태가 되었으므로 그것을 먼저 해결해야 하기 때문이다. 그래서 모든 과목은 학기제로 편성되어야 한다.

학생 선택 중심 과목구조 개편

학점제형 교육과정에서도 2015개정 교육과정처럼 공통과목을 유지하고, 학생별 상황에 따라 기본과목을 공통과목으로 대체 이수하도록 허용한다. 2022개정 교육과정에서는 과목 구조가 표와 같이 바뀌게 된다.

〈현행〉

교과	과목
보통	공통과목
	일반선택과목
	진로선택과목

〈개편 방안〉

교과	과목		과목 성격
보통	공통 과목		기초 소양 및 기본학력 함양, 학문의 기본 이해 내용 과목 (학생 수준에 따른 대체 이수 과목 포함)
	선택 과목	일반 선택	교과별 학문 내의 분화된 주요 학습 내용 이해 및 탐구를 위한 과목
		진로 선택	교과별 심화학습 및 진로 관련 과목
		융합 선택	교과 내·교과 간 주제 융합 과목, 실생활 체험 및 응용을 위한 과목

공동 교육과정 및 학교 밖 교육 활성화

인근 고교, 지역 대학 및 공공기관 등과의 지역 교육공동체 구축을 통해 학생 과목 선택을 지원한다. 인근 고교와 함께 개설하는 온·오프라인 공동교육과정 운영도 지원하고, 대학, 기업, 연구기관 등 지역사회와의 협력을 기반으로 학점제를 운영하는 고교학점제 선도지구 운영을 확대한다. 지역사회 기관에서 이루어지는 교육활동인 '학교 밖 교육'을 학점으로 인정하는 방안도 추진되는데, 학기별로 외부에서 이수할 수 있는 학점의 상한선을 두게 될 것이다.

지역 교육과 관련해서는 국가수준 교육과정 권한의 일정 부분을 시·도 교육청으로 이관해야 한다는 목소리가 동시에 존재한다. 교육과정 분권화와 관련한 것이다.

공동교육과정 또는 학교 밖 교육과정 확보

우선 학교 간 공동교육과정을 정비하여 효율성을 높이고, 학교 밖 교육의 학점을 인정한다. 삶과 연계된 교육이 이루어질 수 있도록 대학, 연구기관 등 지역사회와 연계한 '학교 밖 교육' 운영을 활성화한다는 것이다. 온라인 공동교육과정까지는 학교 내 교육과정으로 간주한다.

〈학교 밖 교육 공통 가이드라인(안)〉

- '학교 밖 교육'의 의미

학생의 진로·적성과 연계된 내용으로서, 학교 내 또는 학교 간 개설 및 운영이 어렵다는 학교장의 판단에 따라 지역사회 기관에서 이루어지는 교육 활동

- '학교 밖 교육'의 요건 및 운영 형태

(요건) 교육감 승인 및 학교교육계획에 반영된 지역사회 기관* 및 프로그램

*대학, 연구기관, 지자체 시설, 청소년 체험 시설 등 공공성을 가진 기관(사교육 기관, 사설 연수원 등은 제외)

(운영 형태) 교과 또는 창의적 체험활동 형태로 운영

- '학교 밖 교육'의 학점 인정 범위

졸업 학점(192학점) 중 학교 밖 교육에 대한 학점인정 범위 제한 및 단계적 확대

2022 개정 교육과정 고시

시안에서 발표한 대로 2022년 12월 22일, 2022 개정 교육과정이 고시되었다. 교과에서는 2015 개정 교육과정과 다르게 융합선택과목이 설정되었다. 학생은 일반 선택과목과 진로 선택과목을 먼저 선택한 뒤 융합 선택과목을 이어서 선택하게 될 전망이다. 예컨대 과학 과목을 위주로 선

택한다면 일반 선택과목의 '물리학, 화학, 지구과학, 생명과학'을 먼저 선택하고 '역학과 에너지, 전자기와 양자, 물질과 에너지, 화학반응의 세계, 세포와 물질대사, 생물의 유전, 지구시스템과학, 행성우주과학'에서 진로에 맞는 몇 과목을 선택하게 될 것이다. 이후 선택의 여력이 있다면 '과학의 역사와 문화, 기후 변화와 환경생태, 융합과학 탐구'를 선택하게 될 것이다.

2015 개정 교육과정의 전문교과 중 보통교과로 넘어온 과목은 외국어고와 국제고에서 배우던 과목들이다. 체육·예술계 고등학교와 과학고에서 배우는 과목은 특목고용 과목으로 남게 되어 일반고에서는 선택하지 않아도 되는 과목으로 남게 된다. 즉 일반고 학생이라면 굳이 고급미적분, 고급물리학 등 과목을 배우지 않아도 대입에 아무 지장이 없다.

〈2022 개정 교육과정 보통교과〉

교과(군)	공통과목	선택과목		
		일반 선택	진로 선택	융합 선택
국어	공통국어 1, 2	화법과 언어, 독서와 작문, 문학	주제 탐구 독서, 문학과 영상, 직무 의사소통	독서 토론과 글쓰기, 매체 의사소통, 언어생활 탐구
수학	공통수학1 공통수학2 기본수학1 기본수학2	대수, 미적분Ⅰ, 확률과 통계	기하, 미적분Ⅱ, 경제 수학, 인공지능 수학, 직무 수학	수학과 문화, 실용 통계, 수학과제 탐구

영어	공통영어1 공통영어2	영어Ⅰ, 영어Ⅱ, 영어 독해와 작문	영미 문학 읽기, 영어 발표와 토론, 심화 영어, 심화 영어 독해와 작문, 직무 영어	실생활 영어 회화, 미디어 영어, 세계 문화와 영어
	기본영어1 기본영어2			
사회 (역사/도덕 포함)	한국사1 한국사2	세계시민과 지리, 세계사, 사회와 문화, 현대사회와 윤리	한국지리 탐구, 도시의 미래 탐구, 동아시아 역사 기행, 정치, 법과 사회, 경제, 윤리와 사상, 인문학과 윤리, 국제 관계의 이해	여행지리, 역사로 탐구하는 현대 세계, 사회문제 탐구, 금융과 경제생활, 윤리문제 탐구, 기후변화와 지속가능한 세계
	통합사회1 통합사회2			
과학	통합과학1 통합과학2	물리학, 화학, 생명과학, 지구과학	역학과 에너지, 전자기와 양자, 물질과 에너지, 화학 반응의 세계, 세포와 물질대사, 생물의 유전, 지구시스템과학, 행성우주과학	과학의 역사와 문화, 기후변화와 환경생태, 융합과학 탐구
	과학탐구 실험1 과학탐구 실험2			
체육		체육1, 체육2	운동과 건강, 스포츠 문화*, 스포츠 과학*	스포츠 생활1, 스포츠 생활2
예술		음악, 미술, 연극	음악 연주와 창작, 음악 감상과 비평, 미술 창작, 미술 감상과 비평	음악과 미디어, 미술과 매체
기술·가정 /정보		기술·가정	로봇과 공학세계, 생활과학 탐구	창의 공학 설계, 지식 재산 일반, 생애 설계와 자립*, 아동발달과 부모
		정보	인공지능 기초, 데이터 과학	소프트웨어와 생활

제2 외국어 /한문		독일어, 프랑스어, 스페인어, 중국어, 일본어, 러시아어, 아랍어, 베트남어	독일어 회화, 프랑스어 회화, 스페인어 회화, 중국어 회화, 일본어 회화, 러시아어 회화, 아랍어 회화, 베트남어 회화,	독일어권 문화, 프랑스어권 문화, 스페인어권 문화, 중국 문화, 일본 문화, 러시아 문화, 아랍 문화, 베트남 문화
			심화 독일어, 심화 프랑스어, 심화 스페인어, 심화 중국어, 심화 일본어, 심화 러시아어, 심화 아랍어, 심화 베트남어	
		한문	한문 고전 읽기	언어생활과 한자
교양		진로와 직업, 생태와 환경	인간과 철학, 논리와 사고, 인간과 심리, 교육의 이해, 삶과 종교, 보건	인간과 경제활동, 논술

고시된 교육과정 총론에는 이 표에 대한 설명이 붙어 있다.

① 선택 과목의 기본 학점은 4학점이다. 단, 체육, 예술, 교양 교과(군)의 기본 학점은 3학점이다.

② 선택 과목은 1학점 범위 내에서 증감하여 편성·운영할 수 있다.

③ * 표시한 과목의 기본 학점은 2학점이며, 1학점 범위 내에서 감하여 편성·운영할 수 있다.

④ 체육 교과는 매 학기 이수하도록 한다. 단, 특성화 고등학교와 산업수요 맞춤형 고등학교의 경우, 현장 실습이 있는 학년에는 탄력적으로 운영할 수 있다.

선택과목의 기본 학점은 4학점인데 1학점 범위 내에서 증감 편성·운영할 수 있으므로 학교는 3~5학점으로 편성할 것이다. '스포츠 문화*'처럼 * 표시가 되어 있는 과목은 1학점으로 편성·운영할 수 있다. 체육은 매 학기 편성해야 한다.

과학고와 예술·체육고에서 배우는 과목을 별도로 제시했다.

〈2022 개정 교육과정 특수목적고등학교 교과〉

계열	교과(군)	선택과목	
		진로 선택	융합 선택
과학계열	수학	전문수학 이산수학 고급기하 고급대수 고급미적분	
	과학	고급물리학 고급화학 고급생명과학 고급지구과학 과학과제 연구	물리학실험 화학실험 생명과학실험 지구과학실험
	정보		
체육계열	체육	스포츠개론 육상운동 체조운동 수상운동 기초체육전공실기 심화체육전공실기 고급체육전공실기 스포츠경기체력 스포츠경기기술 스포츠경기분석	스포츠트레이닝기초 스포츠의학기초 스포츠마케팅기초

예술계열	예술	음악이론 음악사 시창·청음 음악전공실기 합창·합주 음악공연실습 미술이론 드로잉 미술사 미술전공실기 조형탐구 무용의이해 무용과몸 무용기초실기 무용전공실기 안무 무용제작실습 무용감상과비평 문예창작의이해 문장론 문학감상과비평 시창작 소설창작 극창작 연극과몸 연극과말 연기 무대미술과기술 연극제작실습 연극감상과비평 영화의이해 촬영·조명 편집·사운드 영화제작실습 영화감상과비평 사진의이해 사진촬영 사진표현기법 영상제작 의이해 사진감상과비평	음악과문화 미술매체탐구 미술과사회 무용과매체 문학과매체 연극과삶 영화와삶 사진과삶

　시안을 고시할 당시에는 외고와 국제고를 일반고로 전환할 계획이었는데, 이후 외고와 국제고 및 자사고를 존치하기로 하면서 외고와 국제고 교육과정을 정비해야 할 필요가 생겼다. 이에 따라 2024년 8월에 국가교육위원회가 외국어·국제계열 고등학교용 영어, 제2외국어, 사회 교과의 선택과목을 고시했다. 교육부는 2018년 8월에 자사고, 외고, 국제고를 일반고로 전환하도록 권고하면서 2020년 하반기에 고교체제를 개편하는 안을 확정한다고 발표했었다. 이에 따라 2022 개정 교육과정을 최초 고시할 때에는 외고와 국제고에서 사용할 교육과정이 포함되지 않았었다.

⟨2022 개정 외국어·국제 계열 교육과정⟩

계열	교과(군)	선택과목	
		진로 선택	융합 선택
외국어·국제 계열	영어	심화 영어 회화 I, 심화 영어 회화 II, 심화 영어 I, 심화 영어 II, 심화 영어 독해 I, 심화 영어 독해 II, 심화 영어 작문 I, 심화 영어 작문 II	
	사회(역사/도덕 포함)	국제 정치, 국제 경제, 국제법, 지역 이해, 한국 사회의 이해, 비교 문화, 세계 문제와 미래 사회, 국제 관계와 국제기구, 현대 세계의 변화, 사회 탐구 방법, 사회과제 연구	
	제2외국어	전공 기초 독일어, 독일어 회화 I, 독일어 회화 II, 독일어 독해와 작문 I, 독일어 독해와 작문 II, 심화 독일어 (이하 프랑스어, 스페인어, 중국어, 일본어, 러시아어, 아랍어, 베트남어 동일)	독일어권 문화*

학교교육과정 설계와 운영

국가 수준 교육과정의 총론 문서 체재(體裁)는 총론의 의미를 부각하면서 가독성을 높이기 위해 개정 때마다 조금씩 바뀌어 왔다. 2022 개정 교육과정에서는 Ⅱ장을 '학교 교육과정 설계와 운영'을 내세웠다. 2015 개정 교육과정에서 Ⅱ장은 '학교급별 편성·운영의 기준'이었는데 여기에는 공통 요소인 '기본사항'과 학교급별로 '시간 배당 기준'과 '교육과정 편성·운영 기준'을 두었다. 2022 개정 교육과정의 Ⅱ장은 '설계의 원칙, 교수·학습, 평가, 모든 학생을 위한 교육기회의 제공'으로 구성하였다. 내용은 이전 교육과정에서도 규정하고 있었던 것인데, 흩어져있던 내용들을 한데 모으고 앞으로 배치했다. 2015 개정 교육과정에서는 주로 Ⅲ장에 배치한 내용들이다.

설계의 원칙에서는 폭 넓고 균형 있는 교육과정, 학습자에게 적합한 학습 경험, 다양한 교육활동 설계, 학습 격차 줄이기 등을 제시했고 학생이 건전한 생활 태도와 행동 양식을 가지고 학습할 수 있도록 지도한다는 내용을 두었다. 학교 교육과정 위원회를 구성·운영하여 자문 역할을 하도록 한다는 내용도 앞에 나와 있다.

교수·학습과 평가는 이전 교육과정에서 시간 배당보다 뒤에 있었던 내용이다. 2022 개정 교육과정에서는 교수·학습과 평가 부분을 시간 배당보다 더 중시한다는 의미를 담고 있다고 볼 수 있다.

교수·학습에서는 이전 교육과정에서는 없었던 내용이 포함되어 있다. 특히 '깊이 있는 학습'을 언급한 것은 새롭다. 이어지는 단편적 지식의 암기를 지양한다는 내용은 2015 개정 교육과정에서도 제시한 바 있지만 '지식·이해, 과정·기능, 가치·태도의 내용 요소를 유기적으로 연계'한다는 내용은 처음 제시된 것이다. '학습 내용을 실생활 맥락 속에서 이해하고 적용'한다는 것은 실제적 맥락이 바뀌어 표현되었다. '교과의 깊이 있는 학습에 기반이 되는 언어·수리·디지털 기초 소양'을 제시한 부분도 새로 포함되었다.

'깊이 있는 학습'은 주로 자기주도적인 탐구 활동으로 이루어진다. 학생은 개념과 원리를 배우고 이해하여 이를 현실 문제에 적용하는 탐구 활동을 하는 과정 속에서 여러 교과에서 학습한 내용을 인출하여 문제 해결력을 기르게 된다. 이러한 학습 활동을 통해 학생은 문제를 창의적으로 해결하는 능력을 기르게 되며 스스로 부족한 부분을 성찰하는 과정에서 더 깊은 학습에 도전하게 된다. 대입 서류 평가에서도 탐구력과 탐구 경험을 중시하는 이유가 여기에 있다.

언어·수리·디지털 기초 소양은 소홀히 할 수 없는 도구들이라는 점을 교육과정에서도 밝혔다는 의미가 있다. 학습은 언어로 이루어진다. 100여 년 전에 이미 존 듀이도 《하우 위 싱크》 책에서 교육에서 언어의 중요성을 강조한 바 있다. 오래전부터 상투적인 말로 취급되는 국영수를 잘해야 한다는 말이 여전히 의미를 갖는다. 학습에는 모국어, 외국어라는 언어, 수학이라는 언어가 필요하다고 해 왔는데 여기에 디지털 언어가 포함되어 네 가지 언어 소양이 필요하다고 본 것이다.

나 항에서는 '수업에 능동적으로 참여, 학습의 즐거움을 경험' 등을 언급하고 있다. 수업이 지겨운 묵언 수행이 되지 않도록 교수·학습을 설계할 것을 국가 수준 교육과정에서 밝힌 것이다. 다 항에서는 '선행 경험, 선행 지식, 오개념 등을 학습의 출발점을 파악'할 것을 말했고, '정보통신기술 매체를 활용, 지능정보기술 활용'도 언급했다. 특히 '지능정보기술 활용'은 AI의 도움을 받아 학생 개개인의 학습을 점검하고 개별 학생 맞춤형 학습을 지원할 수 있는 근거가 된다.

학교가 교수·학습을 총론 문서에서 제시한 방식대로 운영하기 위해서는 대입 제도가 뒷받침되어야 한다. 초등학교와 중학교는 입시에 영향을 덜 받지만 고등학교는 대입 제도가 수업을 지배한다. 현재는 수능이 수시에는 최저학력기준으로 사용되고 정시에는 수능 점수가 거의 100% 전형 요소로 사용된다. 이런 점에서 학교가 학생이 능동적으로 참여해서 즐겁게 학습을 설계하려고 해도 현실은 수능 문제 풀이가 최고의 수업으로 대접받는다. 고등학생만 수능 문제집을 풀고 있을 뿐 아니라 중학생도 중학 수능 문제집을 풀고 있는 현실은 개선되어야 한다.

평가 관련 사항

교육과정에 명시된 '평가'에 관한 내용이다.

> 가. 평가는 학생 개개인의 교육 목표 도달 정도를 확인하고, 학습의 부족한 부분을 보충하며, 교수·학습의 질을 개선하는 데 주안점을 둔다.

여기서는 평가 결과에 대한 정보를 제공할 뿐만 아니라 추수 지도를 하여 학생이 자신의 학습을 지속적으로 성찰할 수 있게 학교와 교사는 수업의 질을 개선하는 자료로 쓰라고 하였다.

> 나. 학교와 교사는 성취 기준에 근거하여 교수·학습과 평가 활동이 일관성 있게 이루어지도록 한다.

여기서는 성취 기준에 근거하여 교수·학습을 하고 평가 활동을 하도록 규정하였다. 평가는 학습의 결과만이 아니라 결과에 이르기까지의 학습 과정을 확인하고 환류하여, 학습자의 성공적인 학습과 사고 능력 함양을 지원하는 방향이어야 하며, 인지적·정의적 측면이 균형 있게 평가되어야 한다고 하였다. '학생에게 배울 기회를 주지 않은 내용과 기능은 평가하지 않는다.'라는 내용은 학습하지 않은 내용을 평가 문제로 출제하는 관행이 없어지면 사라질 것이다.

> 다. 학교는 교과목의 성격과 학습자 특성을 고려하여 적합한 평가 방법을 활용한다.

여기서는 '수행평가를 내실화하고 서술형과 논술형 평가의 비중을 확대'하여야 한다든지, '다양한 지능정보기술을 활용하여 학생 맞춤형 평가를 활성화'한다는 내용을 규정하였다.

'평가'에서 다루고 있는 내용은 학교 교육과정에서 평가의 방향을 설정하는 데 기준이 된다. 그런데 학교에서 이루어지는 평가는 현실의 다양한 요구를 반영하여 왜곡된다. 수행평가의 경우 수행 과정까지 포함하여 평가 성적을 산출하기 위해서는 과정에 대한 성적 산출의 의미와 방식이 잘 반영된 평가 기준이 있어야 한다. 그러나 평가 과정을 설계하여야 한다는 생각이 있어도 이를 반영하여 평가를 시행하기는 어렵다. 과정에 대한 평가에서 학생과 학부모의 항의성 이의 제기를 받다 보면 교사는 과정을 포함한 평가보다는 결과만을 평가하게 된다고 어려움을 토로한다. 탐구활동 중심의 수행평가를 전혀 하지 않고 수능 문제 방식으로 평가하는 것도 문제이지만, 수행평가가 형식적으로 이루어지고 40점을 반영하는데 성적은 40, 39, 38점으로 출석 기준으로 점수를 주고 나머지 변별은 지식 중심의 지필평가로 한다면 학생의 학습 상황을 평가한다는 본래의 평가 목적은 실종된다.

현재는 평가를 개선하기 위해 선생님들이 관심을 갖고 노력하고 있다고 들린다. 이 노력이 성공해야 한다. 학교에서는 평가 관련 위원회가 잘 작동하여 학교가 평가에 대한 권위를 가져야 한다. 이를 바탕으로 학습 상황이 잘 평가되고 학생에게 스스로 학습 상황을 점검할 수 있는 자료로 제공되며, 대입에서도 신뢰 있는 자료로 사용될 수 있어야 한다. 새로 포함된 '다양한 지능정보기술을 활용하여 학생 맞춤형 평가를 활성화'하기 위한 방안도 강구되어야 하겠다.

고교학점제가 되면 어떤 과목을 선택해야 할까?

학생부종합전형으로 대학에 진학할 때 가장 중시되는 요소는 '학업 역량'이다. 학업 역량은 대학에서 전공하고자 지원한 과목을 얼마나 잘 공부했는지를 바탕으로 평가한다. 그러므로 고교학점제가 되어도 딱히 공부해야 할 과목이 달라지지 않는다. 대학이 국어, 영어, 수학, 사회, 과학과 함께 학생이 수강한 전 과목을 두루 잘하는 학생을 선호한다는 점에는 변함이 없다. 그런데 공대나 자연대로 진학할 학생이 아니라면 과학은 좀 덜 배울 것이고, 사회과학 계통으로 진학할 학생이라면 과학 과목보다는 사회 과목을 더 많이 배울 것이다.

　공부에 흥미가 없는 학생도 상당수이므로 교육과정에 제시된 일반과목이 아닌 다른 과목에 관심이 더 많은 학생도 분명히 있다. 이런 학생들을 위해서 학교는 다양한 과목을 개설하여 그들의 학업 요구를 들어주어야 한다. 그러나 공부를 잘하고 싶은 학생이라면 주어진 시간에 선택해서 공부해야 할 과목은 오히려 단순해진다.

　국어, 수학, 영어 교과에서 학생들은 국어와 영어에서는 자신이 좋아하는 과목을 선택하면 된다. 국어와 영어는 어떤 과목을 선택했는지가 중요하다기보다 잘하는지가 중요하다. 듣기 말하기 읽기 쓰기가 유창하다면 좋은 평가를 받는다. 그러나 수학은 1학년 때 배우는 공통수학1, 공통수학2에 이어 일반 선택과목인 대수, 미적분Ⅰ, 확률과 통계와 진로선택과목인 기하와 미적분Ⅱ가 위계가 있어서 어떤 과목까지 배웠는지가 평가 대상이다. 따라서 학생은 여력이 있다면 미적분Ⅱ를 배우면 진로에 제약이 없다.

　사회와 과학 교과 중에서 대학 공부를 위해 필요한 과목은 이공계에서는 과학과의 일반선택과목과 진로선택과목이다. 우리나라 교육과정에서는 일반선택과목인 물, 화, 생, 지 네 과목을 다 이수하는 것을 최고로 친다. 그런데 이공계, 의약학계, 농생계의 대부분 전공은 물리학, 화학, 생명과학이 기본이다. 또 진로선택과목은 물, 화, 생, 지 각 과목마다 2과목으로 설정되어 있다. 이 중 어떤 과목을 선택할지는 대학이 전공을 고려하여 안내하게 된다. 그때 선택하면 된다. 한편 사회 교과에서는 세계사와 세계시민과 지리, 윤리와 사상 과목을 배워두는 것이 도움이 된다고 말한다. 인문사회계열의 공부 기본 과목이 세계사와 철학과 세계지리이기 때문이다. 그러나 대학에서는 인문사회계열 학과에 적합한 사회 과목을 제시하지는 않았다.

과학을 전 영역에 걸쳐 공부하는 것이 유의미하다는 점을 서울대는 계속 알리고 있다. 서울대 웹진 〈아로리〉에 실린 면접 이야기도 같은 맥락이다.

> 다른 친구들은 난이도를 어떻게 체감하는지 모르겠지만 전 쉽게 풀었습니다. 저는 지구과학 면접이었는데 학교에서 배우는 지구과학Ⅰ과 Ⅱ 과목을 잘 공부한 학생이라면 어려움이 없었을 것이라 생각합니다. 교과서에서 다루는 기본 개념만 충실히 이해하고 있어도 충분히 쉽게 풀 수 있을 것이라 생각하고 최근 몇 년 사이의 기출 경향과 비교해 보아도 여전히 쉬운 기조는 유지되고 있는 것 같습니다. 특히 3학년에 들어서 지구과학Ⅱ 과목을 이수했는데 수업 시간에 공부한 내용이 나와 별 어려움 없이 면접에 임했던 것 같습니다. 물론 고등학교 때는 지구과학만이 아니라 과학 교과 전반을 모두 공부해야 해서 조금 힘이 든다는 생각도 했지만, 과학 시간에 배운 내용들이 사실 서로 연관성이 높은 개념들이 많아서 기본적으로 과학적 현상을 이해하고 풀이하는 데 도움이 된 것 같습니다. 그때는 이걸 왜 배우는지 몰랐지만 결국 면접에서 도움을 받았다고 생각하니 공부하기를 정말 잘했다는 생각도 합니다.

또한 2018년에 서울대에서 각 학교에 배포한 〈2015 개정 교육과정에 따른 고교생활 가이드북〉에서도 같은 내용을 확인할 수 있다.

> 화학을 전공한다고 해서 화학 공부만 하는 것은 권장하지 않습니다. 당연히 화학을 전공하고자 하는 학생이라면 깊이 있게 화학을 공부하는 것은 상식입니다. 그러나 물리학, 생명과학, 지구과학의 학문 분야는 사실 매우 긴밀하게 얽혀 있습니다.
> 단일 전공만으로는 전문성이 떨어지고 연구 주제가 한정되기에 두 개 이상의 분야의 지식을 응용할 수 있도록 미리 지식 기반을 다져 놓는 차원에서 공부를 소홀히 하지 않기를 바랍니다.

조금은 오래된 이야기이지만 이 이야기가 지금도 유효하다는 점에서 가치가 있다. 대학이 재학생의 말을 통하여 이러한 뜻을 전하는 것은 학생들이 이런 방향으로 학습하기를 바라기 때문이다.

2028 대입 준비하기

교육부는 2022 개정 교육과정과 고교학점제 등 새로운 교육제도를 반영한 2028학년도 대입 제도를 2023년 12월 27일에 발표하였다. 내용에는 수능 방식과 교과평가 방식이 들어 있다. 결론부터 말하자면 수능은 선택과목 없이 공통으로 시행되며, 영역별 응시 여부는 지원자가 정할 수 있고, 내신은 사회와 과학 과목의 융합선택과목을 제외한 전 과목을 상대평가 5등급을 평가해서 대학에 제공한다는 것이다. 물론 예술·체육 과목과 교양 과목은 상대 평가 등급을 산출하지 않는다.

대입 제도 개선의 쟁점

대학입시에 사용하는 전형 요소는 현재 학생부, 논술, 수능 세 가지이다. 각 요소는 성적을 만드는 주체가 다르다는 점이 특징이다. 학생부전형은 고등학교가 자체 교육에서 평가한 성적을 전형 요소로 사용하는 방식이다. 논술전형은 대학이 문제를 출제해서 만들어낸 성적으로 사정하는 방식이다. 수능은 국가가 평가해서 성적을 만들면 이를 대학이 전형에 사용하는 방식이다. 대입 제도 개선은 이 세 가지 요소를 어떻게 사용하고 배분하는가에 달려있다. 이밖에 교과 본고사를 보는 방식도 있지만 1970년대와 1994학년도 대입부터 시작한 수능 초기에 교과 본고사를 시행한 결과 사교육이 크게 증가해서 늘 사회적 문제가 되었기 때문에 고려 사항이 아니다.

대입 제도 개선을 현재의 전형 요소를 수정·보완하는 차원에서 실시할 것인가 또는 완전히 새로운 틀을 만들 것인가를 먼저 논해야 하지만, 어떤 논의를 하더라도 기본적으로 고려해야 할 사항은 변함이 없다.

고교 교육 정상화를 염두에 둔 대입 제도는 무엇인가?

● 고교 교육 정상화를 염두에 둔 대입 제도는 학생부종합전형이라는 의견에는 합의가 되었다. 그러나 이 전형의 이해도는 낮으며 결과에 대해 수긍이 안 된다는 부정적 의견을 불식해야 하는 문제가 남아 있다.

● 2022학년도부터 서울 소재 16개 대학은 수능 정시 비율을 40%까지 늘리도록 교육부가 강권하자 각 고등학교에서는 수능에 중점을 두는 교육과정으로 돌아가려고 하고 있고, 수업은 수능 대비 문제 풀이로 회귀하는 모습을 보이고 있다. 고교학점제가 교실 수업 혁신을 추구하는 교육

과정을 추구한다면 이 방향에 맞는 대입 제도를 강화해야 한다.

● 한편, 학생부종합전형 이외에도 학생부가 없는 학습자가 고등교육 기회를 가질 수 있는 대입 제도 역시 필요하다는 주장도 일리가 있다. 늦게 철든 학생, 검정고시 출신들이 대입 기회를 얻을 수 있는 문도 일부 열려 있어야 하기 때문이다. 이들에게 고등학교 이후의 학생부를 만들 수 있는 교육 기회를 부여해서 학생부종합전형에 합류하게 하는 방안도 생각할 수 있다.

교과 평가를 성취 평가 자료만 대학에 제공해도 문제는 없는가?

● 상대 평가를 하지 않으면 학생부 교과 평가로 추천 전형 10%를 선발하도록 한 교육부의 2019년 조치는 유지되기 어렵다. 교과 평가는 상대 평가를 기반으로 한다. 성취 평가 성적만 제공하면 교과전형은 폐지해야 한다. 그렇다면 상대 평가를 하지 않는 것과 교과전형을 폐지하는 정책의 장단점 또는 득실은 무엇인가?

● 상대 평가를 해도 학생들이 수강해야 할 또는 수강하고 싶은 과목을 선택할까? 점수 따기 쉬운 과목으로 몰리지 않을까? 학생이 성적 유불리로 과목을 선택한다면 고교학점제는 유지될 수 있나?

수능은 유지해야 하나? 서·논술형 수능이 필요한가?

● 과목형 수능은 일부 과목만 학습하게 하는 부정적인 측면이 있다. 국어, 수학, 영어에 비하여 탐구 과목 비중은 지나치게 낮다. 이러한 문제점

을 해소할 방안으로 수능을 폐지하는 방안과 개선하는 방안을 생각할 수 있다.

- 현재로서는 수능 폐지는 고려 대상이 아닌 것으로 보이며, 선택형 시험이 갖는 문제점을 해소하기 위해 서·논술형 시험을 도입하는 방안을 고려할 수 있다. 이 시험은 학교 시험처럼 선택형 문항과 서·논술형 문항이 공존하는 형태일 수도 있고, 선택형 수능과는 별도로 서·논술형 문항이 있는 시험을 별도로 볼 수도 있다. 또는 선택형 시험은 폐지하고 서·논술형 시험만 들 수도 있다. 이에 대한 의견 수렴이 치열하게 이루어질 것이다. 그렇지만 아직은 서·논술형 시험으로 개선하기는 여론 부담도 걸림돌이고 기술적으로도 어렵다고 한다.

수시와 정시는 분리해야 하나? 통합할 수는 없나?

- 수시 입시로 3학년 2학기가 버려지고 있다. 3학년 2학기의 학사 운영이 교과 진도 나가기가 아니라도 버려지지는 않도록 할 수 있는 방안을 고려할 필요가 있다. 수시와 정시 통합은 2018년의 논의 과정에서 다루었는데 현재로는 통합은 어렵다고 결론이 났다고 보아야 한다.

- 단, 새롭게 검토할 수 있는 방안은 수시와 정시로 나누지 않고 시기를 통합하되 전형 요소로 나누는 방법이다. 학생은 대학에 수능과 내신과 기타 서류를 제출하면서 본인이 원하는 전형에 지원하고 대학은 여러 전형 요소 중 예고한 전형 요소로 선발하는 방식이다.

- 수업 주수가 16주로 줄어들게 되어 3학년 2학기를 마치고 전형을

시작해도 서류 평가를 할 수 있는 시간은 확보할 수 있을 것으로 보인다.

계층 사다리 역할을 하는 전형이 가능한가?

- 수능, 학생부 모두 계층 사다리 역할을 충분히 한다고 보기 어렵다. 모든 성적 자료는 소득이 높은 가정의 자녀가 더 높은 점수를 받는 것으로 연구 결과가 말하고 있다. 각각의 전형 요소를 지지하는 측에서는 상대 전형 요소가 부정적임을 주장하지만 모두 계층 사다리 역할을 하지는 못한다고 하는 것이 맞다.

- 계층 사다리 역할을 하는 전형 요소를 따지기보다는 대학 공부가 계층 사다리 역할을 하도록 별도의 선발 기회를 부여하는 것이 바람직하며, 빈곤 등의 이유로 고등학교 단계에서 학습 결손이 있어 대학 진입이 어려운 학생은 이미 초등학교 단계부터 학습 부진을 겪고 있다는 점을 염두에 두고 학습 결손이 시작되는 각 시기에 학습 결손을 메우는 관리가 더 필요하다.

대입 제도 방향과 학습 방향

고교학점제하에서의 대입 제도도 학생부종합전형과 수능이 중심이 될 전망이다. 그런데 학교 교육의 중심이 역량을 길러 주는 데 있다면 평가 역시 수행평가 및 서·논술형 평가가 중심이 될 것이다. 그런데 2028 대입 이후에는 모든 전형에 학생부 교과 평가가 포함될 가능성이 높다. 교과전형에도 교과 평가가 포함되고 정시에도 수능전형에 교과 평가를 포함하게 될 전망이다. 따라서 어떤 전형 요소가 주요 요소가 되더라도 그 중심은 독서와 글쓰기, 수학 공부가 차지하게 된다. 그런데 독서와 글쓰기는 국어 시간에만 해당되는 것은 아니다. 독서와 글쓰기에 꼭 필요한 것이 배경지식인데 이 배경지식은 학교 공부의 모든 영역에서 채워진다.

고교학점제 교육과정에 대한 교육부의 발표가 주는 시사점을 정리해 보면 수긍이 될 것이다.

고교학점제에서는 역량을 강조하는 교육을 한다. 역량을 강조하는 교육은 '학생이 무엇을 아는가?'보다는 알고 있는 것을 기초로 '무엇을 실제로 할 수 있는가?'에 초점을 두는 교육이다. 이와 관련하여 기초·기본 역량을 강화한다. 기존의 3R(읽고, 쓰고, 셈하기)에서 벗어나 여러 교과를 학습하는 데 기반이 되는 언어, 수리, 디지털 소양 등을 기초 소양으로 강조하겠다고 한다. 이와 함께 OECD의 핵심기반 중 인지적 기반의 요소와 정의를 제시하였다.

- (언어 소양) 다양한 목적을 위해 다양한 형식과 상황에서 텍스트와 시각적 정보를 이해, 해석, 사용하고 창출하는 능력(부호/부호시스템의 인코딩 및 디코딩을 기반으로 의미 만들기)
- (수리 소양) 디지털 환경을 포함한 일상생활에서 수학 도구, 추리 및 모델링을 사용하는 능력
- (디지털 소양) 전통적인 문해력(literacy)과 동일한 기초 능력에 의존하지만, 디지털 이해력(digital literacy)는 디지털 상황에서 적용되며, 새로운 디지털 도구와 역량에 의존함
- (데이터 소양) 데이터로부터 의미 있는 정보를 도출할 수 있는 능력, 데이터 읽기, 작업, 분석 및 데이터와의 논쟁 능력, 그리고 '데이터의 의미'를 이해하는 능력을 포함

이렇게 보면 언어 수리 역량이 중요하고 현재에는 비중이 적은 디지털 역량이 비중이 커질 것으로 보인다. 그런데 수학을 모르고 AI 학습에 치중하면 분수 계산도 모르면서 자율주행차 모형을 만들겠다고 하는 것과 다름이 없다. 결국 디지털에 대한 소양을 기르는 시간이 확보되어야 하지만 중요한 역량은 수리 역량이다.

모든 공부를 다 하면 좋지 않겠느냐고 할 수도 있지만 학교 수업은 시간이 정해져 있다. 고등학교는 고교학점제가 적용되면 교과는 29시간이 된다. 학교는 또는 학생은 이 시간을 어떻게 배분해서 무엇을 공부할 것인지를 정해야 한다. 배울 수 있는 과목은 배움의 도구가 되는 국어, 영어, 수학과 삶의 기술을 배우는 기술·가정, 정보 및 네일아트, 바리스타 등의 과목, 예술·체육 과목과 사회나 자연의 현상을 배우는 사회와 과학 과목

들이 있다. 어떤 과목을 많이 배우면 어떤 과목은 적게 배우게 되는데, 상황을 보면 문해력과 수리력 공부는 소홀히 할 수가 없다.

교육부는 중학교 때, 미래 역량 함양을 위한 수업 방법 및 서·논술형 평가 확대 등 교실 수업을 개선하겠다고 하였다. 역시 읽고 쓰는 것은 중학교에도 중요하고 고등학교에 와서는 더 중요하게 될 전망이다. 물론 초등학교 때도 중요하다.

교과서 제도가 바뀐다는 내용도 포함되어 있다. 현재 사용하고 있는 서책형 교과서는 교육과정이 개정된 첫해에 사용하더라도 책은 두 해 전에 만들어서 한 해 전에 검·인정을 거친 것이므로 변화 적응력이 떨어지는 단점이 있었다. 개정되는 교과서 제도에서는 온·오프라인 연계 등 교과서 형식 다양화를 통한 미래형 교과서를 도입하겠다고 하고, 이 교과서는 서책형 교과서에서 벗어나 실시간 지식·정보를 반영 가능한 「온라인 연계 교과서」가 된다고 했다.

교과서 내용은 교사와 학생, 학생 간 상호활동(체험하기, 생각 표현하기 등) 중심의 교수·학습으로 구성할 수 있도록 과목별 토의·토론, 문제해결, 실험·실습 과제 등을 확대 구성하도록 한다고 하므로 역시 활동 중심 수업이 강화될 것이다. 교과서 자유발행제가 되면 학교에서 직접 만든 교과서로 수업을 하게 될 가능성이 커지는데 이렇게 되면 학교 공부 자체에 집중해야 한다. 다른 곳에서 정보를 얻기가 쉽지 않기 때문이다. 이런 점을 감안한다면 학교 공부에 가장 필요한 것이 문해력과 수리력이다.

그러므로 공부하는 방식과 내용이 달라진다고 해도 경쟁 있는 대학에 진학해서 세계적 인재로 성장하기 위한 기본 공부는 달라지는 것이 별로 없다.

2028 대입 제도 확정 발표

교육부는 2023년 12월 27일에 2028학년도 대학입시제도를 확정 발표하였다. 지난 2023년 10월 10일, 교육부는 「2028 대학입시제도 개편 시안」을 발표한 뒤, 시안을 국가교육위원회에 보고하고 의견 수렴을 요청하였다. 국가교육위원회는 의견 수렴과 논의를 거쳐 2023년 12월 22일 권고안을 의결하였다. 의결의 주요 내용은 "①수능 출제에서 '심화 수학'은 제외한다. (심화수학은 미적분Ⅱ와 기하 과목이었다.) ② 융합 선택과목 중 사회·과학 교과는 상대 평가를 병기하지 않고 절대 평가만 실시한다. ③ 그 외 사항은 교육부 원안을 유지한다."와 "수능 및 수시·정시 시기 조정 방안을 국가교육발전계획과 연계하여 향후 국교위와 교육부가 협의·검토하기로 하였다."이다.

교육부는 시안의 핵심적인 내용은 유지하면서도 국가교육위원회의 의결 내용을 존중하여 시안 중 일부를 조정한 '2028 대학입시제도 개편안'을 확정한다고 발표했다. 이번에 발표한 확정안은 '2028 입시부터 국어·수학·사회·과학 선택과목 없는 통합형 수능, 내신 5등급 체제'를 근간으로 한다는 점에서 시안의 의도를 유지하였다.

- 지난 10월 10일 발표한 '2028 대학입시제도 시안' 원칙적 유지
- 수능시험 출제에서 '심화수학(미적분Ⅱ·기하)'은 제외
- 고교 내신에서 사회·과학 융합 선택과목은 상대 평가 석차 등급 미기재

<사회·과학 융합 선택과목>
여행지리, 역사로 탐구하는 현대 세계, 사회문제 탐구, 금융과 경제생활, 윤리 문제 탐구, 기후변화와 지속가능한 세계, 과학의 역사와 문화, 기후변화와 환경생태, 융합과학탐구

 2028 수능은 과목 선택 없이 공통으로 출제하게 되었다. 수학은 미적분Ⅱ와 기하가 범위에서 제외되었기 때문에 교과 이수에서 미적분을 잘 이수해야 좋은 평가를 받게 된다. 또 미적분Ⅱ만 수강해도 될 학생은 수능 범위에 포함된 확률과 통계를 수강해야 하는 부담이 생겼다. 이 부담이 어떤 학생들에게는 새로운 것이 아니다. 2025학년도 대입에서도 서울대의 수시 수학 면접이나 연세대의 논술 전형의 범위는 2022 개정 교육과정으로 보면 대수, 확률과 통계, 기하, 미적분Ⅰ, 미적분Ⅱ가 모두 해당된다. 영어는 절대 평가를 유지하니 변함이 없다. 탐구는 1학년 때 배우는 통합사회와 통합과학 두 과목에 모두 응시해야 하므로 시험은 쉬워지면서 범위는 많이 늘었다. 변별을 위해 문제가 쉽지 않을 수도 있어 대비는 깊이 해야 한다.

⟨2028학년도 수능 개편 확정안⟩

영역		현행(~2027수능)	개편안(2028수능~)
국어		공통+2과목 중 택1 공통:독서, 문학 선택:화법과작문, 언어와매체	공통 (화법과언어, 독서와작문, 문학)
수학		공통+3과목 중 택1 공통:수학Ⅰ, 수학Ⅱ 선택:확률과통계, 미적분, 기하	공통 (대수, 미적분Ⅰ, 확률과통계)
영어		공통 (영어Ⅰ, 영어Ⅱ)	공통 (영어Ⅰ, 영어Ⅱ)
한국사		공통 (한국사)	공통 (한국사)
탐구	사회·과학	17과목 중 최대 택2 사회: 9과목 한국지리, 세계지리, 세계사, 동아시아사, 경제, 정치와법, 사회·문화, 생활과윤리, 윤리와사상 과학: 8과목 물리학Ⅰ, 화학Ⅰ, 생명과학Ⅰ, 지구과학Ⅰ, 물리학Ⅱ, 화학Ⅱ, 생명과학Ⅱ, 지구과학Ⅱ	사회 : 공통 (통합사회) 과학 : 공통 (통합과학)
	직업	1과목: 5과목 중 택1 2과목: 공통+[1과목] 공통:성공적인직업생활 선택:농업기초기술, 공업일반, 상업경제, 수산·해운산업기초, 인간발달	직업 : 공통 (성공적인 직업생활)
제2외국어/한문		9과목 중 택1 제2외국어/한문: 9과목 독일어Ⅰ, 프랑스어Ⅰ, 스페인어Ⅰ, 중국어Ⅰ, 일본어Ⅰ, 러시아어Ⅰ, 아랍어Ⅰ, 베트남어Ⅰ, 한문Ⅰ	9과목 중 택1 제2외국어/한문: 9과목 독일어, 프랑스어, 스페인어, 중국어, 일본어, 러시아어, 아랍어, 베트남어, 한문

내신은 기존의 내신 9등급제를 5등급제로 개편하기로 하였다. 등급별 비율은 1등급(10%), 2등급(24%, 누적34%), 3등급(32%, 누적66%), 4등급(24%, 누

적90%),5등급(10%,누적100%)이다. 교과 성적은 1, 2등급은 맞아야 공부했다고 할 수 있게 되었다. 전 과목이 1등급인 학생도 크게 늘 전망이다. 한편, 체육·예술·교양 교과(군), 과학탐구실험 과목은 절대 평가 성취도만 기재하고, 사회·과학 교과의 융합선택과목은 상대 평가 석차 등급을 기재하지 않는다.

사회과 융합선택과목은 여행지리, 역사로 탐구하는 현대 세계, 사회문제 탐구, 금융과 경제생활, 윤리문제 탐구, 기후변화와 지속 가능한 세계 등이고 과학과의 융합선택과목은 과학의 역사와 문화, 기후변화와 환경생태, 융합과학 탐구 등이다. 교과 제목에 '탐구'가 포함된 과목을 수강하면 대입에 유리한지를 많이 묻는데, 일반선택과목과 진로선택과목을 먼저 선택한 다음 여유가 있으면 고려해야지, 탐구부터 선택하면 콘텐츠 없는 전시회 같은 모양이 된다. 개념과 원리를 모르고 탐구하면 그 탐구 수준이 의심스럽다는 뜻이다.

과목 평가 결과는 절대 평가(A~E)와 상대 평가(1~5등급)를 함께 기재하고 대학에 제공하지만 대학이 상대 평가 성적을 두고 절대 평가 성적을 활용할 가능성은 적다. 대학이 상대 평가 성적을 주로 사용한다고 해서 융합선택 위주로 수강하면 불이익을 당한다. 교과 학습은 일반선택이 기본이 되고 진로선택이 심화 학습을 담당하는데 이 과목을 회피했다면 올바르게 학습했다고 평가하기 어렵기 때문이다.

〈과목별 성적 산출 및 대학 제공 방식(확정)〉

구분	절대 평가		상대 평가	통계정보		
	원점수	성취도	석차 등급	성취도별 분포 비율	과목평균	수강자수
보통교과	○	A·B·C·D·E	5등급	○	○	○
사회·과학 융합선택	○	A·B·C·D·E	-	○	○	○
체육·예술/ 과학탐구실험	-	A·B·C	-	-	-	-
교양	-	P	-	-	-	-
전문교과	○	A·B·C·D·E	5등급	○	○	○

교육부는 학교에서 지식암기 위주 평가(5지선다형)는 가급적 지양하고 사고력·문제해결력을 평가할 수 있는 논·서술형 평가를 확대하자고 하였다. 모든 고교 교사의 평가 전문성 향상을 위해 연수를 실시하고 핵심·선도교원 3,000명을 양성해서 1인 1고교 전담 배치하고 연구대회도 열고 연구회 활성화도 지원하겠다고 했다. 또 국가·시도 평가관리센터 중심으로 국가수준 평가기준을 마련하고 평가 관련 자료 보급 등 절대 평가를 내실화하겠다고 했다.

학생은 학교 공부를 충실히 해야 하는 입시제도를 맞게 되었다. 학교 공부는 교과 지식과 개념·원리에 정통해서 누가 물어도 설명할 수 있고, 이를 적용하여 탐구활동을 하며, 발표도 잘하면 완성이 된다. 시험은 서·논술형으로 보게 된다. 이렇게 보면 학생이 해야 할 공부가 무엇인지 정리가 될 것이다. 이것은 '탐구 중심의 교과 학습 + 서·논술형 평가 대비 + 독서·토론·논술'로 요약된다.

2028 대입은 2025학년도에 고등학교에 입학하는 학생들이 치르게 될 입시이다. 내신 5등급제는 2025학년도 고등학교에 입학할 때부터 적용된다. 정시 비율 40%를 유지하라는 교육부의 2019년 조치는 앞으로도 유효하다. 앞으로도 주요 대학은 학교 추천형 교과전형 10%, 종합전형 40%, 논술 및 특기자전형 10%, 정시전형 40% 정도의 비중을 유지하게 된다.

5등급제 상대 평가의 영향

내신 5등급제가 되면 교과전형으로 선발하기가 일부 모집 단위에서는 어려울 수 있다. 전국적으로 1.0을 맞는 전과목 1등급인 학생 수가 40만 고3 학생의 4% 정도인 16,000명은 될 것이라고 추정하는바, 이 학생들은 모두 동점자가 되기 때문이다. 그러므로 단순히 정량 성적만으로 선발하기 어려우므로 종합전형 방식의 교과평가를 부가할 가능성이 있다. 2026, 2027 대입에서도 교과전형에서 일부 과목만 반영하고 교과평가를 하는 대학이 많다. 건국대와 동국대는 교과전형에서 교과평가 영향력이 큰 전형을 운영하는 것으로 알려져 있다. 이런 방식을 더 많은 대학이 사용할 것으로 보인다. 이렇게 되면 교과전형과 종합전형의 차이는 창의적 체험활동 영역을 평가에 반영할지 아닐지로 구분된다.

논술을 부과하기는 어려울 것이다. 출제 관리뿐 아니라 채점 관리도 어렵기 때문이다. 면접도 경쟁률이 높아지면 대상자가 많아지므로 쉽지 않다. 평점 1.0이 넘는 학생부터는 1.01, 1.02와 같은 줄이 만들어지므로 동점자 처리 규정과 함께 운영하면 선발이 가능할 것이다. 결국 1.0인 학생만의 문제라고 한다면 모집 단위 중 1.0인 학생이 지원하지 않을 것으로 예상되는 모집 단위만 교과전형을 유지할 수도 있다. 간단히 말하자면 '의약학계열은 교과전형을 하지 않는다.'와 같은 방식이 생길 수 있다는 뜻이다.

모든 모집 단위를 자유전공 방식으로 대계열이나 무계열로 선발하도록 유도하는 교육부 정책인 전공 자율 선택제는 진로를 중시하는 종합전형과 방향성이 달라 수시에서는 교과전형으로 선발할 수 있다. 이렇게 되면 교과전형 비중도 일정 수준은 유지될 것이다.

수능 등급으로 동점자 처리 규정을 둘 수 있다. 현재는 수능 최저 등급으로만 사용하고 있지만, 교과전형의 경우 동점자는 수능 등급이 좋은 학생에게 우선권을 주는 방식이다. 등급은 사용할 가능성이 있지만 수시에서 수능 점수로 전형하게 허용하지는 않을 것이다. 점수를 허용하면 학생부 중심 전형의 의미가 퇴색되기 때문이다.

종합전형의 미래

종합전형은 가장 많은 재학생이 선발되는 전형이다. 종합전형은 현재와 같이 운영할 수 있다. 종합전형은 어떤 과목을 선택해서 무엇을 어떤 방식으로 학습했는지와 창의적 체험활동에서는 어떤 역량을 길렀는지를 평가해서 선발하는 전형이다. 이 전형은 2015 개정 교육과정에서 진로선택 과목에 상대 평가 등급이 없었어도 운영해 온 것처럼, 내신 5등급제가 된다고 하여도 운영이 가능하다.

종합전형에서 평가 자료가 너무 적어 문제점이 드러나고 있으므로 자기소개서는 받도록 조치해 달라는 요구, 학생부 기록에서 독서 상황 같은 일부 내용은 평가에 반영할 수 있도록 해 달라는 요구 등이 있으나 받아들여지지 않았다.

2019년 이전의 대입에서 대학이 학생부종합전형 비중을 크게 늘려온 것은 단지 교육부의 보조금을 더 받기 위해서만이 아니다. 대학이 선발하고 싶은 인재의 모습이 학생부종합전형으로 선발했을 때 가장 적합하기 때문이었다. 그 결과는 학교가 탐구 중심의 학습과 평가를 운영하는 모습으로 나타났고 '입시 개선 → 고교 교육 혁신 → 대학 교육 발전'의 선순환을 이루었기 때문이었다. 이렇게 보면 학생 선발에 대한 정부의 규제가 없어지고 대학의 선발 자율권이 커진다면 학생부종합전형은 다시 확대될 전망이다.

2025년 고교 교육 기여사업에서 자율 공모 사업으로 '전형 운영 개선(2022 개정 교육과정 연계성 제고 등)'을 제시했는데, 2022 개정 교육과정 총론에서는 단편적 지식의 암기를 지양하고 학습 경험의 폭과 깊이를 확장할 수 있도록 수업을 설계할 것을 제시하고 있으며, 평가에서도 서·논술형 평가를 확대하도록 강조하고 있는바, 이에 맞는 전형을 설계할 것을 대학에 주문한 것이다. 이 대학 중 일부는 2028 대입에서 정시 선발 비율이 낮아질 것으로 예상하고 있다.

미래 수시 대입에 대비하는 방법

교과전형이든 종합전형이든 학교 성적은 잘 받아야 한다는 것은 불변의 진리이다. 교과전형에 비해 종합전형은 숫자의 의미가 덜 중요하다는 것이지 중요하지 않다는 것은 아니다. 그런데 앞으로는 지식 암기 위주의 평가를 지양하고 사고력·문제해결력 등 미래 역량을 평가할 수 있도록 논·서술형 평가를 확대하겠다고 하므로 이에 대비해야 한다.

교과 지식과 개념·원리를 배웠으면 설명해 보는 연습을 하고, 공책에 적어 두는 습관을 길러야 한다. 정답을 구하는 공부가 아니고 문제를 해결하는 아이디어를 만들고 과정을 중시하는 공부를 해야 한다. 텍스트를 분석적으로 파악하고, 비판적으로 검토한 뒤, 자신만의 의견을 만드는 과정을 배우는 논술 과목을 공부하는 것도 도움이 된다. 여기서 말하는 논술 공부는 교육과정상의 논술을 배워야 한다는 말로 입시논술을 말하는 것은 아니다. 수학·과학 과목 공부도 풀이 과정을 논리적으로 적어내는 방식으로 공부해야 한다.

논·서술형 평가를 하게 되면 답을 쓸 때 채점관이 알아볼 수 있도록 손글씨를 쓰는 연습을 해야 한다. 또한 학생이 사용하는 어휘와 문장의 완결성 등이 지적 역량을 나타내므로 개념어·용어를 정확하게 이해하고 사용해야 하며, 글을 유창하게 쓸 수 있도록 연습을 해야 한다.

과목 선택은 여전히 중요하다. 과목을 선택할 때 사회, 과학 융합선택과목 중심으로 선택해서 등급을 피한다고 대입에 도움이 되는 것은 아니다. 위계에 따라 공부하지 않으면 학생부 위주 전형에서 불이익을 당할 수 있다.

수능의 변화에 대응

정시는 수능으로 운영된다. 수능은 크게 달라지는 점이 없으므로 역시 1차로는 수능을 잘 봐야 하고, 서울대처럼 교과평가를 하는 대학이 늘어난다면 학교 공부도 충실히 해두어야 한다.

수능 영어는 2024 거의 그대로 유지될 것이다. 수능 영어가 절대 평가라고 공부를 게을리하면 좋은 성적을 내기 어렵다. 2024 수능 영어에서 1등급이 5%도 안 된 사실을 상기해야 한다.

수능 수학은 대수와 미적Ⅰ, 확률과 통계다. 현재 수Ⅰ은 대수, 수Ⅱ는 미적Ⅰ이므로 바뀌는 수능은 현재 공통과목과 확률과 통계로 범위가 좁혀진다. 공통과목에서도 충분히 변별 기능을 하는 문제를 출제할 수 있으므로 수학 공부도 무시하면 안 된다. 오히려 대수와 미적1에서 변별을 위한 어려운 문제가 있을 것이니 공부 수준을 정해야 한다. 결국은 현행 심화 학습이 중요하다고 하겠다.

심화수학은 안 보기로 하였지만, 미적Ⅱ와 기하가 수능 과목 아니어도 학교 공부는 잘해 두어야 한다. 이 과목을 수능에서 배제하면 대학은 최소한 미적Ⅱ와 기하를 배우고 입학해야 하는 모집 단위에 한해서라도 교과 평가를 할 것이다. 정시에 미적Ⅱ와 기하 논술을 보거나 면접을 보기는 어렵다. 현재 미적Ⅱ와 기하를 대강 알거나 잘 모르고 진학하는 학생이 대부분인 대학은 대수와 미적만 보는 것으로도 충분하다고 할 것이다. 그렇지 않은 대학은 미적Ⅱ나 기하 과목 이수 상황에 대한 학생부 평가를 하게 될 것이다.

수능 국어에 언어가 들어가니 중학교 때 문법 공부 단원을 잘 이해하고 기억해 두어야 할 필요가 있다. 그 이외의 사항은 변함이 없을 것이다. 킬러문항을 배제한 2024 수능에서 가장 어려웠던 과목이 국어였다는 점을, 만점자가 가정 적었다는 점을 상기할 필요가 있다.

통합사회, 통합과학은 2024년 9월에 예시 문항이 제시되었다. 과목 복합적인 문항이 많아 중학교 수준에서 공부는 빈틈없이 해두어야 한다. 이해하고 기억하고 문제도 풀고, 탐구하는 공부를 해야 한다. 특히 과학 공부를 잘 해 두어야 한다. 그 중에서도 화학 물리학에서 잘 이해해야 할 것은 이해하고 설명할 수 있어야 하며, 외워야 할 것은 몇 년 이상 기억에 남도록 분명히 외워두어야 한다.

2025년 1월에는 수능 시험 시간 및 배점이 발표되었다. 사회와 과학 영역은 25문항, 40분으로 정해졌다.

⟨2028학년도 수능 시험 및 점수 체제⟩

영역		문항 수	문항 유형	배점		시험시간	출제 범위
				문항별	전체		
국어		45	5지선다형	2,3	100점	80분	• 출제과목 : 화법과 언어, 독서와 작문, 문학 • 출제과목을 바탕으로 다양한 소재의 지문과 자료를 활용하여 출제
수학		30	5지선다형	2,3,4	100점	100분	• 출제과목 : 대수, 미적분Ⅰ, 확률과 통계 • 단답형 30% 포함
영어		45	5지선다형	2,3	100점	70분	• 영어Ⅰ, 영어Ⅱ를 바탕으로 다양한 소재의 지문과 자료를 활용하여 출제
한국사		20	5지선다형	2,3	50점	30분	• 한국사를 바탕으로 우리 역사에 대한 기본 소양을 평가하기 위한 핵심 내용 중심으로 출제
탐구	사회	25	5지선다형	1.5,2,2.5	50점	40분	• 출제과목 : (사회탐구) 통합사회 (과학탐구) 통합과학 • 사회·과학탐구 선택자는 반드시 사회·과학탐구에 모두 응시 • 점수는 분리하여 산출
	과학	25	5지선다형	1.5,2,2.5	50점	40분	
	직업	25	5지선다형	1.5,2,2.5	50점	40분	• 출제과목 : 성공적인 직업생활
제2외국어/한문		과목당 20	5지선다형	2,3	과목당 50점	과목당 30분	• 출제과목 : 독일어, 프랑스어, 스페인어, 중국어, 일본어, 러시아어, 아랍어, 베트남어, 한문 9개 과목 중 택 1

대입 제도의 변화 가능성

2019에 교육부가 정한 교과 추천전형 10% 이상, 정시 40% 이상 선발은 유지한다고 시안 때 발표되었는데, 2024 상반기에 대입전형 운영 협의회를 두어 논의를 시작할 예정이며, 국가교육위원회의 국가교육발전계획(2026~2035) 수립 과정 중 대학입시제도 논의 시 교육부가 지원할 예정이라고 하니 새로운 대입 제도가 몇 년 뒤에는 도입될 전망이다.

다음 정부가 교육과정을 바꾼다면 2028년 말이거나 2029년이 될 것이다. 2028년에 고시한다고 해도 2031년에 교육과정이 적용되고 2034학년도 대입이 바뀌므로, 빨라야 2024학년도 초등학교 3학년부터 새 교육과정이 적용되고 입시제도가 개편될 수 있다. 한편, 새 정부 등장과 무관하게 국가교육위원회가 장기적인 학교제도, 교육과정과 대입 제도를 추진하는 주체 역할을 할 수 있다. 그렇더라도 개편하는 시기가 더 당겨지지는 않을 것으로 보인다.

'꺼내는 교육'이라는 IB 교육과정

고교학점제 도입이 논의되는 동안 몇몇 시·도교육청에서 IBDPInternational Baccalaureate Diploma Programme를 도입하기 위한 준비를 하고 있다고 밝혔다. 그리고 IB기구와 협약을 맺어 일부 과목을 한국어판으로 공식 번역하였다. 이에 따라 국어, 수학, 역사, 생물학, 화학 등 몇 과목을 우리말로 가르치고 배울 수 있게 되었다. IB 교육과정은 교육비가 많이 드는 교육이라고 알려졌지만 우리나라 교사들이 자격을 받아 수업을 담당하게 되자 비용이 많이 들지 않게 되면서 IB학교는 귀족학교라는 비난은 피하게 되었다.

IBInternational Baccalaureate는 1968년에 스위스 제네바를 기반으로 설립된 교육기관에서 제공하는 교육과정이다. 이 교육과정은 초등학교와 중학교 및 고등학교 교육과정으로 구분되는데, 16~19세의 학생들을 위해 고등학교에서 개설하는 IB 교육과정을 국제 바칼로레아 디플로마 프로그램IBDP이라고 한다. 이 교육과정은 IB 기구의 승인을 받아야 개설할 수 있다.

IBDP는 2년 동안 이수하는 고교 교육과정이며 매년 5월과 11월에 시험이 치러진다. 과목별로 IAInternal Assessment라는 수행평가를 실시한다. 성적은 IA와 EAExternal Assessment를 합쳐 점수를 내며, 각 과목은 1점부터 7점까지 점수로 평가한다. IB 교육과정에서 제공하는 여섯 개의 과목을 이수한 뒤 시험에 응시해야 하며 논술 과목인 TOKTheory of Knowledge와 EEExtended Essay를 합쳐 최대 3점의 점수를 더 받을 수 있어, IB Diploma의 총점은 45점이다.

IB 교육과정은 여섯 개 그룹으로 구성되어 있으며 그룹 6의 예술을 제외한 그룹 1~5에서 각 한 과목을 필수로 선택하고 나머지 한 과목은 6그룹에서 선택하거나 1~5그룹에서 선택할 수 있다. 각 과목은 표준과정 SL:Standard Level과 상급과정HL: Higher Level으로 제공하는데, 학생은 서너 과목은 HL 수준으로 이수해야 한다. 각 그룹의 과목은 다음과 같다.

> 그룹 1(언어): 작문, 구술능력, 모국어의 이해, 세계 문학 등
> 그룹 2(제2 외국어): 영어를 포함한 모국어가 아닌 언어, 의사소통 능력 중심 과목
> 그룹 3(개인과 사회): 경영학, 경제학, 지리학, 역사, 철학, 심리학 등
> 그룹 4(자연 과학): 화학, 생물, 물리, 환경과학, 디자인공학 등
> 그룹 5(수학): Mathematical Studies SL, Mathematics SL,
>   Mathematics HL과 Further Mathematics SL 및 컴퓨터 과목
> 그룹 6(예술): 음악, 미술, 영화, 공연예술 등

이수에 필요한 시간은 표준과정은 150시간, 상급과정은 240시간을 요구한다. 각 시간은 60분이므로 우리나라 1학점이 50분이어서 실제 시간은 표준과정이 180시간, 상급과정이 288시간에 해당한다. 학점으로 환산하면, 표준과정은 150시간 × 60분 = 9,000분이다. 9,000분 ÷ 50분 = 180시간(50분짜리), 16시간이 1학점이므로 180시간은 11.25학점에 해당한다. 11학점을 초과해야 하니 12학점에 해당한다고 해야 한다. 상급과정은 240시간 × 60분 = 14,400분, 14,400분 ÷ 50분 = 288시간(50분짜리), 288시간 ÷ 16주 = 18학점이다.

우리나라 교육과정에서 영어를 2, 3학년 때 매 학기 4학점 1 과목을 수강한다면 16학점이므로 표준과정보다는 좀 더 많고 상급과정보다는 적다. 만약 화학을 이수한다면 일반선택과목인 화학(4학점)과 진로선택과목인 물질과 에너지(4학점), 화학 반응의 세계(4학점) 모두 이수하면 12학점이다. IB의 표준과정과 같은 시수이다.

즉, 표준과정은 우리나라 교육과정의 교과별 최대 이수 시간에 해당하

고 상급과정은 그 보다 훨씬 많은 시간이 된다. 더 많은 시간을 배우는 것은 더 어려운 수준까지 배우거나 천천히 진도를 나가면서 탐구와 발표 등에 더 많은 시간을 쓰는 경우일 것이다. IB 교육과정은 우리 교육과정보다 어려운 개념을 배우기는 하지만 그를 중시하지는 않는다는 점에서 탐구와 발표에 많은 시간을 쓰고 있다고 볼 수 있다.

제주의 표선고에서 운영하는 교육과정을 보면 SL은 12학점, HL은 20학점으로 운영하는 것을 볼 수 있다. IB 언어와 문학1 SL(3)/HL(5)은 IB 언어와 문학1 과목인데, 표준과정은 3학점, 상급과정은 5점으로 편성한다는 뜻이다. 학생은 이 두 과정 중에서 하나를 선택할 수 있다. 2학년 1학기에 SL을 선택하면 이후 매 학기 SL을 선택해야 한다. 과목명은 'IB 언어와 문학'인데 학교생활기록부에 학기별로 성적을 적기 위하여 1~4까지 이름을 달리했다.

교과	2-1	2-2	3-1	3-2
국어	IB 언어와 문학1 SL(3)/HL(5)	IB 언어와 문학2 SL(3)/HL(5)	IB 언어와 문학3 SL(3)/HL(5)	IB 언어와 문학3 SL(3) IB 언어와 문학4 HL(5)
수학	IB 수학1 SL(3)/HL(5)	IB 수학2 SL(3)/HL(5)	IB 수학3 SL(3)/HL(5)	IB 수학3 SL(3) IB 수학4 HL(5)
	수학과제탐구(1)	수학과제탐구(1)	수학과제탐구(1)	수학과제탐구(1)
영어	IB 영어1 SL(3)/HL(5)	IB 영어2 SL(3)/HL(5)	IB 영어3 SL(3)/HL(5)	IB 영어3 SL(3) IB 영어4 HL(5)
사회	IB 세계사1 SL(3)/HL(5)	IB 세계사2 SL(3)/HL(5)	IB 세계사3 SL(3)/HL(5)	IB 세계사3 SL(3) IB 세계사4 HL(5)
	사회과제연구(1)	사회과제연구(1)	사회과제연구(1)	사회과제연구(1)

과학	IB 생명과학 I SL(3)/HL(5)	IB 생명과학 II SL(3)/HL(5)	IB 생명과학 III SL(3)/HL(5)	IB 생명과학 III SL(3) IB 생명과학 IV HL(5)
	IB 화학 I SL(3)/HL(5)	IB 화학 II SL(3)/HL(5)	IB 화학 III SL(3)/HL(5)	IB 화학 III SL(3) IB 화학 IV HL(5)
	과학과제연구(1)	과학과제연구(1)	과학과제연구(1)	사회과제연구(1)
체육	운동과건강(1)	운동과건강(1)	운동과건강(1)	운동과건강(1)
생활·교양	IB 지식이론 I (2)	IB 지식이론 II (2)	IB 지식이론III(2)	IB 지식이론III(2)
	논술(1)	논술(1)	논술(1)	논술(1)
6 영역	IB 영어연극이론과 창작 SL I (3)	IB 영어연극이론과 창작 SL I (3)	IB 영어연극이론과 창작 SL II (3)	IB 영어연극이론과 창작 SL II (3)
	IB비주얼아트 SL I(3)	IB비주얼아트 SL I(3)	IB비주얼아트 SL II (3)	IB비주얼아트 SL II (3)
	IB 물리 I SL(3)	IB 물리 II SL(3)	IB 물리III SL(3)	IB 물리III SL(3)
	IB 컴퓨터과학 SL I(3)	IB 컴퓨터과학 SL I(3)	IB 컴퓨터과학 SL II (3)	IB 컴퓨터과학 SL II (3)

IB 영어 과목과 IB 영어연극이론과 창작 SL 과목은 영어로 수업하고 나머지 과목은 한국어로 수업한다. 한국어로 번역되지 않은 과목은 영어로 수업해야 한다. 만약 사회에서 경제를 배우고 싶다면 학교가 영어로 개설해야 하고 학생은 영어로 수강해야 한다. 경제 과목을 한국어로 번역하지 않는 이유는 희망하는 학생이 소수이기 때문에 한국어 번역에 따른 채점관 양성 등의 지원이 어렵기 때문이라고 한다.

IB 교육과정은 교과 교육과정 이외에도 3점이 걸린 특별활동 과정도 이수해야 한다.

> - Extended Essay(EE): 학생이 선택한 여섯 개 과목 중 한 과목에 대한 논문 작성. 교사의 지도로 관심 분야를 탐구하여 4000 단어 분량으로 작성
> - Theory of Knowledge(TOK): 지식, 관념, 사상, 논리 분석력 등을 다루는 통합 교과적인 교육과정. 2년 동안 최소 100시간 수업
> - Creativity Action Service(CAS): 전인교육 취지로 실시. 연극 영화 등 예술 활동 참여, 운동, 봉사활동 등 2년간 각 영역 50시간으로 150시간 활동

시·도 교육청이 이 교육과정에 관심을 가지는 이유는 수업과 평가 방식 개선 때문이다. 이 교육과정을 '꺼내는 교육과정'이라고도 부르는데, 학생이 학습 과정에서 자신의 역량을 충분히 발휘할 수 있도록 학습이 전개되기 때문이다. 이런 방식의 수업은 우리나라 영재학교 교육과정과도 유사하고 이제는 일반고에서도 학생이 참여하는 수업이 확대되고 있으므로 완전히 새로운 방식은 아니다.

평가에 관해서는 공인된 성적을 받을 수 있다는 점은 IB 교육과정의 장점이다. 일반고에서 받은 점수나 등급으로는 학습 결과가 어느 수준인지를 판단하기가 쉽지 않다. 학생이 ○○고등학교에서 세계사 과목의 성적이 A이며, 평균이 60점인데 91점을 맞았다고 하면, 이 학생의 성취도가 어느 정도인지 파악은 가능하지만 다른 학교와 비교했을 때 우열을 가리기는 어렵다. 그러나 IB 교육과정은 전 세계에서 이수한 모든 학생의 성적이 과목별로 7점 만점에 학생이 받은 점수가 표기되므로 세계 어느 나라, 어느 학교에서 시험을 보든지 동일한 점수는 동일한 성취 수준으로 평가된다.

이러한 방식을 우리나라 교육에도 원용하여 학교 평가 문제를 분석해 학생의 수준을 재평가할 수 있지만, 쉽게 도입할 수 있는 사항은 아니다. 교사의 평가권에 손을 대야 한다는 점도 문제이며, 평준화 학교에서 학교별 수업과 평가에 우열을 나타내게 되면 평준화에 불만이 생길 수도 있기 때문이다. 학생이 배우는 과목도 다양하기에 모든 과목을 표준화하는 것도 쉽지 않다. 그러므로 국어, 수학, 영어와 사회 및 과학 과목에만 성적을 표준화할 가능성이 높은데, 이조차 학교에서 다른 이수 단위로 가르치거나 유사 과목을 신설하여 가르친다면 표준화하기가 더 어려워진다. 따라서 결국 국내 학교에 IBDP를 도입한다면, IBDP는 그 교육과정대로 도입되고 국내 교육과정은 국내 교육과정대로 운영될 것이다.

IBDP를 이수하고 나면 여섯 개 과목과 보너스 점수가 기록된 성적표를 받게 된다. 예를 들어, 같은 모집 단위에 지원한 두 학생이 같은 과목을 이수한 다음과 같은 성적을 제출했다고 하자. 두 학생의 총점은 42점으로 동일하지만, 둘 중 한 학생을 서류 평가로 선발한다면 누가 선발될까?

IB 교육과정 성적자료

Subject	A 학생		B 학생	
	Level	Grade	Level	Grade
KOREAN A: Literature (한국어A : 문학)	SL	7	HL	6
ENGLISH B (영어 B)	SL	7	SL	6
ECONOMICS in ENGLISH (영어 경제학)	HL	6	HL	6
CHEMISTRY in ENGLISH (영어 화학)	HL	7	SL	7

PHYSICS in ENGLISH (영어 물리학)	SL	6	SL	7
MATHEMATICS in ENGLISH (영어 수학)	HL	6	HL	7
Extended essay	A	3	A	3
TOK	A		A	
총합		42		42

　두 학생 중 한 명을 선발해야 한다면 전공과 관련 있는 HL 과목을 이수한 학생을 선발하게 된다. 즉, 어떤 과목을 상급 수준으로 선택하여 이수했는가를 기준으로 평가한다. 두 학생이 지원한 모집 단위가 수학과 화학을 더 중시하는 모집 단위라면 A 학생을 선택할 것이다. 물리학을 중시하는 모집 단위에서는 B 학생을 선택할 것이다. 같은 과목이지만 성적이 높기 때문이다. 그러나 두 학생 모두 물리학을 SL 수준으로 이수한 것으로 보면 물리학을 중시하는 모집 단위에는 지원하지는 않을 것이다. 경제학을 HL로 이수한 것으로 보면 원래 경제학 분야로 진학할 생각이었을 수도 있다.

　어떤 교육과정을 이수하더라도 학생은 자신의 진로에 적합한 과목을 선택하여 지원하게 될 것이라는 점은 변함이 없다. 이 점에서 IB 교육과정을 이수한 학생의 대입 전형도 학생부종합전형 방식과 같은 방식으로 이루어진다. 결국 입시의 향방은 학생이 국어, 수학, 영어와 사회 및 과학과 제2외국어 과목 중 어떤 과목에 도전하는가에 달려 있다. 고교학점제를 비롯한 어떤 교육과정이 도입되어도 대입전형은 복잡할 필요가 없는 이유다.

그럼에도 불구하고 논란이 되고 있는 지점은 소수 과목을 깊이 배울 것인가, 다수 과목을 두루두루 배울 것인가의 차이와 과목의 내용 차이에 있다. 좀 더 확대해서 보면 교육과정 주권과도 관련이 있다. 내용 면에서 우리나라 교육과정과는 달리 IB 교육과정에서는 분야별로 여섯 과목을 2년에 걸쳐 배우며, 같은 이름의 과목이라도 내용 수준이 차이가 있다. 국어는 배우는 방식이 다르고 수학·과학은 새롭게 소개되는 개념도 배우며 영어는 내용면에서 어렵지 않다. 그리고 우리 학생들을 가르치는 교육과정의 형태와 내용을 외국 교육과정에서 가져오는 것이 바람직한가에 대한 논의도 있다.

IBDP 과정을 이수하면 대입에 유리한가 질문을 받는다.
IBDP 과정이 탐구 중심으로 학습하고, 발표와 토론으로 확인하는 방식으로 수업이 이루어지므로 이 과정을 이수하려면 학습 능력이 뛰어나야 한다. 이 과정을 이수하는 사이에 학습능력이 뛰어나게 길러지기도 한다. 학생의 역량을 길러 주는 교육과정이라는 점에서 대학이 볼 때 매력적일 수 있다. 그런데 학생이 IB 교육과정에 따라 학습하기는 어렵다. 능동적이고 자기주도적으로 학습하는 것은 수동적으로 학습하는 것보다 더 많은 시간과 노력이 필요하기 때문이다. 제주 표선고와 대구의 경북대사대부고 등 IBDP 과정을 운영하는 학교에서 이 과정을 이수하는 학생이 한 학급 정도에 해당하는 소수의 학생인 이유이다. 그래서 어렵게 공부한 만큼 IBDP과정을 이수한 학생이라면 상위권 대학에 진학하려고 할 것이다.

그런데 수능을 보는 11월에 IB 본부가 주관하는 외부평가가 있으므로 수능을 준비하기가 어렵다. 물론 평소 수업도 선택형 문제를 푸는 연습은 전혀 할 수 없게 되어 있다. 그래서 IBDP를 이수한 학생은 수능 최저학력기준을 적용하지 않는 학생부종합전형에 지원하게 된다. 즉, 지원할 수 있는 대학의 범위가 아직은 제한적이다. 또한 아직은 물리학이 번역되지 않아서 공대 지원자라면 물리학을 영어로 배우거나, 개설하지 않는 학교라면 배울 기회가 없다는 점도 제약으로 작용한다.

IB 교육과정에 대한 관심이 높아지면서, 대부분 시·도교육청이 IBDP과정을 운영하는 학교를 지원하겠다고 하고 실제로 운영하는 학교가 많아진다면, 편성하는 과목도 다양해지고 대입도 개선될 가능성을 기대할 수 있겠다.

대입 준비의 기본,
수능 vs. 학생부종합전형

대입에 반영되거나 학생부에 기록되는 비교과는 2022학년도 대입부터 축소되어 2024학년도 이후에는 교육과정 내에서 운영한 창의적 체험활동 영역만 남았다. 또한 2024학년도 대입부터는 자기소개서도 폐지되었다. 학생부종합전형의 평가자료는 학생부가 전부로 한정되었다.

 학생부종합전형은 원래 학교생활기록부를 종합적으로 살펴보고 선발하는 제도인데, 학생부에서 가장 비중이 큰 것은 교과 학습 부분이다. 고교학점제 도입 이후 학생들은 주 32시간 정규수업을 한다. 이 중 29시간은 교과 학습 시간이고 나머지 3시간은 창체 시간이다. 그런데 고교 교육이 학생 참여 중심으로 이루어져 학생이 다양한 학습 경험을 갖기를 바라는 측면에서 강조되는 전형이 학생부종합전형이라면, 29시간이 의미 있게 변하기를 바랄 것인가, 아니면 창체 3시간만 의미 있게 변하기를 바랄 것인가? 당연히 29시간의 교과 시간의 학습이 의미 있기를 바랄 것이다.

그럼에도 불구하고 착시를 일으키는 부분이 있기 때문에 오해가 생긴다. 교과 학습에 결손이 있고, 학습 참여도가 떨어지는 학생들이 지원자의 대부분을 형성하는 대학의 모집 단위에서는 교과 학습의 성과를 학생부 교과 영역에서 찾아보기 어렵다. 따라서 비교과 활동이 중시된다. 동아리 활동에 부족한 과목 학습을 보충하고, 자율·자치활동과 진로활동에서 탐구활동을 한 학습 경험이 전형에 영향을 미친다.

이러한 착시 현상은 언론 보도가 거들면서 확산된다. 학생부종합전형으로 대입을 준비하려면 비교과를 챙기라는 보도들이 여기에 속한다. 이 보도는 틀리면서도 맞다. 경쟁이 심한 대학에 지원하는 학생은 상위 20% 이내의 학생이고, 나머지 학생은 이 대열에 끼지 않고도 학생부종합전형을 통해서 대입 관문을 통과할 수 있다. 그러므로 교과 학습과 세특이 중심이 되는 학생은 상위 20%고 나머지 학생은 비교과 활동을 열심히 하면 합격할 수도 있다.

그러나 자기소개서만 폐지된 것이 아니고 독서 기록 등도 대학에 전해지지 않게 되면서, 대학이 평가에 반영할 수 있는 요소가 교과 성적과 세특에 집중되었다. 관심을 끌지 않았던 행동특성 및 종합의견도 영향을 미치게 되었다. 즉, 학생부종합전형으로 대학 입시를 준비한다는 말은 곧 교과 학습에 충실히 임한다는 뜻이 되었다. 학교 성적은 과정 중심 평가 결과를 포함하고 있으므로 당연히 정량 성적도 중요하다. 그리고 수업에서는 개념과 원리 및 개념과 원리를 적용한 탐구활동을 중시한다. 이 점은 사교육에서는 얻기 어려운 부분이다.

중요한 것은 학생부종합전형을 버리고 수능을 준비한다 하더라도 '개념'은 반드시 알고 있어야 한다는 점이다. 개념을 모르면 수능에서 좋은 성적을 받기 어렵다. 그런데 개념을 잘 알고 활용할 수 있는 능력을 기르다 보면 어느새 학생부종합전형에 다가간 자신을 발견하게 될 것이다. 수능 점수가 좋지 않더라도 당연히 학생부종합전형으로 수시에서 선발된다.

대학이 입시를 통한 고교 변화에 집중하고 있다

대입 제도를 이해하려면 교육부의 정책과 대학의 고민을 읽어야 한다. 교육부의 정책은 한국대학교육협의회가 고등학교 1학년 8월에 발표하는 대입 전형 기본사항에서 알 수 있다. 그리고 대학은 대입 전형 기본사항을 바탕으로 시행 계획을 작성하여 2학년 4월 말까지 발표한다. 대학이 시행 계획을 만들 때에는 좋은 학생을 선발하는 것뿐 아니라, 고등학교 교육에 좋은 영향을 미치는 방향을 고려한다.

대학은 입시 전형을 설계할 때 자기 학교 지원자의 수준이 높아져서 교육의 질이 향상되기를 또 지원 경쟁률도 높아져 인기를 유지하기를 바란다. 또한 고등학교 교육의 변화에 이바지하는 방향에도 관심을 가진다. 고등학교 교육에 관심을 가지는 이유는 장기적으로 보면 고등학교 학생의 학력 수준이 높아질수록 각 대학의 신입생의 학력 수준이 높아질 것이고 그렇게 되면 더 좋은 학생을 선발할 가능성이 커지기 때문이다. 물론 대학이 사회 발전에 기여해야 한다는 사회적 책임감도 한몫한다.

　대학 입시가 고등학교 교육을 변화시킨다는 주장은 맞는 말일까? 한국의 고등학교를 진학형과 취업형으로 구분할 때, 진학형 고등학교 교육은 대학 입시를 대비해 주지 않았던 적이 한 번도 없다. 대부분의 학생들이 대학에 진학할 준비를 하는데 고등학교가 발등에 떨어진 불을 무시하고 한가하게 미래 역량을 대비해 줄 수는 없었기 때문이다. 그래서 학력고사 시절에는 학력고사 문제 풀이 수업을 했고, 수능이 유일한 전형 요소였을 때는 수능 문제 풀이 수업을 했다. 외국에서는 학교에서 대입을 준비해 주지 않는다고 말하지만, 그것은 대학 진학률이 낮은 나라의 이야기일 뿐이다. 학생부종합전형이 확대되어 대학이 70~80%의 학생을 학생부종합전형으로 선발하던 때에는 학교 교육이 발표와 토론, 실험과 실습 위주의 학생 참여 수업으로 이루어졌다. 이렇게 대학 입시는 고교 교육의 방향을 결정하는 주요 요인이 된다. 앞으로 대학은 어떤 전형 요소를 중심으로 학생을 선발할까? 자라나는 아이들은 어떤 준비를 해야 할까?

여러 줄 세우기로 변화하는 입시

학력고사나 수능처럼 점수가 있는 전형 요소는 한 줄 세우기로 선발하는 데 적합하다. 학력고사 시절에는 같은 과목을 시험 보고 그 성적으로 선발하니, 총점 순으로 누적 분포표를 만들어 진학지도에 사용했었다. 국가가 제공하는 성적 자료에 남녀별과 통합 누적 분포가 있었다.

현재 수능처럼 시험을 보고 성적이 나온 뒤 지원하는 '선시험 후지원' 시절에는 경쟁률은 낮았다. 1987학년도 대입에서 문과 7천 등이면 K 대학, 9천 등이면 E 대학에 갈 수 있었을 때 이야기이다. 1988학년도 대입에서는 우선 지원을 하고 학력고사를 각 대학에 가서 보는 방식인 '선지원 후시험'이 시행되었는데, 점수를 모르고 지원하니 경쟁률이 높아져서 9천 등이라야 지원하던 대학교에 2만 4천 등까지도 지원했고 실제로 합격도 했다. 그 당시는 전·후기에 한 학교씩 지원할 수 있었으므로 결국 이 제도는 재수생을 양산한다고 비난받았다. 하여간 총점으로 몇 등이면 어디 간다는 것이 정해지는 시험은 입시 지도 측면에서 보면 단순하다.

그런데 한 줄 세우기 입시는 금붕어와 원숭이와 낙타의 특성을 무시하고 사막을 가장 먼저 건너온 지원자를 선발하는 제도라는 점에서 원시적이고 수준 낮은 것이라는 비판을 받았다. 그래서 입시는 학생의 장점을 바탕으로 여러 줄을 세워 선발하는 제도로 바꾸기로 하였다. 붕어는 헤엄치기로 뽑고, 원숭이는 나무타기 능력을 보고 뽑고, 낙타는 사막을 건너는 능력을 보고 뽑는 방식을 택한 것이다. 이 전형이 학생부종합전형이다. 학생부종합전형 이전의 이름은 입학사정관제 또는 입학사정관전형이다. 이 전형은 2004년에 발표했고 2008학년도에 처음 적용되었다.

그런데 다양화가 지나치다 보니 2012학년도 대입 무렵에 이르자 3,700 가지가 넘는 전형이 생겨 지원자와 학부모가 어떻게 대학 입시를 준비해야 할지 모르겠다는 원성이 넘쳤다. 그래서 2013년에는 대입 제도를 다시 간소화하기로 결정했다. 그 결과 수시는 학생부와 논술을 근간으로 학생을 선발하고 정시는 수능 점수로 학생을 선발하는 대입 제도가 시작되었다.

2013년의 논의 결과 논술은 점차 축소하고 학생부 중심 전형과 수능 전형은 각 전형 요소의 취지를 살려 운영하도록 하였다. 그러던 중 2016년에 와서 학생부 위주 전형과 수능 전형을 두고 공정성 논란을 겪게 되었다. 학생부종합전형은 금수저 전형이라든지, 학생부종합전형 선발로 인하여 계층 사다리 복원이 무너졌다고 주장하는 학생부종합전형에 대한 비난이 그것이다.

지금도 학생부종합전형과 수능의 세력 다툼은 계속되고 있다. 학생부종합전형은 고등학교에서 공부한 것은 고등학교에서 평가하고 그 평가 결과를 대학이 지원자로부터 받아 선발 자료로 삼는다는 점에서 고등학교 교육을 바로 서게 하는 데 도움이 된다는 것이 학생부종합전형 지지자의 의견이다. 수능은 고등학교 교육과정 중 일부 과목만 본다는 점, 특히 쉬운 과목으로 응시자들이 몰린다는 점, 선택형 문항이므로 답을 고르는 훈련에 국한된 공부를 한다는 점에다가 N수생에게 더 유리한 시험이라는 점 등 부정적인 요소가 있는 것은 사실이다.

그러나 수능을 지지하는 사람들도 많다. 학생들은 상대 평가 체제에서 고등학교 첫 시험을 망치면 바로 수능 지지파가 된다. 학교 시험보다 수능 시험이 더 질이 뛰어나다, 모든 학생이 같은 시험을 보니 더 공정하다 등이 그 이유이다. 점수 따라 진학하게 되므로 점수와 합불 관계를 잘 모르는 학생부종합전형보다 덜 불안하다는 주장도 있다. 게다가 학생부종합전형의 평가가 불공정할 가능성이 있다는 견해도 끼어 있다.

　교육부는 2028 대입에서도 상위 16개 대학은 정시에 40%를 선발해야 하고 학교추천형 교과전형을 10% 이상 선발해야 한다고 한 규제가 유지된다고 발표했다.

학생을 '선발'하는 대학이 관건이다

2001년생은 2020학년도 대입에 응시했다. 이들은 전년도 고3에 비해 6만 명이 적었다. 그래서 대학 가기가 다소 수월하다고 소문이 났었다. 그 바람에 2000년생들이 재수 대열에 줄줄이 합류해서 현역이 재수생보다 대입에 유리한 점이 크게 눈에 띄지는 않았다. 대입 지원 경쟁률도 줄기는 했지만 예년에 비해 크게 줄어들지는 않았다. 2002년생이 수험생이 되는 2021학년도 대입은 학생 수가 2020년보다 또 6만여 명이 줄었다. 그래도 학생을 '선발'하는 대학'에 합격하기는 쉬워지지 않았다.

　학생들이 모든 대학에 고르게 지원한다면 대학 가기가 수월해진다고 할 수 있지만, 선호도가 높은 대학의 경쟁이 줄어들지 않기 때문에 대학 가기가 쉬워진다는 말은 맞지 않는다. 즉, 대학은 정원이 정해져 있고, 여건이 더 좋은 대학에 수험생들이 몰린다면 경쟁률은 지금과 별반 다르지 않다. 50만 명이 대입에 응시했을 때, 10만 등 안에 들면 좋은 대학에 갈 수 있었다고 하면 전체 학생 중 20% 이내에 속하면 된다는 말이다. 40만 명이 응시했을 때도 여전히 10만 등 안에 들어야 한다면 25% 안에만 들어가면 되니 숫자로 보았을 때는 수월해진다고 할 수 있다. 그러나 결국 등 안에 들어야 한다는 사실에는 변함이 없으므로 실질적인 경쟁은 줄지 않는다는 뜻이다. 더구나 의약계열처럼 전국 4천 등은 해야 합격 가능한 모집 단위라면 수험생이 50만 명일 때나 40만 명일 때나 별 차이가 없다.

학생 수가 줄어들다 보니 지방의 많은 대학들은 정원을 채우지 못해 어려움을 겪고 있다. 정시 모집이 끝나고 실시하는 추가 모집에서 학생들이 가고 싶어 하는 대학과 인기 학과가 포함되는 경우가 생겼다. 재수보다는 추가 모집에 응하는 것이 더 이득이 되는 시대가 온 것이다. 전문 대학은 일반 대학보다 더 어려움을 겪고 있다. 여전히 사람들이 4년제 대학을 더 선호하기 때문이다.

지금의 대학은 학생을 선발하는 대학과 학생을 모집하는 대학, 모집도 어려운 대학으로 나눌 수 있는데, 학생을 모집하는 대학이나 모집이 어려운 대학은 정원을 채우지 못하기 때문에 학생부, 수능 등의 전형 요소로 합격생을 가를 필요가 없다. 이들 대학에 들어가는 데 필요한 것은 고등학교 졸업 자격이다. 여기에 해당하는 전형이 학생부교과전형이다.

그러나 학생을 선발하는 대학은 어떤 전형 요소로 학생을 선발하는가가 관심의 대상이고 논란의 대상이다. 학생부종합전형과 수능의 비율을 두고 공론화를 했던 2018년의 일도 학생을 선발하는 대학에 한정된 사항이다. 정시 수능 선발을 40% 이상 유지할 대학은 16개 대학으로 한정되어 있다.

그러다 보니 대학 입시에 대한 논의는 현재 시점에서 모든 대학과 관련된 것이 아니라, 경쟁이 심한 대학에 한정된 이야기이다. 학생을 채우지 못하는 대학은 어떤 방식으로 선발하든지 대중의 관심을 끌지 못하고 있다. 이들 대학은 현재 전형 유형 중에서 학생부교과전형으로 학생이 와주기를 바란다. 대입 제도 공론화 과정에서도 학생부교과전형 비중이 큰 지방 소재 대학교는 정시 비중을 늘리지 않아도 된다는 사항은 이러한 현실을 반영한 것이다.

수능 시대, 원서 쓰는 방식의 영향

수능이 존재하는 한, 수시 원서 쓰는 방식은 크게 변하지 않는다. 두 가지 방식이 있다. 하나는 내신성적과 학생부 기록을 바탕으로 지원 가능한 수준의 대학/학과에 지원하는 것이다. 또 다른 방법은 수능 모의고사 성적을 기준으로 정시로 갈 수 있는 대학은 지원 대상에서 제외하고 그 이상의 대학에 지원하는 것이다. 후자의 방법은 예상외로 수능을 망쳤을 때는 대안이 없다. 이를 염두에 두고 수시 원서 여섯 번의 기회를 활용하면 된다. 거의 모든 학생이 수능 모의고사에 응시하므로 후자의 방법이 널리 쓰인다.

    이 6회의 수시 기회에는 정원의 10% 정도를 선발하는 학교장 추천 교과전형과 40% 정도를 선발하는 종합전형이 섞여 있게 된다. 2025학년도 고등학교 입학생부터는 상대 평가 5등급으로 성적을 산출하기 때문에 교과전형으로 선발할 때 변별력이 떨어지게 된다. 대학은 이를 보완하기 위하여 교과 이수 평가를 도입할 수 있다. 성적을 정량적으로 반영할 뿐 아니라 어떤 과목을 어떻게 배웠는지, 전공과 관련된 과목의 이수 추이는 어떤지 등을 반영하는 방식이다. 2023 대입의 학생부교과전형에서 교과평가를 했던 건국대에서는 수학교육과 지망생 중 최고 성적을 받은 학생을 불합격시켰다고 한다. 수학 교과의 이수학점이 절대적으로 적었기 때문이라고 한다. 동국대학교는 교과전형에서 잘한 과목 10과목을 골라 반영하고 정성적으로 교과평가를 하여 사정한다. 잘한 교과 일부만 반영하니 변별은 오히려 교과평가에 달려 있다. 즉, 교과전형을 준비할 때에도 종합전형처럼 평가될 수 있음을 염두에 두어야 한다. 그래서 6회의 지원 기회 중 논술전형에 지원하는 경우를 제외하고는 대부분 종합전형에 지원하게 된다고 생각하고 대비해야 한다.

그러므로 수시에 지원한다는 말은 학생부종합전형 전형에 지원한다는 말이고 수시를 포기하고 정시만 대비한다는 말은 수능만을 염두에 둔다는 뜻이다. 그런데 수능 정시만을 염두에 두었을 때 모의고사 성적대로 성적이 나오지 않을 수도 있다. 수능 시험은 당일 시험의 여건에 따라 쉽게 무너질 수도 있기 때문이다. 시험 당일의 몸 상태도 성적을 좌우하고, 시험 문제의 난이도 역시 성적을 좌우한다. 수능 시험장 가는 길에 넘어졌다는 학생, 전날 잠을 설치는 바람에 머리가 맑지 않았다는 학생, 감기에 걸려 기침이 나고 콧물이 흘러 정신이 없었다는 학생 등 시험 당일의 불운은 예측이 불가능하고, 운이 나쁜 경우 그 불운이 내게 찾아오기도 한다. 1교시 시험이 어렵게 출제되는 바람에 시험을 망친 것 같아 이후 모든 과목을 망쳤다는 학생도 많다. 또 한 가지 기억해야 할 사실은 2028 수능에서는 미적분Ⅱ가 포함되지 않았고, 사회와 과학도 공통과목만 범위가 되므로 대학이 교과 이수평가를 반영하게 될 수도 있다는 점이다. 2026 대입에서도 서울대, 연세대, 고려대, 한양대 등은 정시에 교과평가를 반영하고 있다.

따라서 수시를 무시하지 말고 학새부 위주 전형에 잘 대비하는 것이 바람직하다. 수시 준비는 기본이 학교 공부이다. 2학년에 배우는 국어, 수학, 영어 과목이 모두 수능 범위에 해당되므로 개념과 원리를 잘 배우고, 이를 적용해서 탐구활동을 하면 수시 대비가 된다. 개념과 원리를 바탕으로 2학년을 마칠 무렵부터 수능 문제 풀이도 병행하면 수능도 대비가 된다. 학생부종합전형과 수능 공부법은 개념과 원리를 잘 알아야 한다는 점까지는 같다.

수능 성적대별 수시 합격률을 보면 수능 성적이 높을수록 수시 합격률도 높아진다. 이런 결과가 나오는 이유는 수능 점수와 내신 성적이 크게 다르지 않기 때문이다. 각 과목에서 중요한 개념을 알고 있어야 내신도 좋을 수 있고 수능 점수도 잘 나올 수 있기 때문이다. 그리고 수능 과목만 공부하는 학생이 수능을 잘 보기 어려운 까닭도 있다. 수능 과목만 공부해서 시간이 남으면 그만큼 더 집중해서 공부하는 것이 아니라 여유의 관성의 법칙이 습관이 된다. 새로 생긴 여유는 공부에도 악영향을 주어 공부를 덜 하게 될 가능성이 있다. 또 다른 이유는 여러 과목을 골고루 공부하면 배경지식이 늘어 수능을 잘 볼 가능성이 높아진다는 점이다. 국어에서 경제를 알면 쉽게 풀 수 있는 제시문도 있다. 역시 국어에서 물리학의 양자역학을 다룬 제시문이 나왔을 때 배경지식이 없는 학생과 있는 학생은 차이가 날 수밖에 없다.

영원한 과제, 수능과 학생부종합전형의 선택

고교학점제 하에서도 수능은 존재하고, 주요 대학은 수능 성적 위주로 선발하는 정시 전형에서 40% 이상을 선발해야 한다. 그렇다면 학생들은 자신 있게 수시를 포기하고 수능에 도전하려고 할 수 있다. 수능 수학에서 미적분Ⅱ와 기하 과목이 시험 범위에 들어가지 않으며, 사회와 과학 역시 2, 3학년 때 배우는 일반선택과목과 진로선택과목이 포함되지 않아 더 자신이 붙을 수도 있다. 수능 점수 잘 받기가 내신 잘 따기보다 쉬워 보이기 때문이다.

그런데 수능에 미적분Ⅱ와 기하 과목은 포함이 안 되고, 대수와 미적분Ⅰ, 확률과 통계만 포함된다고 해서 문제가 쉬울 것이라는 예상은 맞지 않는다. 영어 시험 범위가 영어Ⅰ과 영어Ⅱ에 불과한데 1등급 맞는 학생이 4.7%밖에 안 된 2004학년도 수능을 보면 이해가 될 것이다. 90점 1등급을 맞은 학생은 3점짜리 문항 3개는 틀린 학생인데 이 학생 수가 4.7%밖에 안 된 것이다. 그러니 수학 범위가 좁다고 문제도 쉬울 것이라는 예상은 틀렸다. 탐구영역도 통합사회와 통합과학 두 과목을 모두 섭렵해야 하므로 쉬운데도 어려울 수 있다.

여기에다 대학은 학생이 미적분Ⅱ와 물리학, 화학의 일반선택과목과 진로선택과목을 이수는 했는지, 어떻게 이수했는지 등을 학생부에서 평가할 수도 있다. 서울대는 2023학년도 대입부터 정시전형에서 교과평가를 하고 있다. 이와 같은 교과평가를 추가하는 방식을 주요 대학은 도입할 수 있다. 이렇게 보면 정시 수능을 준비하더라도 학생부종합전형 준비 방식을 버리고 갈 수는 없다. 더구나 정시에는 3학년 2학기 성적까지 대학에 제공되므로 졸업 때까지 학교생활을 충실히 해야 한다. 이런 상항이므로 수능을 선택하더라도 학교 공부는 버리지 말아야 한다.

또한, 수능은 전 과목 수업에서 길러진 배경지식이 동원되어야 잘 볼 수 있는 시험이다. 특히 국어와 영어 제시문은 배경지식 없이는 시간 내 독해가 불가능한 수준이다. 이 전문성은 학교 수업 전 과정에서 얻게 된다. 그리고 수능도 역시 개념을 알아야 그 개념을 적용해서 문제를 풀 수 있다. 그런데 개념 원리는 학교 수업에서 자세히 다룬다. 학교 수업을 포기하고 개념 원리를 독학하면 시간도 많이 걸리고 이해하기보다 오해하기가 쉽다. 학교 수업에 우선 충실히 임하고 부족한 부분은 추가 보충할 수단을 찾는 것이 순서이다.

결국 수시든 정시든 학교 성적이 반영된다는 점을 기억해야 한다. 그런데 학교 성적을 산출할 때 서·논술형으로 평가하도록 강조하고 있는 점을 염두에 두어야 한다. 학교 성적을 잘 받으려면 쓰기에도 능숙해야 한다.

이렇게 보면 대입 준비는 독서와 토론과 독후감 쓰기에 달려 있다고 하겠다. 독서가 텍스트를 파악하는 능력을 길러 주고, 토론이 비판적으로 생각하는 힘을 길러 주며, 독후감 쓰기가 글쓰기 능력을 길러준다.

학부모 한 분이 초등학생 때 꼭 해야 할 것을 한두 가지만 말해 달라고 하길래, 자기 전에 책을 읽어주는 시기가 지나면 엄마와 아이가 함께 잠깐 일기를 쓰는 시간을 갖는 것이 좋겠다고 말씀드렸다. 서로 쓴 일기를 보여줄 것까지는 없지만, 매일 아무 주제라도 글을 쓴다는 것이 글쓰기 능력을 길러 주어, 학교 공부에 큰 힘이 된다.

이때 주의 사항이 무엇이냐고 물으셔서, '글씨는 알아보게 쓴다, 글씨를 써야 할 칸 안에 쓴다, 주어에 서술어를 담지 말고, 서술어를 염두에 두고 주어는 간단히 쓴다.' 정도를 지키면서 연습하면 좋겠다고 말씀드렸다.

제3장

입학사정관만
알고 있는 비밀

1
교육 과정을 이해해야 입시가 보입니다

"2022 개정 교육과정에서는 수학이 엄청 어려워져서 수학 선행을 안 하면 대학 가기 어렵다면서요?"

"누가 그래요?"

"누군지는 모르셔도 되고요, 2015 개정 교육과정에는 수Ⅰ, 수Ⅱ, 확통, 기하, 미적이 있는데, 2022 개정 교육과정에는 대수, 미적분Ⅰ, 확통, 기하, 미적분Ⅱ가 있는데, 어려운 미적분을 두 과목으로 나누어 분량을 늘렸으니 어려워지지 않았다면 이상한 거죠."

"그게요, 수Ⅱ가 미적Ⅰ 내용이고요, 미적은 미적Ⅱ 내용인데, 이름만 바뀐 거예요. 과목별 기준 학점이 5학점에서 4학점으로 줄었으니 명목상으로는 공부할 내용이 20%는 줄었다고 해야죠."

"수학은 그렇다 쳐도 과학은 어려워졌어요. 물Ⅰ, 물Ⅱ 두 과목만 떼면 물리학은 다 배우는 건데, 앞으로는 물리학을 배우고 역학과 에너지, 전자기와 양자 두 과목을 배워야 하니까요."

"그것도 그렇게만 볼 일은 아닙니다. 과학 선택과목이 8과목에서 12과목으로 늘어나기는 했지만 모두 다 배울 수는 없고요. 그러니 자신의 진로와 관련된 과목을 선택해서 배우게 될 겁니다. 큰 변화는 없을 테니 두고 보세요."

교육과정을 잘 모르면 어떤 과목을 배워야 할지도 결정하기 어렵지만, 소문 앞에서 두려움에 떨 수도 있다.

전형 요소의 특징은 평가권에 따라 구분된다

대입 전형 요소는 학생부, 논술, 수능의 세 가지로 나뉜다. 학생부는 고등학교에서 수행평가 및 지필평가를 기준으로 학생을 가르친 교사가 평가한 결과물이다. 평가의 주체가 학교와 학생을 가르친 교사이다. 학생부에는 교과뿐 아니라, 창의적 체험활동 영역, 행동특성 및 종합의견 같은 관찰 기록도 포함되어 있다.

논술은 출제의 주체가 대학이다. 대학은 자신이 선발할 대상의 학업역량을 측정하는 문제를 출제하고 이를 채점하여 해당 모집 단위에서 교육하기에 적합한 학생을 선발한다. 그래서 논술을 잘 보려면 기출문제와 예시 문제를 잘 보아야 한다고 말한다. 학교 공부를 잘해야 한다고 하지 않는 이유는, 문제가 대학별로 다르고 학교 공부와 논술고사가 직접 연결되어 있는지도 명확하지 않기 때문이다.

수능은 한국교육과정평가원이 출제하고 전국 수험생 대부분이 지원하는 시험을 통해 점수를 준다. 평가권을 국가가 갖고 있다. 그런데 이 시험은 해당 과목이 있다. 과목은 국어, 수학, 영어 및 사회와 과학 교과 중 학생이 선택한 과목으로 제시된다. 수능만 놓고 본다면, 학생은 고등학교에서 공부하는 과목 중 절반 이하의 과목을 선택하여 시험을 치르는 셈이 된다. 또한 선택형 시험이므로 틀리지 않는 연습을 하는 것이 중요하다.

이 세 가지 전형 요소 이외에도 대학에 가려면 면접을 봐야 하는 경우가 있지만, 일반적으로 면접은 공식적 전형 요소로 대우하지 않는다. 면접이 평가의 50%를 넘기는 전형은 없으므로 보조적이고 부수적인 수단으로 취급한다. 그러나 면접도 합격에 중요한 비중을 차지한다. 면접이 포함된 전형이라면 면접 준비에 최선을 다해야 한다. 면접은 수험생이 학업 역량이 있는지를 알아보려는 시험이지 어떻게 생겼는지를 보려는 시험이 아니기 때문이다.

논술과 면접은 같으면서도 다르다. 논술은 글로 쓰고 면접은 말로 한다는 점에서 다르다고 하면 수준 낮은 설명이라고 하겠지만, "논술은 답안지를 걷어가서 채점하고, 면접은 답안지를 걷더라도 채점은 말한 것에 한하여 한다는 점이 차이다."라고 한다면 좀 그럴듯하게 들린다. 간단히 말하면 답안지를 채점하면 논술, 말로 구술한 것을 채점하면 면접이다.

이 같은 세 가지 전형 요소 중에서 학교 수업이 제대로 돌아가게 하는 대입 전형은 학생부종합전형이다. 교과전형도 일부 영향을 주지만 종합전형이 '학생이 선택한 과목과 학습한 방법'을 반영하다 보니, 학생이 참여하는 수업으로 교실을 변화시키고 있다. 교과전형만으로는 교실 수업을 개선하기 어려웠는데, 학생부종합전형이 이를 해냈다고 할 수 있다. 교과전형만 있었다면 학교 수업과 평가는 수능기출문제와 모의고사 문제 및 EBS 수능 방송 교재를 바탕으로 변형해서 출제한 문제로 성적을 산출했을 것이다. 수업도 문제 풀이 수업만 하면서 '이게 학교냐, 학원이냐?' 하고 탄식했을 것이 자명하다.

대학은 어떤 학생을 선발하려고 할까?

옛날부터 부모는 자식에게 "착하게 행동해야 한다. 공부 잘해야 한다."고 귀에 못이 박히도록 말했다. 이 말은 지금도 유효하다. 만약 자식이 한 가지만 잘할 수 있다면 착한 아이와 공부 잘하는 아이 중 어떤 아이가 되라고 하고 싶은가? 공부 잘하는 악당보다는 공부는 좀 못해도 착한 아이가 더 낫지 않을까? 대학 또한 마찬가지다. 공부도 중요하지만 착한 사람을 더 중시한다. 다른 어떤 면보다 인성 또는 태도가 중요하다. 태도는 몸에 밴 습관이면서 사고방식의 표현이므로 좋은 태도를 가지고 있는 사람은 소속 집단이 화합하고 소통하는 데 이바지한다.

그런데 수능이나 논술뿐 아니라 학생부교과전형은 학생의 인성을 평가할 수 없고, 학생부종합전형이라도 대부분의 학생은 부정적인 면은 기록되지 않은 학생부를 가지고 있으니 착한 학생인지 아닌지를 대학이 판단할 수 없다. 그래서 바른 인성은 중요하지만 평가하기가 어렵다.

공부 잘하는 것은 평가가 가능하다. 수능이라면 점수가 0.1점이라도 높은 학생, 논술이라면 대학이 자체 출제한 문제를 더 잘 푼 학생, 학생부교과라면 교과 등급 평균이 높은 학생이 공부를 잘한 학생이라고 판단한다. 이는 점수로 학생을 평가하는 방식에 해당한다. 학생부종합전형에서도 역시 점수는 중요하다. 그러나 점수가 보여주는 학업 역량을 세부능력 및 특기사항에서 검증하고 창의적 체험 활동 등에서 학생의 역량과 공부하고 싶은 마음을 읽어내서 '공부를 잘하는지 혹은 공부를 앞으로도 잘하고 싶은지'를 판단한다는 것이 학생부종합전형 평가의 특징이다.

국가 수준 교육과정에서도 교육을 "홍익인간의 이념 아래 모든 국민으로 하여금 인격을 도야하고, 자주적 생활 능력과 민주시민으로서 필요한 자질을 갖추어 인간다운 삶을 영위하고, 민주 국가의 발전과 인류 공영의 이상을 실현할 수 있도록 함을 목적"으로 한다면서 추구하는 인간상을 제시하였다.

> 가. 전인적 성장을 바탕으로 자아정체성을 확립하고 자신의 진로와 삶을 스스로 개척하는 자기주도적인 사람

국가와 학교는 교육을 통하여 학생이 자기주도적인 사람으로 성장하도록 지원한다. 자기주도적인 사람은 스스로 학습 계획을 세워 공부하면서

성장하고 자신의 진로를 스스로 찾아가는 태도를 가진 사람이다. 대학에서는 학생이 자기주도적인 자세를 길렀는지를 평가한다.

> 나. 폭넓은 기초 능력을 바탕으로 진취적 발상과 도전을 통해 새로운 가치를 창출하는 창의적인 사람

국가와 학교는 학생이 폭 넓은 기초 능력을 갖추도록 교육한다. 기초 능력은 주로 언어 능력이다. 국어와 외국어, 수학과 디지털 언어가 그것이다. 학생은 진취적 발상을 하며 도전적 태도를 가지고 새로운 가치를 창조하는 능력을 길러야 한다. 대학은 학생이 기초 능력이 갖추어졌는지, 도전적인 태도를 가지고 있는지를 주로 평가한다. 도전하지 않고 쉬운 과목에 머물러 있고 얕게 공부한 학생은 대학에 와서도 어려운 공부는 회피할 가능성이 높기 때문이다.

> 다. 문화적 소양과 다원적 가치에 대한 이해를 바탕으로 인류 문화를 향유하고 발전시키는 교양 있는 사람

국가와 학교는 교양 있는 사람으로 학생을 성장시키려고 한다. 다원적 가치를 이해해서 긴장 완화에 도움을 주는 사람, 문화 발전에 이바지할

수 있는 사람을 가치로 삼는다. 대학에서는 개인의 인격이 원만하고 이해의 폭이 넓은 사람인지를 평가할 것이다.

> 라. 공동체 의식을 바탕으로 다양성을 이해하고 서로 존중하며 세계와 소통하는 민주시민으로서 배려와 나눔, 협력을 실천하는 더불어 사는 사람

공동체 의식, 협력, 배려와 나눔 등은 대학이 평가하고 싶은 인성 영역에 해당한다. 대학 공부를 할 때도 협력 학습이나 공동 연구를 하게 되고 졸업한 이후에도 사회생활을 원만하게 하는 사람에 가치를 두고 있다.

이 네 가지 인간상은 한 사람이 갖추어야 할 네 가지 측면을 말한다. 이 중 자기주도적인 사람, 창의적인 사람은 공부를 잘하는 사람이라면, 더불어 사는 사람, 교양 있는 사람은 착한 사람의 영역이다. 이 사람이 가져야 할 역량 또한 제시했다. 여섯 가지 역량을 교육과정 총론에서는 다음과 같이 설명하고 있다.

> 가. 자아정체성과 자신감을 가지고 자신의 삶과 진로를 스스로 설계하며 이에 필요한 기초 능력과 자질을 갖추어 자기주도적으로 살아갈 수 있는 자기관리 역량
> 나. 문제를 합리적으로 해결하기 위하여 다양한 영역의 지식과 정보를 깊이 있게 이해하고 비판적으로 탐구하며 활용할 수 있는 지식정보처리 역량
> 다. 폭넓은 기초 지식을 바탕으로 다양한 전문 분야의 지식, 기술, 경험을 융합적으로 활용하여 새로운 것을 창출하는 창의적 사고 역량
> 라. 인간에 대한 공감적 이해와 문화적 감수성을 바탕으로 삶의 의미와 가치를 성찰하고 향유하는 심미적 감성 역량
> 마. 다른 사람의 관점을 존중하고 경청하는 가운데 자신의 생각과 감정을 효과적으로 표현하며 상호 협력적인 관계에서 공동의 목적을 구현하는 협력적 소통 역량
> 바. 지역·국가·세계 공동체의 구성원에게 요구되는 개방적·포용적 가치와 태도로 지속 가능한 인류 공동체 발전에 적극적이고 책임감 있게 참여하는 공동체 역량

학생 참여 수업으로 이를 기르겠다는 말은 과거의 수업은 교사가 지식을 전달하면 학생은 지식을 암기하는 차원에 그쳤기 때문에 학생 스스로 역량을 기르기에 부족했다고 보아, 학생이 발표하고 토론하고 실험하고 보고서 쓰는 사이에 역량이 길러질 수 있도록 하겠다는 뜻이다. 이에 따라 학생이 참여하는 시간을 확보하기 위해 학습 내용도 많이 줄였다.

대학이 정말로 원하는 인재상

대학은 학생이 공부를 통해서 학문 후속 세대의 역할을 담당하게 하는 한편, 직업 교육의 장 역할도 한다. 대학이 어떤 역할을 하든지 기본적으로

공부를 할 바탕이 있으며, 인성이 갖추어진 착한 학생을 선발하려고 한다. 단, 여기서의 '착함'은 마마보이처럼 늘 말을 잘 듣는 것을 뜻하지는 않는다. 공부를 잘한다는 의미도 단순히 점수가 높은 학생을 선호한다는 것이 아니다. 협력과 소통, 나눔과 배려가 되는 학생이 착한 학생이고, 문제해결력이 있고 사고력이 있는 학생이 공부 잘하는 학생이다.

이것은 국가 수준 교육과정에 나타나 있는 인간상과 일치한다. 고등학교 교육에서 추구하는 인간상이 대학에서 선발하려는 인간상과 일치하지 않을 수가 없다. 모든 고등학교 교육은 이러한 인간상을 추구하기 때문에 대학이 다른 인간상을 설정하여 선발하겠다고 하기는 어렵다. 그런데 대학은 이 네 가지 인간상을 다른 말로 표현하기에 달라 보일 뿐이다.

자기주도적인 사람은 현재와 미래에서 자기가 삶을 주도하는 사람이며, 이때 중요한 요소는 '선택 역량'이다. 그래서 자기주도적인 사람을 '도전적으로 선택하여 스스로의 삶을 개척하는 사람'이라고 해석할 수 있다. 창의적인 사람은 문제를 설정하고 해결할 방법을 찾는 사람이다. 배경지식이 바탕이 되어야 하지만 지식만으로 창의적 문제 해결을 할 수는 없다. 따라서 '다양한 배경지식을 문제 상황에 적용하여 문제를 해결하는 사람'이 창의적인 사람이라고 할 수 있다. 교양 있는 사람, 더불어 사는 사람은 현대 사회에서 중시되는 소통과 협력의 가치관을 실천하는 사람이다.

이를 종합해 보면 '스스로 계획해서 새로운 방식으로 문제를 해결하며, 이때 소통과 협력이 원활하고 평소 교양 있는 태도를 가지고 있는 사람'이 대학이 추구하는 인간상이라고 할 수 있다.

서울대학교가 제시한 평가 기준을 보면, 대학의 기준과 국가 수준 교육과정의 인간상과 차이가 없음을 알 수 있다.

〈2026학년도 대입 서울대의 학생부종합전형 평가 기준〉

기준	내용		자료
학업 역량	폭넓은 지식을 깊이 있게 갖추고 활용할 수 있는 학생인가?	주어진 여건에서 교과 및 학업 관련 활동의 성취수준과 논리적 사고력, 과제수행 능력 등의 역량을 평가합니다.	교과 이수 현황 교과성취도(정성 평가) 세부능력 및 특기사항(교과별 학습활동 및 과제 수행 내용) 창의적 체험활동(학업 관련 동아리 활동, 탐구활동 등) 행동특성 및 종합의견
학업 태도	스스로 알고자 하며 적극적으로 배우고자 하는 학생인가?	자기주도적 학습 경험에서 나타나는 지적 호기심과 탐구 의지, 깊이 있는 배움에 대한 열의, 학업수행 과정에서의 적극성 및 진취성, 진로탐색의지 등의 학업 소양을 평가합니다.	교과 이수 현황(위계에 따른 과목 선택 노력) 세부능력 및 특기사항(수업 참여도 및 태도) 창의적 체험활동(동아리 활동, 학내 활동 등 참여도 및 노력) 행동특성 및 종합의견
학업 외 소양	바른 인성과 공동체 의식을 지니고 나눔을 실천할 수 있는 학생인가?	학교생활을 통해 드러난 개인의 품성뿐만아니라 리더십, 공동체 의식, 책임감, 사회구성원으로서의 기여 가능성 등을 평가합니다.	창의적 체험활동(동아리 및 자율활동에서 드러난 리더십, 책임감, 공동체의식, 배려심 등) ·행동특성및 종합의견 출결상황

학업 능력은 창의적인 사람과 같고, 학업 태도는 자기주도적인 사람과 같다. 학업 외 소양은 교양 있는 사람, 더불어 사는 사람과 같다. 학업 역량은 현재 갖추고 있는 역량이고, 학업 태도는 공부에 대한 열정과 도전 정신 등이며, 학업 외 소양은 평소 삶의 태도를 말한다고 요약할 수 있다. 이 점은 다른 대학도 대동소이하다.

그러니 각 대학의 인재상을 살펴서 각 대학이 요구하는 역량을 갖추어야 한다는 말은 전반적으로 맞는 말은 아니다. 세부적으로 보면 어떤 모집 단위에서 '역사적 안목을 가진 학생'을 요구한다고 할 수는 있지만, 이것은 세부 모집 단위에서 요구하는 '전공 역량'을 말하는 것이다. 각 대학이 큰 그림으로 내세운 인재상은 고등학교 교육과정상의 인간상 또는 각 고등학교가 추구하는 인재상과 차이가 없다.

"코스모스를 읽게 된 동기는 무엇인가요?"
"물리학 시간에 선생님이 권해서 읽었습니다."
"그리고 또 읽은 책이 있나요?"
"코스모스를 읽다 보니 뉴턴이 프린키피아를 썼다는 것을 알게 되어 그 책을 읽었습니다. 과학과 수학 지식이 얕았던 시대에 수학으로 우주의 원리를 밝혔다는 점에 감동을 받았습니다."

이런 학생이 자기주도적인 학생이며 지적 호기심이 있는 학생이다.

대학입시는 상대 평가

대학은 모집 단위별로 정원이 있다. 따라서 지원자를 상대 평가하게 된다. 절대 평가를 하면 일정 성적 이상의 학생을 모두 선발해야 하지만, 대학은 전체 모집 정원이 있고 모집 단위별로도 정원이 있다. 이러한 이유로 대학 입시는 절대 평가 성적도 상대 평가 성적으로 바꿔서 평가하는 방식으로 이루어진다.

지원자를 모두 입학시키고, 일정 기준이 되는 학생만 졸업시키는 졸업정원제 제도가 좋지 않겠냐는 말이 있지만, 우리나라는 대학 정원보다 총 학생 수가 적어서 졸업정원제는 쉽게 실행할 수 없는 정책이다. 학생들은 여건이 좋은 일부 대학에 몰릴 것이므로 대부분 대학이 문을 닫게 되는 정책을 시행하기는 쉽지 않다. 만약 서울대가 지원자를 모두 받는다면 서울대 경쟁률이 대체로 6 : 1은 되므로 2만 명의 신입생이 들어올 것이고, 우리나라 학생 전체가 10여 개 대학에 모두 입학하게 될 것이다. 그러므로 대입 제도를 졸업정원제로 바꾼다 해도 지원자를 모두 입학시키는 것은 불가능하다. 따라서 일정 인원을 선발하는 제도는 유지될 수밖에 없다. 그래서 모든 대입 전형은 상대 평가가 된다.

그러므로 대학은 어떻게 해서든지 지원자들 간에 서열을 만든다. 수능은 이미 성적이 있으므로 점수순으로 학생의 합격 여부를 가르면 된다. 그런데 학생부종합전형에서의 평가는 한 줄로 서열을 만드는 방식을 쓰지 않고 비슷한 역량을 가진 지원자들을 그룹으로 묶어 같은 점수를 부여하는 방식으로 평가한다. 그래서 상대 평가이면서도 절대 평가적 요소를 가진다.

100미터 달리기에서는 0.1초 차이로도 금, 은, 동메달이 갈린다. 이런 방식은 수능 전형 방식과 같다. 수능은 1점 차이로 합불이 갈리는 경우가 비일비재하다. 그러나 마라톤에서는 선두 그룹, 중간 그룹, 후위 그룹 등으로 여러 선수들이 몰려서 달린다. 이처럼 같은 그룹에서 뛰는 선수는 같은 역량을 가진 것으로 평가하는 방식은 느슨한 상대 평가 방식이다. 학생부종합전형에서는 이런 방식으로 평가한다. 그런데 같은 그룹인지 아닌지를 평가하는 데 사용되는 수치들이나 기록이 학생마다 다르다면 비교가 잘 안 된다. 그래서 '정성 평가'가 등장한다.

'정성 평가'란 무엇인가?

평가 방식은 크게 정량평가와 정성 평가로 나눌 수 있다. 모든 영역에서 점수를 매겨 합산하는 방식을 정량평가라고 한다. 그런데 학생부종합전형은 정량평가 방식으로 평가하지 않고, 평가할 수도 없다. 교과 성적의 수치만 평가하는 것이 아니고 이 수치가 나타내는 함의도 반영하려고 하기 때문이다.

10명이 수강한 과목에서 5등의 성적을 낸 것이 100명의 학생이 수강한 과목에서 3등의 성적보다 우수할 수도 있기 때문이다. 그래서 상황과 맥락을 반영해서 평가하는 방식을 대입 전형에서 사용한다. 이런 방식을 정성 평가라고 한다.

입학사정관제 이전에 입시에 사용하는 평가 방식은 정량평가 방식이었다. 수능도 점수가 높은 사람이 선발되고, 논술도 점수가 높은 사람이 선발되었다. 모든 전형은 점수순으로 줄을 세워서 정원에 해당하는 만큼 선발하였다. 이러한 평가 방식은 지금도 학생부종합전형 이외의 전형에서 사용하고 있다.

정성 평가는 평가 수치(점수)로만 평가하지는 않는 방식이다. 입학사정관제가 도입된 이후, 대학입시에서도 정성 평가를 하게 되었다. 이는 평가자가 수험생의 다양한 상황을 고려하여 선발하는 방식이다. 예컨대 미국 유학을 다녀온 학생과 영어를 접할 기회가 별로 없는 학생이 같은 시험을 보았는데, 유학 경험이 있는 학생은 90점을 받고 유학 경험이 없는 학생은 85점을 받았다고 하자. 그렇다면 당연히 정량평가에서는 90점 받은 학생이 선발되지만, 정성 평가에서는 85점을 받은 학생이 비록 당장의 점수는 낮아도 미래에는 더 잘할 가능성이 있다고 판단해 두 학생을 같은 수준으로 평가하거나, 유학 경험이 없는 학생을 더 높게 평가할 수도 있다. 이러한 평가가 정성 평가에 해당한다.

정량평가는 평가 과정은 간단하고 평가 결과는 단순하고 신뢰도가 높다. 수능으로 선발하는 정시를 예로 들면 10명을 선발하는 데 20명이 지원했고, 각 수능 성적을 받았는데 표준점수 380점, 영어 2등급 이상이 10명 있었다면 이보다 못한 학생은 불합격시키는 것이 정량평가 방식이다. 붙은 학생은 점수가 높아서 붙었고, 떨어진 학생은 점수가 모자라서 떨어졌다고 이해한다. 수험생은 떨어진 이유를 이해하므로, 결과를 쉽게 수긍한다. 떨어진 이유는 자신이 성적이 낮기 때문이지 다른 사람 때문이 아니라고 생각한다.

그러나 정성 평가 방식은 합격한 사람은 어떤 이유에서 합격했는지 모르고, 떨어진 학생은 어떤 것이 부족해서 떨어졌는지 알기가 어렵다. 이런 점에서 학생부종합전형과 같은 정성 평가 중심의 전형은 신뢰도가 높기가 쉽지 않다. 떨어진 사람은 그 원인이 자신에게 있지 않고 다른 사람에게 있다고 생각하기 때문이다. "학생부 기록이 부족했다. 나에 대한 부정적인 표현이 들어 있는 것 같다. 담임이 국어선생님이 아니라서 학생부를 잘 써 주지 못했다. 학교가 좋은 프로그램을 제공하지 않았다, 배우고 싶은 과목을 개설해 주지 않았다." 등 가지가지 원인을 핑곗거리로 삼을 수 있다.

그렇다 보니 평가하는 입장에서는 여러 사람이 블라인드로 평가하는 방식을 통해 절차적 정당성을 유지하려고 한다. 예컨대 1차 평가자인 한 사정관이 서류를 평가하고, 2차 평가자인 다른 사정관이 1차 평가 기록을 보지 않고 평가를 한 뒤, 두 평가자가 평가를 비교한다. 차이가 많이 나는 경우 위원회에서 평가하는 과정을 3차 평가로 둔다. 또한 대학교수인 위촉사정관이 전임사정관의 1, 2차 평가 결과를 바탕으로 4차 평가를 하고 그 결과와 1, 2차 평가자의 평가를 5차에서 비교하여 확정하는 방식을 사용한다. 이처럼 정성 평가에서는 여러 과정을 거치는 사이에 개인의 독단과 편견을 배제하고 부정이 개입될 기회를 막는다.

진로에 맞는 과목 선택을 해야 한다

과목은 학교가 지정했거나 학생이 선택한 과목으로 구성된다. 대부분의 학생이 수강했다면 학생이 선택한 과목이 아니라 학교가 지정한 과목이다. 일부가 수강한 과목이더라도 학교가 일부 학생이 수강하도록 지정한 경우도 있다. 예를 들어 '미적분Ⅱ'를 전체 300명 중에 170명이 수강했다 하더라도, 이 과목을 이수한 학생이 모두 본인의 선택에 의해서 이수한 것이 아니라 타의에 의하여 이수했을 수도 있다는 뜻이다. 학생이 선택할 수 있는 과목이 많을수록 학생의 이수 상황이 학교 내에서도 달리 나타나게 된다.

이러한 과목 선택을 통하여 학생의 특성이 드러난다. 학교 유형별로도 개설된 과목과 선택의 폭이 달라 과목 선택 이수에서 특징이 나타난다.

고등학교 유형은 다음과 같이 분류한다.

유형	특성
일반고	특정 분야가 아닌 다양한 분야에 걸쳐 일반적인 교육을 실시
자율고	학교 또는 교육과정을 자율적으로 운영
특수목적고	특수분야의 전문적인 교육 과학고(과학 인재) 영재학교 외국어고(외국어에 능숙한 인재양성) 국제고(국제 전문 인재양성), 예술고(예술인 양성) 체육고(체육인양성) 마이스터고(산업계의 수요에 직접 연계된 맞춤형 교육과정)
특성화고	소질, 적성, 능력이 유사한 학생들을 대상으로 특정분야의 인재 양성 또는 자연현장실습 등 체험 위주의 교육을 전문적으로 실시

학교 유형별로 배우는 과목과 학교 특징이 있다.

영재학교: 대학 수준의 학생 선택과목을 허용하여 학생별로 이수한 상황이 다르다. 대학교 1, 2학년 수준의 과목까지 이수한다. 모두 기숙사 생활을 하며, 모든 성적이 절대 평가 성적으로 제공된다.

과학고: 수학 및 과학 과목을 많이 이수하며, 국어와 영어, 사회 과목 이수 양이 특히 적다. 수학 및 과학 교과에서 필수로 이수해야 하는 과목이 많으므로 학생 선택 과목이 별로 없다. 수학, 과학 교과는 대학교 1학년 수준까지 배운다. 기숙사 생활을 하며 남학생 비율이 매우 높다.

외국어고: 전공어와 영어(영어가 전공어일 경우에는 영어와 제2 외국어)의 이수 양이 많고, 국어, 수학과 과학 교과 이수 양이 적다. 사회 과목도 일반고에 비하면 적다. 학생 선택 과목이 별로 없다. 외국어고는 국제외국어고로 성격을 바꾸는 학교가 나올 전망이다. 구성원 중 여학생 비중이 높다.

국제고: 국제에 관한 교과와 외국어고에서 개설하는 외국어에 관한 교과를 대부분 이수하므로 수학과 사회 교과 이수 양이 적다. 학생 선택 과목이 별로 없다. 청심국제고를 제외한 나머지 학교는 공립이다.

교과중점학교(특히 과학중점학교): 일반고 교육과정과 같으나, 수학 및 과학 과목을 일반고보다 더 많이 이수한다. 다른 과목은 일반고와 같다.

자사고: 자사고는 일반고에 비하여 교육과정 편성의 자율권을 갖고는 있지만 대부분의 자사고는 일반고와 큰 차이가 없다. 하나고와 민족사관고 등 몇 학교의 교육과정이 특히 선택 과목이 많다.

일반고: 보통교과 중심으로 교육과정을 편성하며, 학교의 여건에 따라 매우 다르다. 모든 대학입시에서 출제하는 범위는 일반고에서 배우는 과목 수준까지로 제한되므로 일반고가 안 배워서 불리한 것은 없다.

학교 유형별로 배우는 과목이 다르므로 과목명만 봐도 학교 유형을 알 수 있다. 유형을 알게 되면 특목고와 자사고가 더 많이 선발되지 않겠는가 하는 의혹을 받지만, 대학이 특목고와 자사고 출신 학생을 그 유형 학교 출신이라는 이유만으로 더 우수한 학생으로 평가하지는 않는다. 블라인드 평가 이전의 통계자료와 이후의 통계자료를 비교해 보면 자사고 특목고라서 더 많이 선발되는 것은 아니라는 점을 알 수 있다.

모든 고등학교의 교육과정 편성표는 학교알리미에 공시되어 있다. 단지 중학교 3학년 때 진학할 고등학교의 교육과정을 알 수는 없다. 정보공개를 1학년 4월에야 하기 때문이다. 학생은 2022 개정 교육과정에서는 2, 3학년에서 배울 과목을 1학년 여름에 학기별로 선택해야 한다. 모든 과목은 학기별로 편성하게 되어 있으므로 4개 학기의 이수할 과목을 선택한다.

진로에 따라 다른 과목 선택

문과와 이과로 나뉜 교육과정에서는 문과는 사회 과목 중 자신이 원하는 과목을 선택하고, 이과는 과학 과목에서 원하는 과목을 선택해서 이수하도록 교육과정이 편성되어 있었다. 그러나 문이과의 벽을 헐어내고 나면 조합이 조금 더 복잡해진다. 국어, 영어 교과는 차이가 적지만 수학, 사회, 과학 교과의 선택 조합에서 진로의 차이가 나타난다.

각 대학은 모집 단위별로 이수 권장 과목을 제시한다. 이 과목을 참조해서 자신이 선택할 과목을 정한다.

- 등급이 나쁘게 나올까 봐 위계가 낮은 과목을 선택하면 좋은 평가를 받기 어렵다.

● 등급이 나쁘게 나올까 봐 사회와 과학 교과의 융합선택과목을 많이 선택하면 좋은 평가를 받기 어렵다.

● 등급이 나쁘게 나올까 봐 필요한 소수 선택 과목을 피하면 좋은 평가를 받기 어렵다.

● 등급이 나쁘게 나올까 봐 교양 과목을 많이 이수하면 좋은 평가를 받기 어렵다.

진로 방향별로 선택과목의 특성이 있다.

- 인문계열: 쉬운 수학 + 사회
- 사회과학계열: 어려운 수학 + 사회
- 이공계열: 어려운 수학 + 과학
- 의료보건계열: 어려운 수학 + 과학/사회
- 예술·체육계열: 쉬운 수학 + 사회

쉬운 수학과 어려운 수학은 미적분Ⅱ의 선택에 달려있다. 계열에 따른 구분뿐 아니라 세부 전공에 따라서도 선택 과목이 달라질 수 있다. 컴퓨터 계열을 전공한다고 할 때 프로그래머가 되려면 수학과 물리를 깊이 있게 공부해야 하지만, 미디어콘텐츠나 온라인 산업 분야를 전공할 때는 수학과 물리가 덜 필요하다. 영어영문학에서도 어려운 수학이 필요한 분야가 있다. 음성학을 전공하는데, AI를 활용하여 정보처리를 하려면 어려운 수학을 배워야 한다. 그런데 2022 개정 교육과정에서는 선택과목이 많아서 선택이 쉽지 않다.

⟨1학년 교육과정(예시)⟩

구분	교과(군)	과목	기준 단위	운영 단위	1학년	
					1학기	2학기
학교 지정	국어	공통국어1	4	4	4	
		공통국어2	4	4		4
	수학	공통수학1	4	4	4	
		공통수학2	4	4		4
	영어	공통영어1	4	4	4	
		공통영어2	4	4		4
	한국사	한국사1	3	3	3	
		한국사2	3	3		3
	사회	통합사회1	4	4	4	
		통합사회2	4	4		4
	과학	통합과학1	4	4	4	
		통합과학2	4	4		4
		과학탐구실험1	1		1	
		과학탐구실험2	1			1
	체육	체육 I	3		2	
		운동과 건강 I	3			2
	예술	음악	3		3	
		미술	3			3

　1학년 과정은 과목별 기준 학점을 그대로 적용하면 선택과목 없이 29학점을 이수하게 된다. 1학년 과목은 공통과목이므로 선택이 없다. 과목 선택은 2, 3학년 교육과정에만 있게 된다.

〈2학년 교육과정(예시)〉

구분	교과 (군)	과목	기준 단위	운영 단위	2학년	
					1학기	2학기
2학년 학생 선택	국어 수학 영어 사회 과학 기술·가정 정보 제2외국어	화법과 언어, 독서와 작문, 문학 대수, 미적분Ⅰ, 확률과 통계, 기하, 경제 수학, 인공지능 수학, 영어Ⅰ, 영어Ⅱ, 영어 독해와 작문 세계시민과 지리 세계사 사회와 문화 현대사회와 윤리 물리학, 화학 지구과학, 생명과학 로봇과 공학세계 가족과 가정생활 인공지능 기초, 데이터 과학, 제2외국어 한문	4		택7	택7
		한국지리 탐구, 도시의 미래 탐구, 동아시아사 주제 탐구, 정치, 경제, 법과 사회, 윤리와 사상, 인문학과 윤리, 국제 관계의 이해	4			
		역학과 에너지 전자기와 양자 물질과 에너지 화학반응의 세계 세포와 물질대사 생물의 유전 지구시스템과학 행성우주과학	4			
		제2외국어 회화				

　2학년에서는 학기별로 체육 1학점을 포함하여, 4학점짜리 7과목을 선택할 수 있다. 우선 국어, 수학, 영어의 수능 범위 과목을 선택하고, 진로와 관련이 깊은 과목 순으로 선택하여야 한다. 이 선택은 1학년 여름에 이루어진다. 따라서 진로에 대하여 깊이 생각하고 진로를 정해야 후회 없는 선택을 할 수 있다.

⟨3학년 교육과정(예시)⟩

구분	교과(군)	과목	기준 단위	운영 단위	3학년 1학기	3학년 2학기
3학년 학생 선택	국어 수학 영어 사회 과학	주제 탐구 독서 문학과 영상, 직무 의사소통, 독서 토론과 글쓰기, 매체 의사소통 언어생활 탐구 미적분Ⅱ, 기하, 경제 수학, 인공지능 수학, 수학과 문화, 실용 통계, 수학과제 탐구 영미 문학 읽기, 영어 발표와 토론, 심화 영어, 심화 영어 독해와 작문 미디어영어, 세계 문화와 영어	4	4	택5	택5
		한국지리 탐구, 도시의 미래 탐구, 동아시아사 주제 탐구, 정치, 경제, 법과 사회, 윤리와 사상, 인문학과 윤리 국제 관계의 이해	4	4		
		여행지리, 역사로 탐구하는 현대 세계 사회문제 탐구, 금융과 경제생활 윤리문제 탐구, 기후 변화와 지속 가능한 세계	4	4		
		역학과 에너지, 전자기와 양자 물질과 에너지, 화학반응의 세계 세포와 물질대사, 생물의 유전 지구시스템과학, 행성우주과학	4	4		
		과학의 역사와 문화 기후 변화와 환경생태, 융합과학 탐구	4	4		
	예술	음악 연주와 창작, 음악 감상과 비평, 미술 창작, 미술 감상과 비평 음악과 미디어, 미술과 매체	3	4		택1
	교양	창의 공학 설계, 지식 재산 일반 생애 설계와 자립, 소프트웨어와 생활	3	3	택1	택1
	제2외국어	심화제2외국어, 제2외국어권 문화 심화한문	4	3		
	교양 기타	인간과 경제활동, 논술, 진로와 직업 생태와 환경	3	4	택1	

3학년에서는 29학점 중 학기별로 체육 2학점을 포함하여 3학년 1학기에는 교양 과목 중 택1, 2학기에는 예술 과목 중 택1해야 한다. 29학점 중

6학점을 뺀 23학점은 4학점짜리 과목 택5, 3학점짜리 과목 택1한다. 사회와 과학 과목의 진로선택과목을 선택하지 않고 융합선택과목 중심으로 선택하면 불이익을 당할 수 있다.

  학생이 첨단융합공학부 진학을 목표로 하여 과목을 선택한다면 주로 수학은 가장 위계가 높은 미적분Ⅱ까지 선택해야 하고, 물리학과 화학 과목도 위계가 높은 진로선택과목을 선택해야 한다. 이 학생이라면 3개년 동안 수강할 과목에서 무엇을 선택할지 하는 고민은 안 해도 된다. 진로를 정하면 이미 선택할 과목이 정해진다.

〈3학년 교육과정(예시)〉

학기	1-1	1-2	2-1	2-2	3-1	3-2
과목	공통국어1(4) 공통수학1(4) 공통영어1(4) 한국사1(3) 통합사회1(4) 통합과학1(4) 과학탐구실험1(1) 체육Ⅰ(2) 음악(3)	공통국어2(4) 공통수학2(4) 공통영어2(4) 한국사2(3) 통합사회2(4) 통합과학2(4) 과학탐구실험2(1) 운동과건강Ⅰ(2) 미술(3)	화법과 언어(4) 대수(4) 영어Ⅰ(4) 세계사(4) 물리학(4) 화학(4) 중국어(4) 스포츠문화(1)	문학(4) 미적분Ⅰ(4) 확률과 통계(4) 영어Ⅱ(4) 생명과학(4) 전자기와 양자(4) 인공지능기초(4) 스포츠과학(1)	독서토론과 글쓰기(4) 미적분Ⅱ(4) 영어발표와 토론(4) 역학과 에너지(4) 화학반응의 세계(4) 논술(4) 소프트웨어와 생활(3) 체육2(2)	주제탐구독서(4) 기하(4) 수학과제탐구(4) 영어 문학 읽기(4) 융합과학탐구(4) 미술창작(4) 창의공학설계(3) 스포츠생활(2)
계	29	29	29	29	29	29

※ 필수 이수 학점을 충족했는지 점검해야 함

- 예술 : 3년간 10학점 이상
- 체육 : 3년간 10학점 이상, 매학기 편성

- 기술·가정/정보/제2외국어/한문/교양 : 16학점 이상

　의대를 진학하려면 생명과학과 화학을 선택하고 일반선택과목인 물리학도 선택해서 공부해 두면 좋다. 대학에서는 모집 단위별로 고등학교 때 수강해야 할 과목을 제시하고 있다. 그런데 상경계와 인문·사회계는 수강해야 할 과목을 제시하는 경우가 드물다. 인문·사회계는 언어 소양이 크게 좌우하고, 상경계는 언어 소양과 수리 소양이 좌우한다. 상경계 진학을 희망한다면 미적분Ⅱ는 선택에 포함해야 한다. 사회는 일반선택과목 수준을 잘 공부하고 선택한 진로선택과목까지 잘 공부하면 무난하다.

　더 자세한 사항은 대학이 발표한 자료를 참고하면 된다. 고등학교 1학년 때 학교에서 상세히 안내해 준다. 학교의 말을 믿지 않고 다른 경로로 정보를 얻어서 참고할 때 잘못된 선택을 하게 될 수 있다. 사회나 과학 과목은 일반선택과목이나 진로선택과목을 최소로 선택하고 융합선택과목을 선택해야 내신에 유리하다거나, 기하는 선택하지 않아도 된다, 영어는 고급 과목을 선택해야 유리하다는 등 낭설을 믿으면 안 된다.

학생부종합전형 평가 기준의 비밀

각 대학은 학생부종합전형 안내를 통해 대학의 평가 기준을 제시한다. 대학별로 제시한 평가 기준은 세부적으로는 조금씩 다르지만 국가 수준 교육과정에서 제시한 인간상의 범주를 벗어날 수는 없다. 고등학교에서 교육하는 목표를 벗어나 대학이 별도의 기준을 말할 수는 없기 때문이다.

국가 수준의 인간상은 '자기주도적인 사람, 창의적인 사람, 교양 있는 사람, 더불어 사는 사람'이다. 서울대는 '학업역량, 학업태도, 학업 외 소양'의 세 가지 기준을 제시했는데 학업역량은 창의적인 사람과, 학업태도는 자기주도적인 사람과, 학업 외 소양은 교양 있는 사람, 더불어 사는 사람과 연결된다. 서울대 학생부종합전형 안내 책자에서는 서울대의 기준이 국가 수준 교육과정의 인간상과 다르지 않다고 언급했다. (서울대 평가 기준은 191쪽에서 다루었음)

건국대, 경희대, 연세대, 중앙대, 한국외대 등 5개 대학은 2021년 공동연구를 통하여 학생부종합전형의 공통 평가 요소 및 평가 항목을 제시하였다. 평가 항목은 크게 학업역량, 진로역량, 공동체역량 등 세 가지로 제시되었다. 학업역량과 진로역량은 국가교육과정에서 제시한 인간상 중 창의적인 사람에 해당하며, 공동체 역량은 교양 있는 사람, 더불어 사는 사람에 해당한다. 자기주도적인 사람은 모든 영역에 녹아 있다.

〈건국대, 경희대, 연세대, 중앙대, 한국외대 5개대 제시 평가 항목〉

평가요소	평가항목		
	소항목	정의	세부 평가 내용
학업역량	학업성취도	고교 교육과정에서 이수한 교과의 성취수준이나 학업 발전의 정도	- 대학 수학에 필요한 기본 교과목(예: 국어, 수학, 영어, 사회/과학 등)의 교과 성적은 적절한가? 그 외 교과목(예: 예술, 체육, 기술·가정/정보, 제2외국어/한문, 교양 등)의 교과 성적은 어느 정도인가? 유난히 소홀한 과목이 있는가? - 학기별/학년별 성적의 추이는 어떠한가?
	학업태도	학업을 수행하고 학습해 나가려는 의지와 노력	- 성취동기와 목표의식을 가지고 자발적으로 학습하려는 의지가 있는가? - 새로운 지식을 획득하기 위해 자기주도적으로 노력하고 있는가? - 교과 수업에 적극적으로 참여해 수업 내용을 이해하려는 태도와 열정이 있는가?
	탐구력	지적 호기심을 바탕으로 사물과 현상에 대해 탐구하고, 문제를 해결하려는 노력	- 교과와 각종 탐구활동 등을 통해 지식을 확장하려고 노력하고 있는가? - 교과와 각종 탐구활동에서 구체적인 성과를 보이고 있는가? - 교내 활동에서 학문에 대한 열의와 지적 관심이 드러나고 있는가?

학업 역량은 우선 학업 성적으로 나타난다. 학생이 이미 배운 지식과 학업 경험을 바탕으로 새로운 학습 경험을 할 수 있으며, 문제해결력이 있고, 독서 역량도 있고, 요약 발표도 잘하고 토론도 잘하며, 영어로도 소

통이 가능해서 영어 강좌를 들을 수 있는 정도라면 학업 역량이 있다고 한다. 이 정도의 역량을 가진 학생이라면 당연히 과정중심 수행평가를 포함한 학교 내신 성적이 나쁠 수가 없다. 과거의 학교 시험은 암기한 지식을 측정했으므로 성적과 학업 역량 간의 거리가 있었지만, 현재는 세부능력 및 특기사항의 기록을 바탕으로 평가 기준의 적절성을 따져보면서 평가하므로 학업 역량과 성적이 대체로 일치한다. 단 89점 2등급과 90점 1등급을 크게 차이를 두는 방식으로 평가하는 것은 아니라는 점은 여전히 유효하다.

공동연구에서는 학업역량을 학업성취도, 학업태도, 탐구력으로 나누어 보았다.

학업성취도에서는 대부분 과목의 성적과 그 성적이 산출된 근거를 살펴본다. 성적은 등급과 평균 대비 원점수 등 다양한 측면에서 우수성을 찾아볼 뿐 아니라 세특을 통하여 어느 정도 수준의 학습을 했는지 평가한다. 대부분 과목의 성적이 양호하더라도 특정 과목이 입시와 무관하다고 포기한 흔적이 보이면 좋은 평가를 받기 어려울 수 있다. 예컨대 1학년 1학기에 기술·가정 성적과 2학기 정보 과목 성적이 다른 과목과는 달리 평균에도 못 미친다면 학생은 학업 부담을 줄이기 위해 일부 과목을 포기한 것으로 평가받을 수 있다. 종합전형이라고 해서 주요 과목만 집중하는 것은 바람직하지 않다.

학업태도는 '의지와 노력'을 본다고 했다. '자발적으로, 자기주도적으로, 적극적으로' 학업에 임했는지가 핵심이다. 교육과정의 '자기주도적인 사람과 같은 덕목을 말하고 있다. 더구나 공부하고 싶은 '열정'까지 갖추기를 바란다. 누가 시켜서 공부한 사람이 아니라 스스로 공부를 찾아서 한 사람을 선발하겠다는 기준이다.

이 시대의 학습은 탐구를 중심으로 한다. 학업역량을 평가할 때도 탐구력을 중시한다. 학생은 '지적 호기심'을 가지기를 바란다. '호기심'이 있어야 자기주도적으로 탐구를 한다. 궁금한 게 없다면 탐구할 것도 없다. 탐구활동을 통하여 교과서에 제시된 지식을 확장해서 자신만의 지식을 구축해야 한다. 그 탐구 결과가 지식을 넓히는 결과를 낳아야 한다. 탐구가 피상적이어서는 안 된다. 교내 활동에서 학문에 대한 열의와 지적 관심이 드러나길 바란다. 교내 활동에서 지적 관심을 드러낼 기회는 자율자치활동에서 주제탐구활동일 수도 있고, 진로활동에서 진로탐색활동일 수도 있다.

평가 요소	평가항목		
	소항목	정의	세부 평가 내용
진로 역량	전공(계열) 관련 교과 이수 노력	전공(계열) 관련 교과 이수 노력고교 교육과정에서 전공(계열)에 필요한 과목을 선택하여 이수한 정도	- 전공(계열)과 관련된 과목을 적절하게 선택하고, 이수한 과목은 얼마나 되는가? - 전공(계열)과 관련된 과목을 이수하기 위하여 추가적인 노력을 하였는가? (예: 공동교육과정, 온라인수업, 소인수과목 등) - 선택과목(일반/진로)은 교과목 학습단계(위계)에 따라 이수하였는가?
	전공(계열) 관련 교과 성취도	고교 교육과정에서 전공(계열)에 필요한 과목을 수강하고 취득한 학업 성취 수준	- 전공(계열)과 관련된 과목의 석차 등급/성취도, 원점수, 평균, 표준편차, 이수 단위, 수강자 수, 성취도별 분포 비율 등을 종합적으로 고려한 성취 수준은 적절한가? - 전공(계열)과 관련된 동일 교과 내 일반선택과목 대비 진로선택과목의 성취수준은 어떠한가?

진로 역량	진로 탐색 활동과 경험	자신의 진로를 탐색하는 과정에서 이루어진 활동이나 경험 및 노력 정도	- 자신의 관심 분야나 흥미와 관련한 다양한 활동에 참여하여 노력한 경험이 있는가? - 교과 활동이나 창의적 체험활동에서 전공(계열)에 대한 관심을 가지고 탐색한 경험이 있는가?

진로역량은 전공(계열) 관련 교과 이수 노력, 전공(계열) 관련 교과 성취도, 진로 탐색 활동과 경험으로 나누어 보았다.

전공(계열) 관련 교과 이수 노력은 전공 공부에 기초가 되는 과목을 이수했는지, 이수했다면 어떻게 이수했는지를 평가한다. 대부분 수학과 과학 교과 과목이 필요한 모집 단위에서 전공 관련 교과 이수 노력의 영향력이 크다. 공대를 희망한다면 물리학과 화학 교과의 어떤 과목을 얼마나 공부했는지가 중요한 평가 기준이 된다. 공동교육과정이나 온라인수업을 들었다면 관심도가 있다고 평가받을 수도 있다. 그러나 우선순위는 교내 교육과정이 앞선다. 전공에 필요한 소인수과목을 수강한 것은 중요한 도전으로 평가받을 수 있다. 대학은 등급이 낮게 나올까 봐 회피한 것은 낮게 평가하고, 필요한 공부에 불리해도 도전하는 모습은 높이 평가한다.

전공(계열) 관련 교과 성취도는 학생이 수강한 과목 중 전공과 관련성이 깊은 과목을 꼼꼼히 살펴본다는 의미이다. '전공(계열)과 관련된 과목의 석차 등급/성취도, 원점수, 평균, 표준편차, 이수 단위, 수강자 수, 성취도별 분포 비율 등'은 2015 개정 교육과정의 성적 자료인데, 2022 개정 교육과정의 성적자료에서는 '원점수, 성취도, 5단계 석차 등급, 성취도별 분포 비율, 과목 평균, 수강자 수' 등이 제공되므로 이 정보를 활용해서 종합적으로 평가한다.

진로 탐색 활동과 경험에서는 평소 진로에 관심을 가지고 깊이 알아보았는지를 평가한다. 굳이 하나의 직업 목표를 갖지 않아도 자신의 미래를 찾아보고 그려보는 활동만으로도 충분하다. 그렇지만 주어진 학점에서 수학은 미적분Ⅱ는 선택해서 공부할 것인지, 과학과 사회 과목은 무엇을 선택할 것인지를 1학년 여름에는 정해야 하므로 큰 방향은 정해야 한다. 큰 방향이 정해지면 그 안에서 진로 방향을 찾아보는 노력을 해야 한다. 진로 방향을 찾는 과정에서 문서와 눈으로만 찾아본 것보다는 직접 탐구해 보고 참여하고 실천한 경험이 높게 평가된다. 소극적으로 탐색한 경험으로는 학생의 열망과 진심을 알기 어렵기 때문일 것이다.

전공자율선택제에서의 진로 역량

앞으로 대학은 무학과 전형이라고 불리는 전공자율선택제 전형을 확대할 전망이다. 학과가 없으므로 정시 수능 선발도 많지만 학과/학부별 모집 단위와는 다른 기준으로 학생부 평가를 하기도 한다. 결론은 학생은 어떤 방향으로 공부할지는 탐색을 해야 한다. 무학과라도 그 학부나 대학이 제공할 수 있는 공부 방향이 있고, 따라서 아무 생각이 없는 학생보다는 자신을 이해하고 자신의 길을 찾으려고 노력한 학생을 선발하려고 하기 때문이다.

2025년 경희대가 교사 컨퍼런스에서 밝힌 자료집에 따르면 일반학과의 평가 요소는 학업 역량, 진로 역량, 공동체 역량인데 자율전공학부의 모집 단위는 학업 역량, 자기주도 역량, 공동체 역량으로 제시했다. 진로 역량이냐, 자기주도 역량이냐가 차이점이다. 진로 역량은 전공(계열) 관련 교과 이수 노력, 전공(계열) 관련 교과 성취도, 진로 탐색 활동과 경험을 평가 항목이라고 했는데, 자율전공학부의 자기주도 역량의 평가 항목은 자기주도 교과 이수 노력, 자기주도 관련 교과 성취도, 자기주도 진로 탐색 활동과 경험이라고 제시했다.

건국대도 학과(학부) 모집 단위는 학업 역량, 진로 역량, 공동체 역량으로 경희대와 같은데, KU자유전공학부의 평가 요소는 학업 역량, 성장 역량, 공동체 역량이라고 제시했다. 성장 역량의 평가 항목은 자기주도성, 창의적 문제 해결력, 경험의 다양성이라고 했다. 건국대의 경우를 보아도 학과(학부)모집 단위에서는 진로 역량을 중시하는데, 자율전공은 입학 후 진로를 정하는 방식이니 진로를 중시하는 대신 자기주도성을 중시하는 것으로 보인다.

진로 역량과 자기주도 역량의 차이에 대한 관점을 읽을 수 있는 자료가 동국대 학생부 위주전형 가이드북에 있다. 동국대의 열린전공학부는 학생부 교과전형이지만 정성적인 교과 이수 평가가 더 중요한 방식이므로 서류 평가 기준은 학생부종합전형 평가와 같은 영향력이 있다. 동국대는 자료집에서 "열린전공학부로 입학하는 학생에게 필요한 것은 정해져 있는 진로가 아니라 본인의 관심사, 잘하는 것과 좋아하는 것이 무엇인지를 탐구하고 이를 발전시켜 나가고 확장시켜 나갈 수 있는 역량입니다."라며 열린 전공 지원자가 갖추어야 할 역량을 제시했다.

즉 열린 전공 학부는 한 길로 전공을 정해서 과목을 선택해서 학습한 학생보다는 더 넓게 학습한 학생을 원한다는 말인데, 이 말을 자기주도 역량이라고 표현한 대학도 있다고 보면 되겠다. 서울대가 자유전공학부에 지원하는 학생은 진로가 정해지지 않은 학생이라기보다는 전공하고 싶은 분야가 한 학과를 넘어서는 학생이라고 했다는데, 서울대의 말도 같은 의미로 보인다.

평가 요소	평가항목		
	소항목	정의	세부 평가 내용
공동체역량	협업과 소통능력	공동체의 목표를 달성하기 위해 협력하며, 구성원들과 합리적인 의사소통을 할 수 있는 능력	- 단체 활동 과정에서 서로 돕고 함께 행동하는 모습이 보이는가? - 구성원들과 협력을 통하여 공동의 과제를 수행하고 완성한 경험이 있는가? - 타인의 의견에 공감하고 수용하는 태도를 보이며, 자신의 정보와 생각을 잘 전달하는가?
	나눔과 배려	상대방을 존중하고 이해하여 원만한 관계를 형성하며, 타인을 위하여 기꺼이 나누어 주고자 하는 태도와 행동	- 학교생활 속에서 나눔을 실천하고 생활화한 경험이 있는가? - 타인을 위하여 양보하거나 배려를 실천한 구체적 경험이 있는가? - 상대를 이해하고 존중하는 노력을 기울이고 있는가?
	성실성과 규칙준수	책임감을 바탕으로 자신의 의무를 다하고, 공동체의 기본 윤리와 원칙을 준수하는 태도	- 교내 활동에서 자신이 맡은 역할에 최선을 다하려고 노력한 경험이 있는가? - 자신이 속한 공동체가 정한 규칙과 규정을 준수하고 있는가?
	리더십	공동체의 목표 달성을 위해 구성원들의 상호작용을 이끌어가는 능력	- 공동체의 목표를 달성하기 위해 계획하고 실행을 주도한 경험이 있는가? - 구성원들의 인정과 신뢰를 바탕으로 참여를 이끌어내고 조율한 경험이 있는가?

공동체역량은 협업과 소통능력, 나눔과 배려, 성실성과 규칙준수, 리더십 등의 항목으로 구분하였다. 교과 시간에 모둠활동을 했다면 활동하는

사이 동료들과 의사소통은 잘 되었는지, 자기 역할을 다하기 위하여 노력하였는지, 헌신적인지, 솔선수범하였는지 등을 평가한다. 창체 활동에서도 마찬가지의 인성을 평가할 수 있다. 출결 상황에서 규칙을 준수하는지, 성실한지 등을 평가할 수 있다. 지각이 많은 학생인데 성실하다는 평가를 학생부 기록에서 했다면 학생부 전체의 신뢰도가 낮을 수밖에 없다. 리더십은 언제나 중요하다. 서울대는 학생부종합전형 안내(2023)에서 '반장, 부반장 임명장이 리더십을 보여주는 것은 아닙니다.'라며 몇 가지 사례를 들었다.

- 수업 중 모둠 과제 수행을 성공적으로 이끌 수 있는 능력
- 토론활동에서 함께 결론을 이끌어가며 설득력 있게 자기 의견을 주장할 수 있는 능력
- 학교생활 내에서 구성원 간의 갈등을 조화롭게 해결할 수 있는 능력
- 동아리활동에서 부원들을 행복하게 만들 수 있는 능력
- 모두가 주저할 때 친구들을 독려하여 청소를 주도하는 능력

학생회장을 해야 유리하다는 말은 먼 과거의 말이다.

이외에도 학교 폭력 가해자였던 사실은 중요한 결격 사유가 된다. 언제나 착한 학생이 욱하는 마음에 주먹을 휘둘러 한순간 가해자가 될 수 있으니 조심해야 한다. 스트레스가 강한 고등학교 교실은 욱하는 마음을 쉽게 만들어 내기 때문이다.

5개 대학이 기준을 반영할 때에도 비율을 달리해서 전형별로 특성을 살리려고 한다. 경희대의 네오르네상스 전형에서는 진로역량을 50% 반영해서 진로탐색 경험을 중시해서 선발한다는 메시지를 주었다. 중앙대는 CAU융합형인재에는 학업역량을 50% 반영하고, CAU탐구형인재에는 진로역량을 50% 반영한다. 즉 융합형인재전형은 주로 일반고 학생이 지원하는데, 입학 후 학업역량을 유지할 수 있는지를 중시해서 선발하겠다는 의미이고, 탐구형인재에는 특정 분야에서 깊이 있는 공부를 할 준비가 된 학생이 지원하므로 진로역량을 50% 반영한다고 해석된다.

〈2025 대입 학생부종합전형의 요소별 반영 비율〉

대학	전형	반영비		
경희대	네오르네상스	학업역량 30	진로역량 50	공동체역량 20
고려대	학업우수	학업역량 50	자기계발역량 30	공동체역량 20
	계열적합	학업역량 40	자기계발역량 40	공동체역량 20
동국대	DoDream	학업역량 30	전공적합성 50	인성사회성 20
	DoDream(SW)	학업역량 25	SW전공적합성 55	인성사회성 20
서울대	지역균형/일반	학업역량	학업태도	학업 외 소양
성균관대	계열적합형/학과모집형	학업역량 50	개인역량 30	잠재역량 20
연세대	활동우수형/국제형	종합평가Ⅰ 70 (학업역량+전공적합성)		종합평가Ⅱ 30 (인성+발전 가능성)
이화여대	미래인재	학업역량 30	학교활동우수성 40	발전 가능성 30
중앙대	CAU융합형인재	학업역량 50	진로역량 30	공동체 20
	CAU탐구형인재	학업역량 40	진로역량 50	공동체 10

각 대학은 5개 대학 공동 연구의 용어를 그대로 사용하지는 않는다. 연세대는 공동연구를 했음에도 용어를 달리하고, '학업+진로, 공동체'로 양분한 기준을 사용하였다.

대학은 이 기준을 중심으로 평가한 결과를 종합적으로 본다.

종합전형이니까 '공부를 좀 못해도 인성이 좋으면 선발될 수 있을까?'라는 질문을 한다.

가능할 수 있지만, 다른 학생들과 같이 공부하는데 혼자만 이해도가 떨어진다면 결국 낙오하게 된다. 이런 점을 고려한다면 학업능력이 조금 부족한 것을 인성으로 만회할 수는 있지만, 좋은 인성이 합격을 보장하는 것은 아니다. 그렇다면 공부는 잘하는데 인성이 나쁘면 불합격할까? 인성에 현격한 문제가 있다면 대학이 선발하기는 어려울 것이다. 그러나 대부분 학생부에는 학교폭력 가해 사실 이외에는 인성이 나쁘다는 평가를 하지는 않으므로 대학은 알 수 없다. 그래서 의약학계열이나 사범계열에서는 면접을 통하여 인성이 좋지 않은 학생을 걸러내고 있다. 인성은 면접 연습을 한다고 좋아지지 않는다. 평소에 언행이 몸에 배야 한다.

입학사정관의 특별한 평가 방식

학생부종합전형의 평가 방식은 한 줄로 줄을 세우는 방식은 아니므로, 평가 요소별로 절대 평가 등급으로 평가하는 것이 상례이다. 따라서 학업역량, 진로역량, 공동체역량이 평가 요소라면, 각 요소별로 평가 등급을 매겨 평가한 뒤, 이를 근거로 전체 등급을 매길 수 있다.

예를 들면 각 요소를 A, B, C라는 세 등급으로 나누고 이를 종합하여 하나의 등급을 매기는 방식이다.

요소별 등급표

요소	등급
학업역량	A, B, C
진로역량	A, B, C
공동체역량	A, B, C

종합 등급은 A+, A, B+, B, C의 5단계로 하고, 종합 등급을 2개로 제시

한 항목은 평가자가 학생의 여러 면모를 종합적으로 판단하여 2개 중의 하나로 평가한다.

요소별 등급표

학업역량	진로역량	공동체역량	종합평가
A	A	A	A+
A	A	B	A+ A
A	B	A	A+ A
A	B	B	A
A	C	B	B+
A	C	C	B
B	A	A	A B+
B	A	B	B+
B	B	A	B+ B
B	B	B	B+ B
B	C	B	B
B	C	C	B
C	B	B	B
C	B	C	BC
C	C	B	BC
C	C	C	C

위의 방식대로라면 학업역량, 진로역량, 공동체역량에서 모두 A로 평가된 학생은 종합평가에서는 최우수 등급인 A+를 받는다. 모두 A로 평가된 학생을 종합평가에서 A로 평가할 수 없다. 공동체역량만 B인 학생은 A+로 평가될 수도 있고 A로 평가될 수도 있다. 결정은 평가자가 한다. 제1 평가자와 제2 평가자가 따로 평가를 한 뒤, 비교해 보아서 평가가 엇갈렸다면 협의를 거쳐 하나의 종합평가 성적을 만들 수도 있고, 제3 평가자가 다시 평가를 할 수도 있다. 다시 4차의 위촉사정관 평가를 거치는 사

이 하나의 평가로 고정되고 최종 회의에서 다시 검토하는 과정을 거친다. 입학사정관의 개인 의견이 공동의 의견으로 조정되는 과정이다.

학업역량이 B로 평가된 학생은 다른 요소가 좋을 때 종합평가에서는 A로 평가될 수도 있다. 학업역량이 A인 학생이 종합평가에서 B까지 받을 수 있고 B인 학생은 A가 될 수도 있으므로 종합전형은 학생부교과전형과는 사뭇 다르다. 그런데 학업역량이 C로 평가되면 종합평가에서는 최고 B로 평가되므로 합격 가능성이 매우 낮아진다.

여기에 종합평가 등급별로 비율을 정해 조정할 수도 있다.

누적으로 A+는 정원의 40%, A는 120%, B+은 200%, B는 300%, C는 300% 이상으로 하고 3배수를 1단계에서 선발한다면 B까지가 1단계를 통과하게 된다.

각 대학은 이러한 방식을 사용하여 평가하기도 하고 이와는 다른 방식을 사용하기도 한다. 등급을 세분화하기도 하고 영역을 다른 기준으로 나누어 평가하기도 하며, 한 학생을 영역별로 각기 다른 입학사정관이 각각의 영역을 평가한 뒤, 사정관이 부여한 성적을 종합하여 종합 등급을 매기기도 한다.

그러나 어떤 방식으로 평가를 하더라도 성적만이 금과옥조인 평가는 아니라는 점, 다른 영역의 우수함이 교과의 부족함을 어느 정도는 보완할 수 있는 평가라는 점은 공통점이다.

제4장

결국 학생부종합전형이 관건입니다

입시에 대한 오해를 풀어야 합니다

 학생부종합전형의 평가 요소는 주로 학업역량, 진로역량, 공동체역량으로 알려져 있다. 각각의 요소는 수험생이 제출한 학교생활기록부를 바탕으로 평가한다. 이 요소를 기준으로 학교생활을 통하여 학생의 역량이 얼마나 성장했는지, 해당 모집 단위에서 공부하기에 적절한지를 평가한다.
 학생부교과전형은 교과 성적이 좋으면 된다. 그런데 고등학교 성적은 5등급 상대 평가로 산출되며, 원점수와 평균, 수강자 수가 제공된다. 성취도와 성취도별 분포 비율도 제공되지만 상대 평가 성적인 등급이 제공되므로 성취도는 대입에서 역할을 하지 못할 것이다. 이 중 교과전형에서는 반영 과목에 대한 5등급의 평균으로 전형을 하게 된다. 그런데 10%까지가 1등급, 누적 34%까지가 2등급인 상황에서는 동점자가 많아서 교과 성적만으로 평가하기는 어렵다. 대학에서는 학생부 정성 평가를 추가하거나 수능 최저를 부과할 수도 있고 면접을 보게 될 가능성이 크다. 결국 교과전형도 정성 평가의 요소가 포함된다면 1단계는 교과전형, 2단계는 종합전형이 될 수 있다.

종합전형에서 크게 영향을 미치는 과목은 수학과 과학 과목이다. 국어는 독서 잘하고, 글 잘 쓰고, 발표 잘하고, 토론 잘하면 된다. 영어는 영어 잘하면 된다. 그러나 수학은 위계가 있어, 보통교과에서 가장 위계가 높은 미적분Ⅱ 이수 여부와 성취 정도가 영향을 준다. 과학은 일반선택과목인 물리학, 화학, 생명과학, 지구과학과 진로선택과목인 역학과 에너지, 전자기와 양자, 물질과 에너지, 화학 반응의 세계, 세포와 물질대사, 생물의 유전, 지구시스템과학, 행성우주과학 중 어느 과목을 선택해서 어떤 성취 수준을 보였는지가 평가에 영향을 크게 미친다. 사회 과목은 대학에서 권장 과목을 제시한 곳이 거의 없다. 그런데 인문학 소양이라고 말하면 세계사와 세계지리를 우선 떠올리게 되니, 2022 개정 교육과정에서의 세계시민과 지리, 세계사는 수강해 두면 좋은 평가를 받게 된다.

고등학교 1학년 5월이 되면 학교에서는 과목 선택 조사를 한다. 이때 학교에서 설명해 주는 과목 선택 유의사항을 잘 듣고 자신의 진로를 중심으로 과목을 선택해야 한다. 진로에 필요한 과목을 선택하지 않으면 진학에 절대적으로 불리하다. 학교에서 제공하는 자료뿐 아니라 지원할 대학과 학과의 범주가 정해졌으면 그 학과 홈페이지를 찾아 1, 2학년에서 배우는 교과 교육과정을 볼 필요가 있다. 그래야 그 분야 공부를 할 때 고등학교에서 수강해야 할 과목을 오해 없이 알 수 있다. 그래서 과목을 정할 때 진로를 정해야 절대 우위에 서게 된다.

정시로 대학에 가기 위해서는 수능을 잘 보면 된다. 내신이 상대적으로 낮은데 수능 점수가 더 잘 나와서 수능으로 대학을 준비해야 한다면 그렇게 하면 된다. '수능을 잘 보려면 학교 자퇴하고 공부하면 된다.'고 할 정도로 수능은 학교 공부와는 거리가 있다. 학교에서 배우는 모든 과목 중 절반 이하가 시험 대상이라 낭비되는 시간이 많다고 느껴지는 점, 학교에서는 수능의 고난도 문제를 거의 다루지 않는다는 점 등 때문이다.

그러나 수능에서 통합사회와 통합과학만을 보게 되면서 대학은 전공 공부에 필요한 사회, 과학 과목 공부는 얼마나 했는지를 보고 싶어 한다. 수학도 미적분Ⅱ와 기하 과목이 포함되지 않아 이 과목을 얼마나 공부했는지를 보고 싶어 한다. 이 과목들은 2, 3학년에 편성된 과목들이다. 그렇다면 대학은 정시 수능에서도 서울대가 교과 평가를 하듯이 상위권 대학에서는 교과 평가를 할 수도 있다. 그러므로 최상위권 대학의 경우는 수능만 잘 본다고 합격할 수는 없는 상황을 맞게 된다.

그리고 단순히 눈앞의 입시만 생각해서는 안 된다. 수능으로 대학을 간다고 하더라도 대학에서 공부하는 데 필요한 과목을 무시한다면 입학 후에 고생길이 기다린다. 공대를 지망하는 학생이 수능을 준비한다는 이유로 물리학과 역학과 에너지, 전자기와 양자 등을 공부하지 않으면 대학에 입학해서 친구에게 과외를 받거나 학원에서 고등학교 과정을 따로 배우게 될 수도 있다.

이러한 생각을 염두에 두고 대학 입시를 준비해 보자. 그러나 준비에 앞서 모든 정보가 과연 '나의 수준과 기준'에 맞는 정보인지 판단하는 것이

제일 중요하다. 입시는 개인이 가진 변수에 따라 결과가 달라질 수 있다.

언론에서 다루는 통상의 입시 정보는 대부분의 수험생에게 알맞은 정보여도 특정 수험생에게는 맞지 않는 경우가 있다. 예를 들면 학생부종합전형에서 비교과가 가장 중요하다고 하는 것은 교과 성적이 비교적 낮은 학생들이 지원자 집단을 구성하는 경우에 해당되는 말이다. 최상위 대학에 해당하는 말이 아니다. 비교과가 중요하지 않다는 것은 아니지만 우선순위는 교과에 있으니 공부를 제쳐두고 동아리 활동과 진로 활동만 열심히 하면 안 된다.

지금부터 하는 이야기는 판단의 기준을 세우는 데 도움이 되는 것들로 구성했다. 다양한 상황에 부딪힐 때 가장 먼저 생각해야 하는 것이 바로 판단 기준이 된다.

학생부종합전형은 고등학교 수업을 되살리기 위해 시작한 전형이다. 이런 배경을 이해하면 "학생이 학교 밖에서 연구 활동을 한 경험을 대학이 좋게 볼 이유가 없다."는 말을 긍정하게 된다. 그러나 이런 배경을 모르면 "대학에 가서 진로 체험으로 연구도 했다는데 대학이 더 좋게 평가하는 것이 아닐까? 옆집 아이는 대학에서 진로 활동을 해서 붙고 우리 아이는 학교만 다녀서 떨어지는 거 아니야?"라고 생각할 수 있다.

그러나 이는 입시에 대한 오해에서 비롯된 생각이다. 대학은 고등학생이 고등학교에서 고등학교 수준의 공부를 잘하고 대학에 도전하기를 바랄 뿐이다.

나에게 필요한 정보를 구분해야 합니다

'나에게 필요한 정보인가?'에 대한 이야기를 좀 더 하고 가자. 어떤 입시 정보가 내게 해당하는 정보인지 알기는 쉽지 않다. 그러나 대학이 어떤 사람을 원하는가를 기준으로 판단하면 실마리를 잡을 수 있다.

모든 사람에게 다 통하는 정보는 없다. 평균적인 정보라는 것도 없다. 특히 대입은 모집 단위별로 지원자 그룹이 형성된다. 이 지원자 그룹들은 각각 매우 다른 특성을 가지고 있다. 어떤 그룹은 모든 공부를 다 잘하고, 어떤 그룹은 공부보다는 열정이 넘치는 지원자들이 모인다. 어떤 그룹은 물리를 잘하는 학생들로 구성되고, 어떤 그룹은 물리에 관심이 적은 지원자들이 지원한다. 그러므로 모든 지원자에 공통으로 해당하는 정보가 없을 수밖에 없다. 전교 1등만 모이는가 하면, 성적이 중간쯤 되는 학생이 지원하는 곳이 있지 않은가? 그래서 정보를 얻기 위해서는 비판적으로 생각해야 한다. 혹시 판단이 안 되면 선생님과 상의하고, 그래도 미심쩍으면 대교협 상담교사단의 상담교사에게라도 물어볼 일이다.

공부를 무척 잘하고, 이공계로 진학을 준비하고 있는 고등학교 2학년 학생이 고민에 빠졌다. "학생부종합전형에서는 비교과가 중요합니다. 학생의 학생부는 다 좋은데 '투철한 국가관'이 안 보이네요."라는 컨설팅 의견을 들었기 때문이다. 이 학생과 학부모는 지인을 통해서 독도지킴이 동아리 그와 유사한 동아리를 하라고 권유받았는데 이를 시작해야 하는지를 두고 고민하고 있었다. 동아리 활동은 좋아하면 하고 그렇지 않으면 하지 않아도 무관하다. 한국사 성적도 좋고 여러모로 성실한 태도를 갖추었다는 학생부 기록을 가진 학생에게 '투철한 국가관'을 보여줄 수 있는 활동을 해야 한다는 조언의 뿌리는 무엇일까? 아마도 2010년을 전후한 입학사정관제 시절, 비교과가 많이 반영되었을 때의 경험에서 나온 이야기였을 것이다.

누차 이야기하지만, "대학은 학교생활 전반에 성실하게 임하고 학업 역량을 가진 학생, 배려와 나눔의 이웃사랑도 실천할 줄 아는 학생을 선발하려고 한다."가 판단의 기준이 되어야 한다. 결국 학생은 고민 끝에 투철한 국가관을 보여줄 동아리에는 가입하지 않았고, 자신이 하고 싶은 동아리를 했다. 그리고 원하는 대학에도 들어갔다. 이 학생이 들은 '학생부종합전형은 비교과가 중요하다'는 정보나 '국가관 투철한 동아리가 유리하다'는 것은 이 학생에게 맞는 정보는 아니었다.

학생부종합전형은 비교과 준비로부터 시작한다는 신문 기사가 있다. 이 기사를 보면 학생부종합전형에 대비하려면 당연히 비교과를 챙겨야 한다는 생각이 든다. 더구나 비교과를 챙기라는 말은 지원할 모집 단위의 전공적합성을 고려하여 동아리도 해당 전공에 초점을 맞추어 해야 하고, 진로 탐색도 전공에 초점을 맞춰서 해야 한다는 메시지를 담고 있다. 그런데 최상위권 대학은 지속적으로 "스펙으로 선발하는 것이 아니다, 학업 역량과 전공적합성이 중요하다."와 같은 설명 자료를 낸다. 서울대는 전공적합성이라는 말도 없다. 그리고 어떤 자료를 보아도 비교과를 챙겨야 한다는 말은 없다. 그러면 이 말은 맞는 말일까?

전국 대학 중 학생부종합전형을 하는 대학은 140개가 넘는다. 이 많은 대학 중에는 학업은 다소 부족하지만(정확히 말하면 성적은 좀 떨어지지만) 동아리 활동을 열심히 한 학생이 갈 수 있는 곳이 상당수 있다. 어쩌면 교과 공부를 열심히 하지 않았지만 동아리 활동만은 열심히 해서 갈 수 있는 대학이 많을 수도 있다. 수험생의 상위 20% 정도가 학업 역량을 평가받아 대학에 입학한다면, 학업 역량이 떨어지는 나머지 80%는 비교과를 챙겨야 한다는 말이 맞을 수 있다. 그러므로 이 기사 내용이 완전히 틀린 것은 아니지만, 최상위 대학에 가려는 사람에게 맞는 것은 아니다. '교과 성적에 비하여 지나치게 화려한 창의적 체험활동 상황은 좋은 평가를 받기 어렵다.'는 말이 통하는 대학도 있다.

학생부종합전형의 평가 방식에 따르면 2등급 78점의 학생과 3등급 62점의 학생이 같은 수준의 역량을 가진 지원자로 평가받을 수 있다. 78점과 62점을 단순히 점수로만 따진다면 차이가 크다고 느낄 수 있지만, 학습 결손량으로 보면 크게 차이가 나지 않는다고 할 수 있기 때문이다. 그렇다면 컴퓨터 전공 학과에 지원한 학생이 컴퓨터에는 별로 관심이 없어 보이는데 2등급인 경우와 3등급이지만 컴퓨터 동아리에서 다양한 활동을 하고 열정을 보인 경우라면 둘 중에 어떤 학생이 선발될까? 아마도 컴퓨터에 관심이 많은 3등급이 선발될 가능성이 높다. 이렇게 되면 동아리 활동이 중요하다는 기사가 맞는 말이 된다.

  그러나 최상위 대학이라면 컴퓨터 동아리 활동을 했건 생명과학 동아리를 했건, 공부와 무관한 합창반이나 모던댄스반 활동을 했다고 해도 결국은 대학에 진학한 이후에도 어려운 공부를 해낼 능력과 욕망을 갖추었는가에 방점을 찍을 것이다. 그러니 '비교과를 챙겨라'라는 말은 누가 듣느냐에 따라 맞는 말이 될 수도 있고, 맞지 않는 말이 될 수도 있다. 즉, 정보는 진리가 아니니 나에게 맞는 말인지 스스로 판단해야 한다.

공부는 태도가 먼저입니다

공부를 하려면 내가 왜 공부하는지를 계속 물어야 한다. 사람은 무엇이 되기 위해 공부하기도 하지만, 공부 그 자체에 뿌듯함을 느껴서 공부하기도 한다. 무엇이 되기 위해서 공부를 한다면 그것을 위해 필요한 지식을 얻으려고 노력하게 되고, 자연스럽게 공부해야 할 것이 생긴다. 그러나 무엇이 되기 위한 공부는 목적을 달성한 다음에는 멈추게 된다. 반면 스스로 뿌듯한 마음에 공부를 한다면 공부 자체를 즐기는 사람이 될 것이다. 평생 학습 사회에서는 스스로에게 보상을 하면서 공부하는 사람이 발전 가능성이 큰 사람이다. 그러나 이 경지에 도달하지 못하더라도 왜 공부를 하는지를 물으면서 자신이 공부해야 할 이유를 찾고 그 방향을 잡는 것은 성장에 도움이 된다.

스타일리스트가 되고 싶은 H 학생은 멋진 옷을 입은 자신의 사진을 찍는 것이 취미다. 공부에 큰 관심은 없지만 외국 포털에서 정보를 얻기 위해 스타일링과 관련된 영어는 잘 안다. 이 학생이 100세가 되어도 그저 자기 사진만 찍을 것이 아니라 더 큰 무엇을 하기 위해서는 자신이 할 일을 정한 다음에, 무엇을 공부해야 할지 알아보고 공부할 마음을 먹어야 한다. 결코 쉽지는 않겠지만 무엇을 공부해야 할지, 어떻게 시간을 활용할지, 어떤 진로나 진학 경로를 택할지도 정해야 한다. 그것도 스스로 정해야 한다. 이런 마음가짐이 바로 학업 태도다.

영화감독이 되고 싶은 학생이 있다. 사회 교과에서는 세계사, 윤리와 사상, 세계지리, 여행지리를 선택해서 이수하고 있으며, 과학에서는 물리학과 전자기와 양자를 선택하겠다고 하고 거점학교에 가서라도 물리학실험 과목 등을 이수할 계획이라고 한다. 그 이유는 나중에 〈마션The Martian〉이나 〈인터스텔라Interstellar〉 같은 영화를 만들려면 알아야 할 것들이기 때문이라고 한다. 이 학생은 자신의 선택에 대한 답을 가지고 있다. 그렇기 때문에 성적이 나쁠까, 공부가 어려울까 두려워하지 않고 도전하고 있다. 대학에서는 이 학생의 자기주도적 태도, 도전적 태도를 높이 평가할 것이다.

학업태도뿐 아니라 생활 태도도 중요하다. 허브 켈러허는 망해 가는 사우스웨스트 항공을 살린 CEO로 유명하다. 그는 사원을 선발할 때 지식보다 태도를 보고 선발했다고 한다. 지식은 가르치면 되지만 태도는 가르친다고 변하는 게 아니라는 것이다. 인터넷에 떠도는 진짜 인재를 선발하기 위한 하이네켄의 면접 동영상도 태도의 중요성을 말해 준다. 당시 하이네켄 면접에서는 세 가지 돌발 상황이 주어졌다. 첫 번째, 면접실로 안내하는 직원이 지원자 손을 잡는다. 이는 지원자의 친밀감과 유쾌함을 보기 위한 테스트이다. 두 번째, 면접 중 갑자기 면접관이 쓰러진다. 이는 지원자의 대응 능력과 배려하는 모습을 확인하기 위한 테스트이다. 세 번째, 갑자기 비상벨이 울리고 지원자들에게 탈출하라고 한다. 소방대원이 탈출한 지원자들에게 도움을 요청한다. 이는 지원자의 열정과 헌신을 확인하기 위한 테스트이다. 이 면접에서 합격한 지원자가 각 상황에 대응하는 것을 보는 것으로도 공부가 된다.

인성을 갖추고 공부를 하자. 공부도 태도가 먼저다. 책상에 앉기 전에 나는 공부할 태도를 갖추었는지, 공부할 마음이 있는지, 왜 공부하는지를 다시 마음에게 물어보자.

진짜 목표를 세워야 합니다

친구를 따라가면 2등은 한다. 2등만 해도 성공하던 시절이 있었다. 그러나 현대 사회는 2등보다는 1등을 더 알아주는 사회다. 이 말을 들으면 1등이 되기 위한 무한경쟁을 생각하게 된다. 그러나 지금 말하려고 하는 것은 무한경쟁의 이야기가 아니다.

한 가지 종목에서 경쟁하는 방식에서는 원숭이와 수달과 토끼가 함께 경쟁해야 한다. 그런데 종목이 '사막 건너기 마라톤'이라면 어느 누구도 승자가 되기는 어렵다. 그런데 원숭이는 나무타기 종목에, 수달은 수영 종목에, 토끼는 등산 종목에 출전하기 위해 연습한다면 개인은 성장의 기쁨을 맛볼 수 있다.

생각하기를 좋아하는 여학생 K가 있었다. K는 "공공선은 존재하는가? 행복하다는 것은 무엇일까? 돈을 많이 벌면 행복한가? 돈은 언제 어디에서 생겼고, 왜 생겼을까?"와 같은 물음에 답을 찾고 싶어 했다. 대입을 준비하던 수험생 시절에 아버지는 편찮으시고 집은 가난했다. K는 어디론가 달아나고 싶다는 생각도 여러 번 했고 참고서 하나를 사기가 망설여져 동네 서점 앞을 몇 시간 동안이나 서성인 적도 있다고 했다.

학원이나 과외공부 같은 사교육은 남의 이야기였다. K는 고등학생 때부터 인문학적 질문과 사람들의 얘기에 관심을 가져왔다. 청소년 전용 인문학 서점인 '인디고 서원'과 인연을 맺은 것이 계기였다. K는 "인디고 서원에서 여러 가지 행사를 열어 '주제와 변주', '청년들의 저녁 식사', '공동선이 무엇인가' 등을 주제로 함께 고민했어요. 시를 읽으면서 토론하기도 하고, 철학책의 유명한 문장을 가지고 얘기하기도 하고요. 고등학생 때 우연히 그 행사에 참가했다가 강연하러 온 연사들과 또래 친구들과 이런 내용에 관해 토론했고, 그 질문들로부터 많은 영향을 받았어요."라고 말했다.

K가 인문학에 매력을 느낀 이유는 인문학이 '좋은 질문을 계속해서 던져주는 학문'이기 때문이라고 한다. 다른 학문은 명쾌한 답이 있거나 답을 내는 과정을 배우지만, 인문학은 답을 내기 이전에 질문을 만드는 방법을 알려 주기 때문에 매력이 있다는 것이다.

K는 어려울 때마다 주먹을 꽉 쥐고 공부해서 서울대학교 자유전공학부에 수시 전형으로 입학했다. 자유전공학부는 자신이 공부하고 싶은 것을 스스로 찾아서 전공을 만들어갈 수 있는 학부다. 서울대는 풍요로운 장밋빛 미래를 가져다줄 든든한 희망일 줄 알았지만, 서울대에 입학하고 나서도 다시는 마주치리라 생각지 않았던 아득한 막막함과 마주쳤다고 K는

말한다. 그러고는 "누구나 아무것도 없는 막막한 길을 걸어본 적이 있을 것입니다. 정해지고 약속된 게 아무것도 없었기에 거꾸로 무엇이든 할 수 있다는 깨달음을 얻었습니다."라고 이야기했다.

K는 '돈을 많이 벌면 행복한가?'와 같은 질문에 대한 답을 구하고 세상과 공유하기 위해 자유전공학부에서 '인문소통학'이라는 새로운 전공을 만들어 인간과 인문학에 대한 탐구를 이어갔다. K는 '사람은 어떤 방식으로 사고하고 움직이는가?'와 같은 질문에 답을 구하는 공부를 했다. 공부하면서 K는 '역사학에서 보면 인간은 반복하는 존재, 심리학에서는 호르몬에 따라 심리가 바뀌는 존재, 사회학으로 접근하면 인간은 사회 구조 속의 존재'로 다양하게 본다는 것을 공부하고 생각을 이어나갔다.

K는 인문학적 질문을 나누고 발전시킬 수 있는 오프라인 공간을 만들기로 했다. K가 실천에 옮기고 있는 프로젝트는 '생각공방'과 '휴먼 투어'다. '생각공방'은 두려움과 행복, 인간의 군상 같은 주제로 함께 토론하고 책을 읽고 영상을 보는 공간이다. 또 누구나 와서 철학적인 질문을 던질 수 있고, 문학을 읽을 수 있고, 역사에 대해 같이 얘기할 수 있는 공간이다. K는 여기서 다양한 생각을 만들어 내고 싶어 한다. 만들어 내니까 '공방'이다. '휴먼 투어'는 다양한 사람들의 이야기와 영감의 원천, 사회에 던지는 질문 등을 정리해 사람들과 공유하기 위한 인터뷰 활동이다. K는 '휴먼 투어'라는 이름으로 철학자, 경제학자, 정치가 등 다양한 분야의 특별한 사람들을 만나 인터뷰를 하려고 한다. 단지 그 사람들의 이야기만을 듣는 게 아니고, 그들이 갖고 있는 생각이나 개념이 과연 어디에서 비롯

된 것인지, 그 원천을 탐구해 보겠다고 한다.

K는 2014년 8월 28일 서울대학교 가을 학위수여식에서 대표로 졸업 연설을 한 권은진 씨다. 그는 졸업하고 구글에 입사했다. 은진 씨는 사교육을 거의 받지 않고 서울대 자유전공학부 특기자 전형 수석으로 합격해 입학 당시에도 화제가 됐다. 2013년에는 '대한민국 인재상'을 받았고, 2014년에는 '미래 한국을 빛낼 13인'에 뽑히기도 했다.

자신만의 길을 개척한 은진 씨의 이야기를 기억하길 바란다. '나'에 자신을 대입해서 다음 글을 읽어보자. 스스로 설정해야 할 '진짜 목표'에 대해 생각할 수 있는 계기가 될 것이다.

'나는 꿈이 있다. 내 꿈은 다른 친구와는 다른 나만의 꿈이다. 그리고 나는 나의 의지로 그 길을 간다. 이 길은 아직은 아무도 가보지 않은 길이다. 이 길에 도전해서 난관을 딛고 일어설 때 나는 언젠가 아무도 가지 않은 길을 개척한 선구자가 된다. 나를 이끈 것은 의지라는 이름으로 내 앞을 비추던 손전등이었다. 그런데 그 손전등은 나를 비춰주는 안내자임과 동시에 내 안에 있는 나였다. 선구자의 자리에 이르렀을 때, 나보다 몇 걸음 앞을 비추는 내 손에 들린 손전등과 내가 하나였음을 알게 될 것이다.'

어린 시절부터 하나의 목표를 정하고 흔들림 없이 그 목표를 이루기 위해 노력하는 경우는 드물다. 예술·체육이나 기술 분야는 장인이 되겠다는 목표를 세우고 흔들림 없이 목표를 향해 나아갈 수 있다. 그런데 학문 분야는 학문의 세계가 빠르게 변하기 때문에 지금 세운 목표와는 다른 목표로 옮겨갈 가능성이 높다. 그러다 보니 대학에서도 고등학교 때 분명한 목표를 가진 학생만을 선발하려고 하지는 않는다. 그래도 고등학교 때 선택해서 공부한 과목이 있고 그 과목으로 미래에 어떤 공부를 해서 어떤 분야에서 일할 수 있는지는 지속적으로 탐색해야 한다.

특목고에 지원하려면 자기소개서를 쓰게 된다. 자기소개서에서는 진로 방향을 요구한다. 이처럼 고입에서도 진로는 중시된다. 고등학교에 진학하면 과목을 선택하게 되는데 진로를 정해야 유리하다. 전공자율선택제로 입학한 뒤에 전공을 정해도 되는 모집 단위도 수시로 가려면 대학 가서 어떤 공부를 해야 할지는 정해 두어야 한다.

진로 목표는 빨리 알아볼수록 좋다.

면접을 준비해야 합니다

"서울대에 지원해 봐라. 이만한 실력이면 충분히 붙겠다."
"서울대는 안 낼래요."
"왜?"
"면접이 자신 없어요."

서울대는 수시의 모든 전형, 모든 모집 단위에서 면접을 본다. 서울대 지원을 권유받은 A 학생은 면접 연습을 시켜준다고 해도 한사코 대학을 낮춰서라도 면접 없는 전형에 지원하겠다고 한다. 면접이 두려워 지원을 못하겠다고 한다. 많은 대학은 면접이 있는 모집 단위와 면접이 없는 모집 단위를 동시에 운영하고 있다. 학생들은 면접이 있는 모집 단위에 지원하기를 꺼린다. 그러다 보니 면접에 자신이 있으면 합격 가능성이 높아진다.

문제 풀이 면접이라면 범위를 확인하고 기출문제도 확인해야 한다. 전년도 문제가 그대로 나는 법은 없지만 경향성을 알 수 있다. 문제는 모든 대학이 자기 대학 홈페이지에 공개하고 있다.

사실 확인 면접은 사실을 확인하는 것이므로 자신의 학생부에 써 있는 학습활동과 기타 활동들을 잘 설명하면 된다. 자신이 한 일을 물었는데, 생각이 안 난다면 대학 공부를 하기에 적합한 사람이라고 평가받지 못한다.

인성면접은 주로 의학계열과 사범대에서 본다. 인성면접에서 측정하려는 것은 말 그대로 '인성'이다. 인성 덕목은 개인적 성품에 해당하는 도덕성과 품성, 성실성 등과 더불어 미래 사회에서 요구되는 핵심 인성 역량으로 인식되는 나눔과 배려, 팀워크와 협력, 대인관계와 의사소통 등 타인과의 관계능력과 나아가 자신의 성장과 공동체의 발전을 이끌어내는 리더십 등을 포함한다. 그런데 주어지는 과제를 혼자 할 수 없는 시대가 되었기에 협력, 나눔, 배려, 팀워크, 대인관계와 의사소통 등이 특히 중요하게 평가된다.

협력하는 자세는 대학에서 크게 관심을 가지는 부분이다. 모둠을 만들어 과제를 부여했는데 협력이 안 되는 학생이 끼어있으면 불만이 나오고 팀은 갈등에 빠지게 된다. 협력은 더 큰 성과를 가져다준다. 혼자 오를 수 없는 산을 둘이서는 밀어 올리고 끌어주면서 올라갈 수 있다. 연구도 혼자서는 어렵다. 수많은 연구소에서는 여러 명의 연구원이 같이 연구한다. 노벨상 수상자도 지금은 혼자가 아니다. 연구를 같이한 연구자들끼리 공동수상을 하는 경우가 대부분이다.

어느 중학생의 이야기는 '태도'에 대해 다시 생각하게 한다. A와 B는 친한 친구다. 초등학교 때에도 여러 번 같은 반을 했었다. 둘은 서로의 집도 자주 찾아가서 바둑도 두고 수영장도 같이 다니며 가까이 지냈으며 중학교에 와서 또 같은 반이 되었다. 국어시간에 자유학기제 연계 수업을 한다며 모둠을 짜서 같이 연구하고 발표하는 활동을 한다고 해서 A와 B는 같은 모둠에 들었다. 둘을 포함한 넷이서 연구를 잘 이끌어가기로 다짐했다.

연구 주제는 '중학생의 스킨십에 대한 부모 세대의 의견 조사'로 했다. 학교에서도 손을 잡고 다니거나 어깨를 감싸고 다니는 친구들이 늘어나서 문제라는 학교의 입장에 대해 부모 세대의 의견을 알아보면 재미있을 것 같았기 때문이다. 거리에서 부모 나이로 보이는 어른 100명 이상을 인터뷰하기로 했다.

그런데 인터뷰를 담당하기로 한 A가 갑자기 집안일이 있다며 B에게 다른 친구들과 인터뷰를 해 달라고 했다. B는 A와 원래 친하니까 그렇게 하겠다고 하고 다른 친구들과 인터뷰를 했다. 거리를 지나는 어른들에게 중학생 자녀가 있는지 여부를 묻고 중학생의 스킨십에 대한 의견을 간단히 묻는 인터뷰였다. 하루에 다 마치려니 하루 종일 먹지도 못하고 인터뷰를 했다. 다음날 학교에서 A와 만났는데 A는 인터뷰 대상이 좀 적지 않느냐며 짜증스런 말투로 반응을 했다. B와 나머지 친구들은 점심도 못 먹고 인터뷰를 했는데, 참여하지도 않은 A의 태도에 기분이 정말 나빴다.

연구가 막바지에 달했다. 내일이 발표 날이라서 오늘은 같이 프레젠테이션 자료를 마무리 정리하고 발표 연습을 하기로 했다. 그런데 A는 일이 있다면서 너희들끼리 해달라고 부탁하고 집에 가 버렸다. A가 발표하기로 해 놓고 또 일이 있다고 집에 가는 바람에 남은 조원들끼리 자료 마무리를 하고 발표는 C가 하기로 했다. 발표를 하고 난 뒤 선생님은 A와 B의 팀이 한 연구가 자료 준비는 잘 되었는데 프레젠테이션 자료가 너무 복잡하고 발표하는 목소리도 좀 작았다고 지적하셨다. A는 자기가 했으면 잘했을 텐데 본인이 없는 사이에 발표자를 정해 발표를 망쳤다며 다른 친구들을 원망했다. 나중에 알고 보니 A는 선생님께 찾아가서 다른 친구들이 협조를 안 해서 연구를 망쳤다며 자기만이라도 점수를 올려달라고 했다는 것이다.

대학은 A 같은 학생은 뽑지 않는다. 자신이 맡은 일에 최선을 다할 뿐 아니라 친구의 입장을 이해하고 친구의 처지에 공감하게 되면 언젠가 그 친구는 나와 같이 길을 걷는 동반자가 된다. 그래야 더 높은 산에 오를 수 있고 미지의 세계를 개척할 수도 있다. 나만 알고 내 이익만을 앞세우면 관계는 나빠지게 되고 모임은 깨지게 된다. 그러면 큰 꿈을 이룰 수 없다.

나눔과 배려는 작은 일에서도 중요하다. 학교에서 같이 청소하는 시간에 청소를 열심히 하지 않는 사람은 친구를 배신했다고 할 수 있다. 다섯 명이 해야 할 일을 네 명이 하게 만들었기 때문이다. 내 이기심은 친구들에게 더 많은 짐을 지게 한다. 그래서 친구들은 아무 일도 아닌 척하지만 마음이 매우 불편하다. 불편한 마음이 미워하는 마음을 만든다. 행복감이 줄어들고 불만이 늘어난다. 학교에서 이루어지는 일상생활에서 같이 움직이고 같이 열심히 하는 자세를 보이는 것이 나눔과 배려를 실천하는 일이다. 결국 혼자 청소를 하지 않고 다른 짓을 한 친구는 친구들에게 폐만 끼친 것이 아니라 전체 친구 관계를 나쁘게 만드는 결과의 원인을 제공한 셈이 된다. 자기 좀 편하자고 한 행동이 작은 사회를 망치는 것이다. 학생의 학생부에 '청소 시간에도 책을 들고 열심히 공부했음.'이라고 쓰여 있다면 합격이 어려울 것이다.

인성면접을 보는 모집 단위에서는 인성면접이 중요하다. 대부분의 면접은 상황을 제시하고 그 상황을 지원자가 어떻게 해결하는지, 어떻게 반응하는지를 본다. 정해진 답이 없다. 인성면접은 기출문제 보고 연습한다고 잘 보게 되는 면접이 아니다. 인성을 평가할 수 있는 전문가가 상황을 제시하고 반응하는 형태의 문제로 출제하므로 평소에 바른 태도로 살아야 할 뿐이다.

"점심 급식 시간에 줄을 서서 차례를 기다리고 있는데 후배가 새치기했다면 어떻게 하겠느냐?"는 질문에 "후배가 얼마나 급한 일이길래 새치기까지 했을까요. 경황도 없어서 양해도 못 구하고 부득이하게 새치기했을 것입니다. 그런 상황이라면 "배식받는 것을 도와줄까?" 하고 물어보겠습니다."라고 대답하면 아주 훌륭한 답이 될 것이다. 이러한 대답은 평소의 생활 태도에서 나온다.

대학은 발전 가능성을 보고 선발합니다

　대학은 모집 단위별로 정원이 정해진 구조이다. 어떤 사람은 졸업정원제를 도입해 원하는 대학에 학생을 입학시키고 매 학기 탈락시키는 구조를 만들자고 한다. 그러나 우리나라는 대학 서열화가 공고해서 이 제도를 시행하면 모든 수험생이 일단 서울대에 몰릴 것이다. 중도 탈락해도 서울대 중퇴라는 벼슬을 얻는다고 생각할 것이 자명하다. 실제 학생 수보다 대학 정원이 많아 정원 감축이 대학이 당면한 과제 중 하나인 현실에서, 졸업정원제는 상상 속에서나 실행할 수 있지 않을까?

　아무리 고등학교와 수능이 상대 평가에서 절대 평가로 바꾸어도 대입은 정원이 정해져 있기에 결국 상대 평가일 수밖에 없다. 그러나 대학의 상대 평가는 같은 모집 단위에 지원한 학생끼리 경쟁한다는 점에서, 내신 상대 평가나 수능 상대 평가와는 다르다. 대학이 지원자를 학생부종합전형처럼 정성 평가 한다면 상대 평가지만 느슨한 상대 평가가 된다.

대규모 대학이 한 해 약 4천 명을 선발하므로, 상위 10위권 대학에 합격하려면 4만 등 안에 들어야 한다. 이 안에는 수능 점수 좋은 학생, 학교 공부 열심히 한 학생, 꿈이 큰 학생 등이 포함될 것이다. 말하자면 어떤 역량을 뽐내든, 역량이 있는 학생 집합에서 4만 등 안에 들어야 한다는 뜻이다. 수능으로 쳐도 마찬가지다. 수험생은 재학생 수가 줄면 줄어든다. 여기에 졸업생이 늘면 줄지 않을 수도 있고 늘 수도 있다. 그러나 수험생이 늘든 줄든 4만 등을 해야 합격권에 든다. 그러니 비율은 부정확하다. 수험생이 40만 명이라면 10% 안에 들어야 합격권이라고 하겠지만, 30만 명으로 줄면 13% 안에 들어야 합격할 수 있다고 할 것이다. 무학과 선발이 확대되면 특별히 합격선이 낮은 모집 단위도 사라지므로 4만 등보다 잘 해야 한다.

U 학생은 성균관대에 가고 싶어 한다. 성균관대는 상위 10개 대학 성적 커트라인의 끄트머리라면 가기 어려우니 그보다 더 경쟁력을 갖추어야 한다. 일단 2만 등이면 간다고 가정해 보자. U 학생은 어떤 측면의 역량을 길러 2만 등 안에 들어갈 수 있을까? 관건은 '욕망'에 있다. 자신이 무엇을 하고 싶고, 하고 싶은 것을 이루기 위해 무엇을 공부할 것인지를 정하고 열정을 살려 공부해야 한다. 욕망은 곧 '간절함'이다. 간절하니까 노력하고, 간절하니까 더 찾아보고, 간절하니까 탐구활동을 열심히 했을 것이다. 간절하니까 이 모든 것을 자기주도적으로 했을 것이다.

"아이에게 물고기를 잡아주기보다는 물고기 잡는 법을 가르쳐야 한다."

는 말이 이제는 통하지 않는다. 물고기 잡는 법을 가르쳐주는 동안 다른 사람들이 더 좋은 기술로 다 잡아가니 스스로 잡는 법을 계속 개발할 수 있는 능력을 길러야 하는 시대가 왔다. 교육은 변화에 발맞춰 물고기 잡는 법을 개발할 수 있는 역량을 학생 스스로 계발할 수 있도록 바탕을 깔아 줘야 한다. 그래서 고기 잡는 방법을 말해 주지 말고 바다와 낚시를 보여 주어 스스로 고기를 잡고 싶게 만들어야 한다.

U 학생은 바다를 보았는가? 그 답은 현재 성적 분석에서 나오는 것이 아니고 앞으로 어떤 노력을 기울일 것인지에 달렸다. 학생이 꿈을 꾸고 꿈을 실현하기 위해 지속적으로 노력한다면 당연히 지금보다 더 많은 계단을 오를 수 있다. 억지로 시켜서 공부하는 이이들이 많지만, 공부가 재미있어서 공부하는 아이들도 있고, 꿈을 이루기 위해 공부하는 아이도 있다. 꿈이 있으므로 실력을 연마한다. 억지로, 시킨 대로 공부하는 학생은 발전 가능성이 적다.

대학은 발전 가능성을 보고 선발한다. 같은 모집 단위에 지원한 학생들은 학업 역량도 비슷하고 전공적합성도 비슷하다. 그러므로 차이가 나는 덕목이 발전 가능성이라고 해도 과언이 아니다. 이 발전 가능성은 자신이 하고 싶은 분야에서 더 어려운 과목에 도전하고 열심히 공부한 흔적에서 찾을 수 있다. 경제학과를 지망하는 학생이 점수가 잘 안 나올까 봐 경제 과목을 회피하고, 미적분Ⅱ 과목은 어렵기도 하고 이공계 갈 학생들이 많이 선택해서 등급이 잘 안 나올까 봐 회피했다면 대학이 이 학생을 선발하고 싶을지는 불문가지이다.

도전하라, 열릴 것입니다

한 서울대 교수님이 수업 중에 학생에게 어느 학교 나왔냐고 물었더니 일반고 나왔다는 답이 돌아왔다고 한다. 서울대 학생들도 혹시 묻는 말에 잘못 대답해서 다른 학생들에게 얕보일까 봐 대답도 잘 하지 않으려고 하고, 어느 학교 나왔냐는 물음에는 일반고 나왔다고 두루뭉술하게 말한다는 것이다. 서울대에 다니는 학생도 자존감이 낮을 수 있음을 보여준다.

그래도 그 학생은 서울대를 지원했고, 합격했다. 그런데 대부분의 학생은 서울대에 지원할 생각을 하지 않는다. 지역균형이라면 당연히 전교에서 가장 우수한 성적을 내야 추천을 받으므로 학교가 강제로라도 지원을 하게 만든다. 이야기를 들어보면 서울대 면접 보러 가기도 두렵고, 수능최저에도 자신이 없어 일부러 3학년 1학기 시험에서 한두 과목을 망쳤다는 학생도 있을 정도다. 하지만 일반전형으로 지원하려면 학생이 지원할 의사가 있어야 한다. 그런데 일반전형 면접을 보러 가서 교수 앞에서 대답도 못 하고 망신만 당할까 봐 지원조차 꺼리는 학생도 있다. 이런 이야기를 듣고 학부모 설명회에서 퀴즈를 냈다.

"서울대는 누가 갈까요?"

답은,

"서울대 지원하는 사람이 간다."이다.

학생에게 필요한 것은 도전 정신이다. 대학에서 학생을 선발하는 요소 중 하나가 발전 가능성이고 이는 도전 정신에 바탕을 두고 있다. 큰 꿈을 가지고 도전하지 않는다면 이룰 수 있는 결과도 작다. 지구가 오염되면 인류가 살아갈 새로운 세계를 찾아 우주로 나서겠다는 꿈을 가진 학생은 오늘의 삶에 만족해하며 안주하는 학생보다 꿈을 실현하기 위하여 노력할 것이다. 이런 꿈을 갖고 있다면 주눅들 일도 없고 망신당할까 봐 숨을 이유도 없다.

학생이 이수한 교과에서도 도전 정신이 드러난다. 어려운 과목에 도전한 학생은 쉬운 과목 중심으로 이수해서 성적만 좋은 학생보다 도전 정신이 강한 학생이다. 경제학을 전공하려는 학생이 미적분Ⅱ, 물리학, 세계사, 윤리와 사상 등 다른 학생이 선택하기를 꺼려하는 과목을 이수했다면 그 학생의 도전 정신을 높이 평가한다. 고등학교 때 성적 유불리를 따져 유리한 쪽으로만 선택한 학생은 결국 대학에 입학하더라도 필요한 과목을 이수하는 데 어려움을 겪게 된다. 그뿐 아니라 대학 4년간 이수한 과목을 보면 거의 교양 수준의 쉬운 과목만 이수하고 전공에 맞는 어려운 과목은 기피한 성향이 한눈에 보인다.

이 학생이 블라인드 채용을 하는 기업에 지원을 하면 전공 학과명과 재학 당시 배운 과목과 성적을 쓰라고 하는 경우, 대학 때 이수한 과목만 봐도 기업에서 채용하기는 어려운 사람으로 판명 난다. 학점이야 최고 수준으로 뛰어나지만 회사에서 자신의 몫을 해낼 역량이 안 되기 때문에 채용하지 않는다. 그러므로 꿈을 가지고 어려운 과목에 도전한 사람만이 성공할 수 있다. A+ 학점을 맞는 것이 능사가 아니다.

자기 발전을 위해 도전한 많은 경험들은 다 높이 평가된다. 예를 들어 도서관에 있는 책을 대부분 다 펼쳐본 성일 학생은 학교 토론 시간에 완벽한 논거를 대서 상대방을 꼼짝 못 하게 만들어 좋은 평가를 받았다. 시간을 아껴 운동을 열심히 해서 고2 때 철인 3종 경기에 나갔던 현진 학생은 도전 정신을 인정받았다. 공부도 잘하면서 또 다른 목표를 성취해 내는 학생이라면 뭐든 잘 해내지 않을까? 학교에서 축구 시합을 하는데 좀 더 전문적인 심판이 있었으면 좋겠다고 생각해서 축구심판 자격 교육을 받고 자격증을 받은 재휘 학생도 생각을 실천한 사례이다.

대학은 발전 가능성을 현재까지 이루어온 것만으로 평가하지는 않는다. 미래에 큰일을 하려는 사람이라면 큰 꿈을 꾸고, 그것을 이루기 위해 준비를 하고, 지속적으로 노력해야 한다. 내가 하고 싶은 것은 무엇이고 무엇을 준비해야 할까? 이를 진지하게 생각해서 도전한 사람이라야 대입이라는 목표에 한 발짝 더 다가갈 수 있다.

개념학습보다 중요한 것은 없습니다

대입 준비에 앞서 하는 고민이 '수시로 갈까, 정시로 갈까?'이다. 모든 수험생은 수시로 가고는 싶다. 빠르게 입시를 끝내고 연말에는 좀 마음 편히 지내고 싶지, 새해 벽두부터 원서 내고 기다리다가 졸업식 지나서도 합격자 발표를 기다려야 하는 정시로 가기를 원하지는 않는다. 따라서 대부분 학생들은 수시를 준비하지만 일부 학생은 본인이 정시 스타일이라고 믿고 정시를 준비한다. 요즘은 정시 스타일을 정시러라고 한다. 1학년 1학기를 망치면 정시러가 된다.

   그런데 수시 전형에서 학생부종합전형으로 학생을 선발하는 대학은 모든 이에게 열려있지 않다. 어느 정도 공부를 하는 학생에게 해당되는 전형이다. 공부를 잘하지 못하면 경쟁이 심한 대학에는 가기 어렵다. 그렇다면 성적이 낮은 학생이 많이 지원하는 전형은 학생부종합전형보다는 교과전형일 가능성이 높다. 경쟁이 심하지 않은 대학은 교과전형 비중이 높기 때문이다. 그런데 교과전형이든 종합전형이든 수능과는 다르다. 결국 수시와 정시를 정하는 관건은 과연 전적으로 수능 준비를 할 것이냐에 있다.

 대한민국 입시를 두고 수능이 공정한가, 학생부종합전형이 공정한가에 대해서는 논란과 세력 다툼이 있다. 2019년 11월에 서울대 등 16개 대학을 지목해서 수능 전형 비중을 40%로 늘리라고 권장했고 이를 조기 적용하도록 한다는 조치가 그 증거다. 결과적으로 정시가 늘어났다. 그렇다면 수험생은 어떤 전형에 지원하는 것이 유리할까? 학생부종합전형이 공정한 전형이라든가 수능이 공정한 전형이라든가 하는 논란은 차치하고, 중요한 것은 '나'의 대학 진학 방법이 아닌가? 이는 결국 어떻게 공부해야 하는지와 관련이 있다.

 이렇다. '개념 탑재' 반 학생들의 생활태도뿐 아니라 학습태도까지를 염두에 두고 정한 급훈인데 새 컴퓨터에 시스템을 앉히는 것과 같은 느낌이 든다. 태도뿐 아니라 모든 공부는 핵심 개념을 이해하는 데서 시작한다. 2022 개정 교육과정의 교과서에서도 핵심 개념을 간단히 설명하고 난 다음 활동을 하도록 제시하고 있다. 개념을 이해하지 못하면 활동이고 뭐고 간에 의미가 없다.

 정시가 확대된다는 소식에 수시와 정시 사이에서 갈팡질팡하는 수험생이 늘었다. 수시냐 정시냐 묻는 것은 수시와 정시의 전형 요소가 다르기 때문이다. 학생부종합전형은 1학년 첫 시험과 수행평가부터 좋은 점수를 얻어야만 원하는 대학에 갈 수 있는데, 첫 시험에 실패하면 바로 수능으로 대학 가겠다고 우리 아이들은 주장한다. 수능 잘 봐서 쉽게 대학에 갈 수 있다면 고민할 문제가 아니다. 그러나 수능이 만만하지도 않고, 수시로 대학 가기도 쉽지 않다고 하니 수시냐 정시냐 또는 학생부종합전형이냐 수능이냐를 두고 고민하게 된다.

과거 학력고사나 수능이 입시의 전부였던 시절에는 정답을 고르는 문제를 푸는 훈련을 하면 시험 준비가 되었다. 그런데 이제는 탐구하고, 남과는 다른 자기 생각을 주장하고, 설명하기도 하고, 글로 쓰면서 공부를 하는 시대가 되었다. 과거에는 로댕의 생각하는 사람은 어느 팔을 어느 무릎에 대고 있는지를 묻고, '왼팔을 오른 무릎, 오른팔을 왼 무릎'과 같은 보기를 다섯 개 주는 방식으로 지식을 측정했지만, 이제는 '로댕의 생각하는 사람은 지금 무엇을 생각하고 있는지 자신의 생각을 말해 보라.'는 열린 문제를 내는 시대가 되었다. 이런 문제에는 정답이 없다. 학생이 해답을 찾아야 하는 문제다. 이제는 김영랑의 시 제목이 '모란이 피기까지는'이 맞는지, '모란이 필 때까지는'이 맞는지와 같은 정답이 있는 질문을 하지 않는다. "김소월의 시 제목은 '진달래꽃'일까, '진달래 꽃'일까?"와 같은 질문은 더는 의미가 없다.

2022 개정 교육과정에서도 이런 점을 강조하여 활동 중심, 학생 참여 중심의 학습을 하도록 강조하고 있다. 이런 학생 참여 학습은 학생부종합전형에서도 좋은 평가를 받으므로 대부분 학교에서 학생 참여 중심 수업이 이루어지고 있다. 우선 교사는 핵심 개념을 학생에게 알려 주고, 학습 활동의 방향을 안내한다. 그러면 학생은 학습 활동을 통하여 살아있는 지

식을 배우고 역량을 기른다. 교사는 이 과정을 평가하고, 학생에게 피드백을 주어 학생이 더 정교하게 학습할 수 있도록 돕는다. 이 결과를 평가하고 학생부에 기록한다. 2015 개정 교육과정 이후 2022 개정 교육과정에서도 교과서는 이런 점이 강조되어 '생각 열기, 핵심 개념, 기본 활동, 확장 활동'의 순서로 기술되어 있다. 과거에 비하여 설명은 획기적으로 짧아졌고 활동은 비약적으로 늘었다.

 이 결과가 학생부에 기록되면 이것을 대학에서 받아서 다시 평가하는 방식이 학생부종합전형이다. 그러므로 개념을 잘 이해하고 학습 활동을 충실히 한다면 당연히 교과 성적도 좋고 세부능력 및 특기사항에 학생이 성장한 모습이 기재되어 있을 것이다. 이런 학생이라면 학생부종합전형에 당당히 합격할 것이다.

 그런데 이렇게 기초부터 차근차근 개념을 학습하는 공부를 했지만, 수능을 더 잘 보는 학생, 수능으로 지원한다면 절대로 떨어지지 않을 학생, 재수 이상의 재도전을 하고 있는 학생이라면 수능이 더 적합할 수도 있다. 그러나 수능도 개념을 모르고서는 고난도 문항에 접근할 수 없다는 사실을 반드시 인지해야 한다.

 모든 공부는 개념을 이해하는 것을 근간으로 한다. 개념을 잘 이해하여 설명할 수 있고 글로 쓸 수 있다면 당연히 수시에 합격할 것이지만, 수시에 실패한다면 수능을 잘 봐서 정시에 지원할 수도 있을 것이다. 단, 수능을 준비한다면 틀리지 않는 방법, 오답을 지우고 정답만 남기는 방법을 연마해야 하므로 별도 준비는 필요하다.

대학은 스스로 공부하는 학생을 원합니다

 대학은 대학에서 '공부'할 수 있는 학생을 선발하려고 한다. 대학에서 공부할 수 있는 학생은 대학에서 이루어지는 공부 방식에 어울리는 학생이다. 대학은 고등학교와 달리 모든 것을 다 가르쳐주지 않는다. 과제를 내주면 스스로 탐구해서 해결해야 한다. 조사할 일이 있다면 그 방법을 고안해서 실제 조사에 나서야 한다. 그뿐 아니라 자기가 과제를 설정하고 그것을 해결하기 위해 노력도 해야 한다. 대학 공부는 수능 문제 푸는 공부와는 매우 다르다. 그러므로 대학은 지적 호기심을 가지고 자기 스스로 문제를 해결하기 위해 노력하는 사람을 선발하려 한다.

 대학은 교과 공부를 골고루 성실하게 한 학생을 원한다. 공대 학생도 보고서를 쓰려면 국어 표현력과 문장력이 있어야 한다. 사회대 학생도 과학적 소양이 있어야 미신에 빠지지 않고 미래 사회를 이해하게 된다. 모든 대학생이 인간과 사회에 대한 기본적 애정이 있기를 바라므로 인문·사회 분야의 공부도 성실히 하기를 바란다.

또한 대학 공부는 책을 읽어가면서 하게 된다. 대부분의 지식은 긴 글로 표현되어 있고 대학생은 책을 읽어내고 요약하고 핵심을 이해하여 다른 사람에게 자신의 주장으로 다시 표현하는 사람이다. 그렇다면 당연히 대학생은 독해 능력, 이해력, 표현력을 갖춘 사람이어야 한다. 그런데 요즘 학생들은 숏폼과 짧은 글에 매료되어 있어서 긴 글을 읽고 내용을 분석적으로 파악하는 능력이 대체로 떨어진다. 그러다 보니 '대학에 붙은 학생은 다른 것은 안 해도 이것은 했어요. 이것은 독서예요.'라는 말을 한다.

대학 생활에 필요한 이런 능력은 학교 교육과정 안에서 충분히 기를 수 있다. 모든 학교에서는 교과 수업을 충실히 하고 있으며, 독서 교육도 다양하게 하고, 협동 학습도 열심히 하고 있다. 그래서 학생부종합전형에서는 고교 교육과정에서 배우는 모든 과목을 열심히 공부한 학생, 다양한 교내 활동에서 좋은 소양을 보인 학생이 더 폭넓은 인재로 자랄 것을 믿고 선발한다. 이런 측면에서 보면 일반고가 특목고보다 교과 학습 면에서 골고루 배운다는 점에서 교육적이다.

각 교과에서는 학생이 길러야 할 역량을 기르도록 도와준다. 그러나 구체적인 교과 지식을 암기하는 것만으로는 능력을 갖추었다고 말하기 어렵다. 능력을 기르는 공부는 지식을 암기하는 학습과는 다르다. 학생은 수능 문제 풀이 공부 방법인 '틀리지 않는 연습'을 하는 공부를 뛰어넘어야 한다. 청춘의 공부는 더 많은 호기심 속에서 생각을 발전시키는 공부여야 한다.

이러다 보니 대학이 원하는 인재상은 비슷한 경우가 많다. 자기주도적 학습 능력, 지적 호기심, 창의성, 글로벌 능력, 발전 가능성, 인성 등이 적절히 배합된 인재상은 결국 대학 공부의 핵심과 연결된 것이다. 학생이 스스로 공부하기, 지적인 호기심을 발휘하기, 독서 능력 기르기, 모든 과목을 폭넓게 공부하기를 대학은 바란다. 또한 함께 협동하고 나눔과 배려를 실천하여 좋은 공동체를 만들 수 있는 마음 갖기 등의 능력을 더불어 기르면 대학은 문을 열어줄 것이다.

많은 덕목을 이야기했지만, 이 모든 덕목들은 자기주도적인 사람, 창의적인 사람, 더불어 사는 사람, 교양 있는 사람이라는 국가 수준 교육과정의 인간상 안에 포함되는 덕목들이다. 다시 말하면 폭넓은 기초 능력을 바탕으로 깊이 있는 공부를 자기주도적으로 실천하여 역량을 갖춘 학생을 대학은 원한다.

학생부종합전형의 8할은 교과입니다

상위권 대학의 전형 요소별 선발 비율은 학생부교과전형 10%, 학생부종합전형 40%, 논술 및 특기자전형 10%, 정시 수능전형 40% 정도이다. 여기에 교과전형에도도 정성 평가를 도입하고 정시 수능전형에서도 교과 정성 평가를 도입하면 모든 전형이 학생부종합전형과 유사해진다. 이렇게 많은 학생을 선발하는 전형인 학생부종합전형에서 가장 중요한 요소는 스펙도, 비교과도 아니다. 공부를 잘해야 한다. 그래야 합격의 문을 지나갈 수 있다.

그런데 공부를 잘한다는 평가 기준이 예전과 달라졌다는 것이 차이점이다. 옛날에 공부 잘하는 것의 기준은 시험 점수였다. 그러나 지금은 개념과 원리를 이해하여 설명할 수 있는 수준이 되고, 호기심이 있어 탐구 주제를 잘 잡고, 문제해결력이 있고, 발표 잘하고 글 잘 쓰고, 친구들과 힘을 합쳐 공동작업을 잘하는 학생을 두고 공부를 잘한다고 평가한다. 학교 수업이 이렇게 달라지고 있으므로 정량평가 점수도 이와 관계가 깊다. 90점 맞은 학생은 발표 내용도 깊이가 있고 잘하며, 보고서도 잘 썼을 것이다. 60점 맞은 학생은 90점인 학생보다는 말주변이 있더라도 발표 내용은 깊이가 없을 것이다. 그래서 정량평가 점수도 중요한 자료가 된다.

강조하자면 학생부종합전형은 절대 스펙으로 선발하는 전형이 아니다. 비교과도 아니다. 학교 공부를 충실히 한 학생을 대학이 선발하다 보니, "우리나라는 입시 준비가 과열 상태니까 고등학교에서는 결국 입시 준비 공부를 충실히 시킬 것인데, 입시 준비가 곧 학교 공부에 열심히 참여하는 것이므로 학생들은 학교 공부를 충실히 하게 될 것이다."라는 전제에서 시작된 전형이다. 학교 공부란 교과 공부와 창의적 체험활동과 식사 시간, 조회, 종례 시간 등에 하는 공부를 말한다. 국가나 대학에서 학교생활을 잘하고 방송에 나오는 선진국처럼 교실에서 학생의 참여를 중심으로 배우기를 바란다면 우리가 정상화해야 할 대상은 교과 수업이 우선이지 창의적 체험활동이나 조회나 종례가 우선은 아니다.

그런데도 학생부종합전형은 비교과라는 인식은 사라지지 않는다. 학생부종합전형의 전신인 입학사정관제가 실시된 2010년 전후에는 수시 비중은 높았지만, 입학사정관 전형으로 선발하는 인원은 매우 적었다. 수시 정시를 통틀어 전체에서 가장 영향력이 컸던 전형 요소는 단연 수능이었다. 그래서 교실은 여전히 문제집을 풀고 또 풀고 모의고사 보고 오답 노트 만드는 수준에서 벗어나지 못했다. 대학 입장에서 보면 입학사정관제 전형의 지원자 서류를 받았는데 교과 영역에 점수가 있고 세특에 기록된 내용 또한 방과후 학교에 참여하고 성실하게 수업을 잘 듣고 모든 내용을 잘 이해했고 모의고사에서 몇 점이나 몇 등급 맞았다고 쓰여 있을 뿐인 것이다. 그러니 학생이 참여한 교육활동에서 어떻게 성장했는지 평가할 수 있는 대상이 비교과 영역에 있었다. 이렇게 입학사정관 전형은 입학사정관제를 도입한 노무현 정부의 의도대로 움직이지 않고 스펙이나 비교과가 더 중시되는 전형으로 출발했다.

그러다가 전형 요소 중 학생부종합전형 비중이 높아지고 수업이 중요하다는 메시지를 대학이 고등학교에 보내자, 그제서야 학교가 바뀌기 시작했다. 2010년의 서울대학교 입학사정관제 안내 자료에 담긴 내용은 당시 고등학교에는 파격적인 것이었다. 서울대가 고교에서 이수할 과목 기준을 발표하면 서울대에 지원할 학생이 없을 것 같은 학교도 다 그 기준에 맞추는 것이 현실이다. 따라서 당시 서울대가 제공한 이런 안내문은 모든 학교 교육에 영향을 주었다.

선생님과 함께하는 공부의 맛을 느끼자!

학교는 무엇보다도 공부를 하도록 여러분 앞에 펼쳐진 마당입니다. 이곳에서 마음껏 공부합시다. 공부의 재미에 푹 빠져봅시다. 우리 예비 서울대학생 여러분은 하면 할수록 뿌듯해지는 공부의 맛을 이미 느끼고 있을 것입니다. 아직 그런 맛을 잘 모르겠다고요? 그렇다면 무엇보다 먼저 선생님과 친해집시다. 항상 선생님과 함께하고 선생님들께서 귀찮아하실 때까지 매달려 보채는 것도 때로는 필요합니다. 여러분의 학교에는 훌륭한 선생님들이

계시다는 사실을 잊지 말고 다음의 질문을 던져보세요.
✓ 이 공부는 어떻게 해야 하나요, 선생님?
✓ 이 분야와 관련한 책 좀 소개해 주세요. 집에서 더 알아보고 싶어요.
✓ 선생님, 저희 이런 프로젝트 하게 해 주세요.
✓ 선생님, 저희 이런 동아리 만들었는데 지도 부탁드려요.
여러분 곁에서 이런 요청을 기꺼이 받아주시고 도와줄 분들이 바로 선생님들이십니다. 선생님과 함께 열정을 다해 공부해 온 여러분을 서울대가 기다립니다.

공부란 공부 방법을 알고, 독서를 많이 하고, 탐구활동을 통해 지식을 구성하는 것, 동아리를 만들어 여럿이 함께 문제를 해결하는 것 또는 그 훈련을 말한다.

교과서, 수업 내용뿐만 아니라 스스로 찾아서 넓고 깊게 공부하자!
내가 좋아하는 분야에서만은 나도 전문가! 폭넓은 공부에도 소홀히 하지 않으면서, 내가 장차 목표로 하는 분야는 좀 더 철저히 준비합시다. 우리 학교 최고로 어깨를 으쓱할 수 있을 만큼 전문가가 되어 봅시다. 예비 서울대학생이라면 교과서만으로는 뭔가 부족하다고 생각할 수도 있습니다. 교과서 내용을 완전히 내 것으로 만들었다면 이제야말로 스스로 찾아서 공부할 때입니다. 관련 서적을 찾아서 '많이 읽고'보다 '깊이 이해'하려고 노력하다 보면, 다른 사람들에게 나의 언어로 알려줄 수 있을 만큼 나도 모르게 전문가가 되어 있지 않을까요?

공부란 자기주도적으로 길을 찾아 나서는 것이다. 그리고 넓게 공부하고 전공 분야 관련해서는 깊이 있게 공부해야 한다.

다양한 학업 관련 활동을 경험하자!

깊이 있는 학습을 위해서는 다양한 학습활동이 필요합니다. 책과 씨름하며 혼자 생각하는 공부도 매우 중요하지만, 동시에 그룹 과제활동 등 다양한 형태의 학습 경험도 지식의 살을 찌우는 활동입니다.

✓ 수업 중의 그룹 과제 및 프로젝트
✓ 교내외 동아리 활동
✓ 방과 후 특기 적성 활동

위와 같이 학교에는 실험 탐구 활동, 그룹 수행 과제, 토론, 글쓰기, 심화학습 동아리 등 다양한 학업 활동을 경험할 수 있는 기회가 있습니다. 학생이 적극적으로 찾아서 다양한 활동을 만들어갈 수 있습니다. 학업 활동은 정해져 있는 틀이 없습니다. 어떤 형태, 어떤 종류의 활동이라도 스스로에게 도움이 될 수 있다면 의미가 있습니다. 학교 수업 따로, 학업 활동 따로 생각할 필요가 없습니다. 정규 수업 안에서 선생님과 함께하는 다양하고 입체적인 활동이 모두 의미 있는 배움이며, 서울대학교는 이러한 경험을 소중하게 생각합니다.

다양하고 입체적인 학습활동을 하자. 학습활동은 교과에서의 탐구활동이 중심이고 창의적 체험할동에서의 탐구활동이 보완적인 역할을 한다. 다양한 활동이 동아리활동을 의미하는 것은 아니다.

이상과 같이 2010년의 서울대 안내문에서는 그동안 문제집 중심의 공부를 해 오던 학생들에게 호기심을 갖고 수업에 참여하면서 더 알고 싶은 것을 탐구하려고 노력하라고 말하고 있다. 학교에도 강의 전달식 수업을 버리고 학생의 재능과 소양을 발휘할 수 있는 수업으로 전환할 것을 충고했다. 교사와 직접 만나는 설명회에서는 교실이 좀 시끌시끌해야 한다고 했다.

> **학생의 재능과 적성에 따라 수업을 제공해 주세요.**
> 입학사정관제에서는 학생들의 지원 분야 관련 관심도, 적성, 적합성 등이 중요한 평가 요소입니다. 강의 전달 위주의 수업에서는 학생들이 이러한 특성을 제대로 발휘하기 어렵습니다. 학생들 각자의 개성과 능력, 적성에 따라 충분한 재능과 소양을 발휘할 수 있는 수업 및 과제를 제공한다면 학생들이 재미있는 학업활동에 빠져들게 됩니다.

2012학년도 안내 자료에는 스펙이 중요하지 않다는 서울대 재학생의 글을 실었다. 입학사정관제 안내문에 이런 내용을 선정해서 싣는 이유는 입학사정관제에서 스펙을 중시하지 않는다는 것을 좀 더 설득력 있게 알리고 싶었기 때문이다.

> 저는 학생 여러분들이 가장 필요로 하지만, 동시에 가장 어려워하는 소위 '스펙'에 대해서 간단히 이야기를 하려고 합니다. 저는 2010년 특기자전형을 통해 수시모집으로 서울대에 들어왔습니다. 그러나 굉장히 큰 대회의 수상 실적이라든지, 전국 모의고사에서 만점을 받았다든지 하는 그런 쟁쟁한 경력은 없었습니다. 지방의 일반계 고등학교를 다녔기 때문에 특목고에서는 다들 한 번씩 한다는 논문을 쓴 적도, AP를 받아본 적도 없습니다. 집안이 그렇게 부유한 것도 아니어서 해외로 봉사 활동을 가는 것은 꿈도 꾸지 못했습니다. 그럼에도 불구하고 제가 서울대에 올 수 있었던 것은 스펙의 본질을 제 나름대로 해석했고, 이것이 잘 맞아떨어진 것이 아닌가 하는 생각이 듭니다.
>
> 다들 스펙이라고 하면 뭔가 어마어마한 것, 남들보다 월등히 특출난 무엇인가를 생각하기 마련입니다. 하지만 입학사정관제를 시행하는 다수의 대학에서 원하는 것은 그러한 화려함보다는 학생 개인의 잠재력과 특성이라고 생각합니다.

이 무렵 연세대학교도 입학사정관제 안내 자료를 각 고등학교에 배포하였다. 2011학년도의 자료를 보면, 연세대학교의 각 전형 유형을 소개한 뒤에 질의응답을 실었는데, 여기서도 이미 스펙이 아니고 학업에 충실할 것을 강조하고 있다.

> **문**: 입학사정관제 전형에서는 어떤 학생이 좋은 평가를 받을 수 있나요?
>
> **답**: 기본적으로는 학업에 충실하고 비교과 영역에서는 자발적이고 지속적인 다양한 활동을 통해서 자신과 동료의 발전을 도모하는 등 미래의 성장 가능성을 보여줄 수 있는 학생이 좋은 평가를 받을 수 있습니다.
>
> **문**: 공부를 못 해도 입학사정관제로 대학에 갈 수 있나요?
>
> **답**: 학업능력은 대학교육을 수학하는 데 있어서 기초 소양으로 중요한 평가 요소입니다. 다만 입학사정관제가 도입되면서 단순히 점수로 줄을 세우는 식의 선발에 변화가 생겼습니다. 입학사정관제에서는 일정 수준의 학업 능력이 인정된다면 더 큰 잠재능력, 즉 학업을 성취한 동기와 과정, 비교과 영역에서의 관심 분야와 활동 등을 보여주는 지원자에게 더 넓은 입학의 기회가 주어질 수 있습니다.

이 글을 읽고 난 뒤 '비교과 영역이 합격에 관건이겠구나.'라고 생각했다면 크게 오해한 것이다. 비교과 영역에서의 관심 분야와 활동은 교과 관련 동아리 활동이나 소논문 쓰기 등을 뜻하는 것이 아니다. 동아리는 자신의 인생을 풍요롭게 할 수 있는 활동이면 족하다. 댄스 동아리보다는 도서반이 더 좋지 않을까 하고 생각하고 있는가? 그것은 인생을 모르는 이야기이다. 학습동아리를 했다면 학업역량에서 평가를 받게 될 것이고, 댄스동아리를 했다면 학업 외 소양을 평가받는다.

이처럼 각 대학에서는 고등학교에서의 학습을 평가의 중심으로 본다고 이미 입학사정관제 초기부터 홍보를 해 왔다. 그럼에도 불구하고 학생,

학부모들이 단서로 붙은 비교과에 초점을 둔 것은 나름대로 근거는 있다. 대학은 교과공부만 하지 말고 동아리 활동이나 진로 활동, 봉사 활동 등 다양한 활동을 하면서 공부의 폭을 넓히고 경험을 쌓기를 바라는데, 이 글을 읽은 독자는 교과 관련 동아리, 전공적합성이 큰 동아리 활동과 진로 활동을 해야 한다고 받아들인 것이다. 교과에서 비슷하게 평가받았다면 비교과에서 결판을 낼 수 있다고 생각하기 때문이다.

그러나 그건 잘못된 해석이다. 비교과 활동이 힘들어서 입학사정관제를 폐지하면 좋겠다는 반응이나 사교육 컨설팅의 도움을 받아야 하는 전형이라는 생각은 명백한 오해다. 문화적 인프라도 없고 컨설팅받을 학원도 없는 지방 학생들이 최상위권 대학에 학생부종합전형으로 합격하는 사례는 무엇으로 설명할 것인가?

과거의 입학사정관제나 현재의 학생부종합전형은 비교과를 중심으로 선발하는 전형이 아니고, 학생부를 중심으로 선발하는 전형이다. 그런데 학생부에서 가장 큰 비중을 차지하는 것은 역시 교과 영역이다. 가장 많은 선생님이 다양한 이야기를 써주실 뿐 아니라, 성적을 통해 학업에 충실했는지 여부를 알 수 있기 때문이다.

교과 공부에 충실하게 임하는 것, 이것이 최선의 학생부종합전형 대비법이다.

학생부종합전형, 내신 성적이 오르면 유리할까요?

학생부종합전형은 성적이 향상된 학생에게 유리하다는 말을 자주 듣는다. 그러나 늘 공부를 잘해 왔던 학생과 성적이 향상된 학생 중 한 명을 선발해야 한다면 공부를 늘 잘해 왔던 학생이 선발될 것이다. 성적이 떨어진 학생보다 향상된 학생이 그래도 유리하지 않을까 하는데 그 말은 어느 정도 맞다. 학년이 올라갈수록 공부 내용이 어려워지는데 어려운 공부를 잘하게 되었으니 어려워지니까 성적이 떨어진 학생보다는 좋은 평가를 받게 된다.

그렇지만 성적이 오르면 유리하다는 말이 완전히 맞는 말이 아니다. 성적이 올랐다는 것이 개인의 학업 역량이 향상되었다는 말과 동일한 의미가 아니기 때문이다. 점수가 아니라 '학업 역량이 향상된 학생에게 유리하다'라고 하면 맞는 말이다. 어떤 학생은 어렵지 않은 과목, 대부분 학생이 선택하는 과목을 선택해서 성적이 좋아졌을 수 있고, 어떤 학생은 다른 학생들이 대부분 기피하는 과목을 선택해서 성적이 부진해 보일 수도 있다. 이렇게 되면 성적이 부진해 보이는 학생이 학업 능력이 좋은 학생일 수 있다.

'전교 1등을 놓치지 않은 학생'과 '30등에서 2등이 된 학생' 중 누가 학업 능력이 향상되었을까? 1학년 때의 전교 1등 역량과 3학년 때의 전교 1등 역량은 차이가 있으므로 역량이 늘 수 있다. 그러나 3학년 때 쉬운 과목을 이수해서 오히려 역량은 늘지 않아도 정량 성적이 좋을 수도 있으므로 1등을 놓치지 않았어도 학업 능력은 향상되지 않을 수도 있다. 반대로 2등이 된 학생이 어려운 과목에 도전해서 얻은 결과라면 향상되었다고 할 수도 있다.

학생부종합전형은 학생의 교과 성적을 기계적으로 산출하지 않는다. 이 전형에서는 학생의 정량 성적이 나타내는 의미를 정성적으로 살펴보고 학생의 학업 능력을 가늠한다. 가령 유준 학생이 1학년 때는 수학이 3등급이었는데 2학년이 되어 1.5등급으로 좋아졌다고 하자. 그러면 유준 학생은 수학을 잘하게 된 것일까? 잘하게 되었을 수도 있다. 2학년 때 배우는 교과 내용이 좀 더 이 학생에게 맞았을 수도 있다. 또는 1학년 때 수학을 더 잘하던 학생들이 2학년 때는 모두 유준 학생과 다른 과목을 선택했기 때문에 저절로 좋아질 수도 있다. 즉 1학년 때 수학 성적은 30등 수준이었는데, 이후 미적분Ⅱ는 선택하지 않고 기하를 선택했다고 하자. 1학년 때 30등 안에 들었던 나머지 학생들이 미적분Ⅱ를 선택했다면 저절로 석차가 좋아진 결과일 수 있으므로 성적 지표는 향상되었지만 학업 역량이 좋아진 것은 아닐 수도 있다. 오히려 학업 역량은 나빠졌는데도 정량 지표만 좋아진 것일 수도 있다. 그러므로 '성적이 향상된 학생'은 '정량 지표가 좋아진 학생'과는 다를 수 있다. 학생부종합전형에서는 정량 지표가 좋아진 것에 큰 의미를 두지 않는다.

정량 지표가 좋아지는 것이 학업역량이 좋아지는 것이라면 두 가지를 충족해야 한다. 하나는 어떤 과목을 배웠을 때 길러지는 역량이 표준화되어 있고, 학생이 학습한 결과가 엄정하게 절대 평가로 산출되어야 한다는 점이다. 예컨대 '미적분Ⅱ'를 배운다면 이수 시기가 언제이든, 백 명이 배우든 여섯 명이 배우든 일정 수준에 이르렀을 때 1등급 또는 A로 평가한다면 학생이 정량 지표가 좋아진 것이 학업역량이 좋아진 것이라고 인정할 수 있다. IBDP의 성적은 7점 만점인데 어느 나라, 어느 학교에서 받은 7점은 6점보다 우수하다고 인정된다. 평가가 표준화되어 있고, 엄정하게 관리되고 있기 때문이다. 이에 비하여 국내 고등학교에서 산출된 성적은 학습 집단에 따라 성적이 산출되므로 정량 성적이 좋아졌다고 해서 우수해진 것으로 평가할 수는 없다.

다른 하나는 절대 평가를 하더라도 교과 수업을 통해 학생의 역량을 기르는 방식으로 교수·학습이 이루어져야 한다는 점이다. 우리 교육은 이미 30년 전부터 수업 개선을 꾸준히 요구해 왔으나, 대입에서 큰 영향력을 갖는 전형 요소가 선택형 시험이므로 수업 개선이 오히려 대입에 방해가 되는 것으로 인식되어 왔다. 그러나 학습은 학생이 호기심과 도전 정신을 바탕으로 스스로 배워야 할 과제를 깨닫고 그 핵심을 이해하며, 배운 결과를 이용해서 문제를 해결하는 과정을 통해 이루어진다. 그리고 더 알고 싶은 것이 생긴다면 금상첨화일 것이다. 이래야 성적이 좋은 학생에게 더 우수한 학습 역량이 있다고 판단하게 된다.

그래도 남는 의문점이 있다. 결국 '성적이 지속적으로 우수한 학생과 향상된 학생 중 누가 합격할 가능성이 있는가?'라는 질문이다. 향상된 학생의 도전 정신을 높이 평가할 수도 있겠고, 계속 우수한 학생의 노력을 높이 평가할 수도 있을 것이다. 대학이 선발해야 하는 모집 단위에는 정원이 있으므로 이 문제는 상대적이다. 따라서 이 질문에는 명확한 답이 없다. 학생부종합전형은 바로 이 점에서 모호하다. 그러므로 두 학생을 여러 각도에서 보고 같은 평가 등급을 줄 수 있을 것이다. 그러고도 꼭 한 명만 선발해야 할 상황이라면 면접으로 확인하는 단계를 두고 있으니 면접에서 정하게 될 것이다.

수험생이나 학교는 어떻게 대비해야 하나? 학생은 학업 역량을 기르는 방향으로 학습을 해야 하고 학교는 그렇게 수업을 개선해야 한다. 지식을 바탕으로 한 문제 설정 능력, 과제 집착력, 문제 해결 능력, 독서, 협동학습, 발표와 토론 등 활동하는 학습, 자기주도적 학습, 개인의 생각을 표출하고 창의적인 아이디어를 뽑아내는 학습, 호기심, 도전 정신. 나눔과 배려 등 전혀 낯설지 않은 단어들이 대비 방법이다. 이미 교실에서는 수업 개선을 통해 학생들이 답이 없는 문제를 두고 고민하고 생각을 말하는 학습을 하는 시대가 열렸다.

이렇게 말씀드려도 학생과 학부모들은 다시 묻는다.

"정외과에 가고 싶은데, 1.35면 합격하겠죠?"라고.

다시 강조해서 말한다.

"학생부종합전형에서 정량 성적은 유일무이한 평가 요소는 아니랍니다."

한 번 망친 시험이
발목을 잡지 않습니다

성적을 쌓아 가는 전형은 학생부 위주 전형, 아직 안 본 시험을 두고 노력하는 전형은 수능 전형이다. 학생부교과전형은 이수 단위를 반영한 과목별 등급의 평균을 사용하므로 한번 망치면 회복할 수 없다. 이런 점에서는 수능 전형도 마찬가지이다. 3년 공부를 하루에 검증하는 수능은 그날 컨디션이 나빠서, 긴장해서, 밀려 써서, 옆 수험생이 자꾸만 기침을 해서 등 다양한 방해 요인 때문에 제 실력을 내지 못할 수도 있다. 그러나 아직은 치르지 않은 시험이기에 당일에 잘 보면 된다고 생각하기 쉬운 시험이다. 1학년 1학기 중간고사를 망친 학생에게 수능이 좋으냐, 학생부종합전형이 좋으냐를 물으면 당연히 학생부종합전형보다는 수능이라고 말할 것이다.

"이미 망친 시험이 있는데 불리하지 않다고 믿는 학생·학부모가 오히려 이상하지 않나?"라고 말할 수 있다. 그러나 그게 아니다. 수능은 망치는 순간 1년 공부가 하늘로 날아간다. 만회할 기회가 없이 1년을 기다려야 다음 기회가 온다. 학생부종합전형은 그렇지 않다.

1학년 때 수학 성적이 좋았던 학생이 있다고 하자. 그는 2학년에 올라가며 기계공학을 전공하기로 마음먹고 1학년 겨울방학에도 수학 공부를 참 열심히 했다. 그런데 2학년 1학기 대수 과목에서 그만 쉬운 문제를 두어 개 틀려 내신을 5등급으로 환산하면 3등급이 되었다. 문제가 쉬워서 평균이 높았는데 한두 문제로 내신 등급이 주욱 미끄러진 것이다. 공대에 가려는 학생이 시험을 못 봐서 수학 내신이 3등급이 되니 바로 수능으로 전향해야 하나 고민을 했다. 학교 선생님은 시험 한 번 망친 것이 큰 문제가 되지 않으니 다음번에 실력을 보여주자고 격려했다. 이 학생은 2학기에는 미적분 I 과목을 거의 다 맞고 내신 1등급을 맞았다. 평균이 55점인데 98점을 맞았다. 3학년 과목인 미적분 II도 잘했다. 학생은 자신이 원하는 학과의 허들이 높은데, 학과를 조정해야 하나 고민하다가 소신대로 가기를 원했던 학과에 지원했다.

이때 입학사정관은 2학년 1학기에 수학 성적이 좋지 않다는 이유로 학생의 실력이 부족하다고 판단하지는 않는다. 이 학생의 정황으로 볼 때 낮은 시험 성적에는 반드시 이유가 있을 것으로 보고 면접 기회를 주었는데, 학생은 면접을 잘 봤다고 한다. 망친 한 번의 시험으로 서울대 지원을 안 했거나 절망에 빠져서 시간을 보내다가 수능으로 도전했다면 이루기 힘든 합격의 영광을 얻었다.

2학년 때 국어 시험을 망쳐 5등급 환산 성적으로 4등급을 받은 학생도 있다. 1학년 기록을 보니 국어 성적도 좋고 세특에 의하면 책도 많이 읽고 글쓰기도 잘하며, 토론에서도 우수한 면모를 보인 학생인데 2학년 1학기 국어(문학) 시험에 서 3등급을 맞은 것이다. 시험 마치는 종이 칠 때까지 OMR 카드 마킹을 못해서 13점을 받았다고 한다. 다음 시험을 잘 보았지만 평균도 안 되어서 결국은 4등급을 맞았을 뿐 아니라, 그 회차의 나머지 과목도 대개 망쳐서 해당 학기 내신이 엉망이었다. 그러나 학생의 학생부에는 이 학생의 성적이 크게 떨어진 원인에 대한 이야기를 찾을 수는 없었다. 그런데 다음 학기에 이 학생은 학급회장을 하고, 다음 학기에는 전교 회장을 했다. 출결도 개근이다. 그렇다면 이 학생이 다른 학기와는 달리 성적이 저조한 학기에는 어떤 갈등이나, 슬럼프 요인이 있었을 것이라고 사정관은 판단했을 것이다. 다음 학기 성적이 큰 폭으로 오른 것을 보고 회복탄력성이 있는 학생이라고 판단했을 수도 있다.

　수학과 국어를 한 번씩 망친 두 학생 모두 서울대에 합격했다. 한 번 시험을 망쳐도 괜찮은 전형이 학생부종합전형이고 한 번 망치면 1년 지나야 다시 기회가 오는 전형이 수능 정시 전형이다.

　시험을 계속 망치면 어떡해요?

　계속 망친다면 일시적인 문제 상황이라고 볼 수 없으므로 선발되지 않을 것이다.

자기주도 학업 역량의 중요성

　다시 학업 역량으로 돌아가서 공부 이야기를 해 보자. 학력고사 세대는 야자를 많이 했었다. 교육청에서 야자를 금지했어도 학교에서는 암막 커튼을 치고서라도 자율학습이라는 명목의 타율학습을 했었다. 학력고사 문제의 특성상 교과서를 외우고 답지 네 개 중 하나를 고르는 공부를 해야 하고, 시험 과목도 많았기 때문에 밤낮으로 의자에 앉아서 공부하면 성적이 오르던 시대였다. 그래서 공부는 머리로 하는 것이 아니고 엉덩이로 하는 거라는 말도 있었다. 이후 야자는 이름을 자기주도학습으로 바꾸었다. 야자실은 자기주도학습실이 되었다. 이때의 자기주도학습은 혼자서 문제집을 열심히 푼다는 의미였다.
　학생부종합전형에서는 '자기주도 학업 역량'을 평가한다고 한다. 자기주도 학업 역량이란 이전 시대의 자습 역량과는 다른 의미다. 과거의 방식이 수동적이었다면 현대의 공부 방식은 능동적이기를 원한다. 능동적이므로 자기주도라는 개념이 붙는다. 과거에는 주어진 텍스트를 누가 잘 기억하고 있는지를 평가했지만, 지금은 주어진 상황을 누가 잘 해결할 수 있는지를 평가하려고 한다. 그러다 보니 과거에는 시험 결과로 나온 점수가 학력의 기준이었지만, 지금은 문제를 인식하고 문제를 해결하려고 하는 과정의 타당성, 생각의 독창성 등을 중시하며, 그 결과 산출된 문제 해결책의 신선함을 중시한다. 이렇게 시대가 변했기 때문에, 문제가 있고 선택지가 주어지는 시험은 과거의 방식으로 치부되고 현재는 서술형·논술형 시험 문제로 사고력과 문제해결력을 측정하려고 한다.

학교도 서술형 문항을 통하여 학생의 학업역량을 평가하는 방향으로의 전환을 앞두고 있다. 서술형 문제에 대하여 학생도 "보기 중 정답을 고르는 공부는 돌아서면 날아가 버리는 휘발성 지식이다. 우리는 깊이 생각하는 진짜 공부를 하고 있다."고 말한다. 이렇게 학생부종합전형에서는 정답을 찾는 공부가 아닌 '정답은 아니더라도 해답을 아는 공부'를 하기를 바라는데, 이를 위해서는 스스로 생각하고 탐구하고 판단해서 결론을 내려야 한다. 이를 두고 자기주도 학업 역량이라고 한다.

한편 자기주도 학업 역량은 주어진 텍스트를 스스로 이해하고 암기하는 태도를 말하는 것은 아니다. 자발적으로 독서실에서 주어진 텍스트를 충실히 이해하고 암기하는 것은 정답 없는 문제에 창의적 해법을 제시할 수 있는 능력을 갖추기 위한 공부의 이전 단계에서 그치는 것이다. 즉 교과서에서 제시한 범위를 벗어나서 더 찾아보고 탐구하는 사이에 지식을 확장해 가는 태도가 자기주도적 학업역량이다.

대학에서는 학생부종합전형 안내를 통해 학업 역량이 평가에서 중요한 요소라고 말한다. 학업 역량은 학업을 충실히 수행할 수 있는 기초 수학 능력인데 이를 평가하기 위하여 학업성취도, 학업태도와 의지, 탐구활동을 평가하겠다고 하였는데, 특히 학업태도와 의지라는 개념은 "학업태도는 학업을 수행하고 학습을 해 나가는 자발적인 의지와 태도, 학습자가 스스로 학습 목표를 설정하고 적절한 학습 전략을 선택하여 계획을 수립·실행하는 과정"이라고 말했다. 이와 함께 탐구활동은 "어떤 대상에 대해 호기심을 가지고, 깊고 폭넓게 탐구할 수 있는 능력"이라고 정의했다. 호기심이 있어야 자신이 모르는 것과 알고 싶은 것을 알며, 이 호기심을 충족시키는 활동을 하게 된다. 요즘 학생들은 인터넷도 없고 책도 귀하던 예전과 달리, 온라인 또는 AI에서 얻는 다양한 자료, 도서관에서 찾은 서책 자료 등 다양한 자료를 활용하게 되는데, 이를 활용한 경험이 학업 역량을 기르는 데 도움이 된다.

이렇게 보면 학업 역량은 학업을 이어가고 발전시킬 수 있는 역량이며, 자기주도는 스스로 호기심을 갖고 문제를 해결하기 위한 전략을 세우고 탐구하여 결론을 내리는 것을 말한다. 이 개념은 서울대가 학업 역량과 학업 태도로 나누어 설명한 두 항목을 합한 것과 같다. 서울대는 학업능력, 학업 태도, 학업 외 소양 세 가지의 평가 요소로 나누어 서류 평가 기준을 설명했는데, 그중 학업 태도에 대하여 '학생들의 자기주도적 학습 경험에서 나타나는 지적 호기심, 학업에 대한 열정, 적극성 및 진취성 등'이라고 말하고 있다. 그러다 보니 점수가 높은 것을 더 쳐주지 않을 때도 있다. 학습 결과만을 중시하는 것은 아니기 때문이다. 아직은 모든 시험이 학업 역량과 대응이 되지 않는 경우도 많다. 그래서 입학사정관은 다양한 자료를 통하여 학생의 자기주도적 학업 역량을 정성적으로 평가한다.

그렇다고 지식을 기억하고 개념을 이해하지 못해도 된다는 말은 아니다. 매 순간 공부는 새로운 개념이 등장하고 학습을 통해 모종의 기능을 익히게 된다. 지식과 기능을 소홀히 하면 다음 단계에서 이해가 안 되고 헤매게 된다. 이에 따라 공부 방법도 이전과 달라졌다. 과거에는 공부를 하고 문제를 풀고, 오답 노트를 만들어 다음 시험에 대비하는 것을 권장했었다.

그러나 학생부종합전형 방식의 공부에서는 오답 노트가 필요 없다. 문제 풀이를 공부하는 것이 아니기 때문이다. 백지를 준비해서 자신이 배운 과목의 목차를 적고, 각 목차의 단원마다 학습 목표(이것을 성취 기준이라고 하지만, 교과서에는 학습 목표라고 되어 있다.)를 적은 다음, 학습 목표에 해당하는 핵심 개념을 적어 보는 것이 학생부종합전형 스타일 공부다. 그런 뒤 자신이 알고 있는 것을 남 앞에서 발표하고 설명하거나, 글로 써보는 것으로 마무리한다. 요즘은 녹음과 동시 문자로 바꿔주는 스마트폰 앱이 있으므로 스마트폰에게 설명하면서 문자로 변환하면 재미있지 않을까? 이러한 공부의 의미는 소소한 부분을 기억하는 것보다 큰 그림을 이해하는 것이 중요하다는 뜻이다.

전공적합성에 대한 오해

고정불변의 전공 관련 과목이 있는 것은 아니다

대학 전공에 필요한 과목은 상식에 바탕을 두고 생각해야 한다. 공대를 가려면 물리 공부는 필수다. 미적분Ⅱ나 기하 같은 어려운 수학 과목도 중요하다. 농생명 관련 전공을 택하려면 생명과학과 화학이 중요 과목이다. 그런데 전공 관련 과목이라면 물리학 같은 일반선택과목에 그칠 일이 아니고 전자기와 양자 같은 진로선택과목까지 이수해야 한다. 진로선택과목이 어렵다고 기피해서는 대학 공부를 따라가기 어렵다. 일부에서는 대학 가서도 배울 수 있다고 하지만, 일반고에 개설되는 과목을 안 배우고 진학한 학생은 합격할 수 있는 대학도 제한적이고 합격하더라도 대학 가서 독학으로 공부하게 할 것이기 때문이다. 전공 관련 과목뿐 아니라 공대에서도 영어로 된 정보가 필요하거나 수업이 영어로 진행되는 경우가 많으므로 당연히 영어는 전공적합성이 있는 과목에 해당한다.

전공적합성은 유사한 모집 단위라도 대학에 따라 다른 경우도 있어 대학의 홈페이지에서 학과 안내 및 기초로 배우는 과목을 살펴볼 필요가 있다. 스스로 찾아야 필요성을 절감할 수 있으니 가고 싶은 대학이 정해졌으면 온라인 쇼핑하듯 홈페이지를 둘러보아야 한다. 연세대 전기전자공학부는 논술 전형의 과학선택과목이 물리와 생명과학으로 제시되었다. 생명과학이 제시된 것이 의외여서 홈페이지를 확인해 보니 전기전자공학과 바이오를 연결하고 있다는 안내가 있다. 그렇다면 이 학과에서는 생명과학이 전공적합성 있는 과목이 된다.

그러므로 어떤 전공에 적합성이 있는 고정불변의 과목이 있다고 말하기는 어렵다. 대학은 학생이 전공과 관련한 기본적인 공부를 하고 자신만의 세계를 넓히면 더 우수하다고 판단한다. 10명을 선발하는데 10명이 다 똑같은 공부를 해 오는 것보다, 10명의 학생이 기본을 갖추면서도 어떤 학생은 글을 잘 쓰고, 어떤 학생은 제2외국어에 능통하고 어떤 학생은 음악을 잘하고, 어떤 학생은 토론을 잘 이끈다면 당연히 이 학생들의 집합이 우수해질 것이다. 같음과 다름이 조화되어야 하는 것은 축구팀만이 아니다. 축구팀에 고르게 기본기를 갖춘 공격수도 있어야 하고 수비수도 있어야 하며 훌륭한 순발력을 가진 수문장도 있어야 하는 것과 같다.

전공 관련 공부로 제한하면 성장이 안 보인다

수능은 자신이 선택한 과목만 응시해서 다 맞는 것을 목표로 해야 하므로 선택한 과목의 공부에 집중해야 한다. 그러나 대학 가는 것이 학습의 종착점은 아니므로 전공을 이수하기 위해 해야 할 공부도 미리미리 해 두어야 한다.

만일 해야 할 공부를 하지 않고 진학했다면 다른 학생이 전공을 공부할 때, 자신은 물리학 학원, 화학 학원을 전전하며 고등학생과 섞여 뒤늦은 공부를 해야 할 것이다. 아니면 친구에게 용돈을 주면서 배우지 못한 과목을 과외로라도 배워야 한다.

학생부종합전형에서는 전공과 관련된 공부도 중요하지만, 학업 역량을 중시한다는 점에서 자신이 선택한 과목을 전반적으로 충실히 공부하는 것이 바람직하다. 서울대학교에서 나오는 웹진 〈아로리〉 등 안내 자료에서도 고등학교 때에는 과학 4개 영역을 모두 학습하는 것이 힘들었지만 공부를 다 하고 나니 면접에도 도움이 되고, 나중에 논문 주제를 정할 때도 폭넓게 생각할 수 있어 좋았다는 재학생의 말을 싣고 있다. 대학에 오면 다양한 공부가 요구된다는 것이 안내문의 요지다. 또 '면접 이야기'라는 안내문에서도 재학생들의 대화를 통해 다양한 공부를 할 것을 권장하고 있다.

> 대학에 입학하고 아직 한 달 정도밖에 강의를 듣지 못했지만 일단 대학교 교재를 펼치면 제가 힘들게 공부해야 했던 이유를 알 수 있습니다. 아직 전공 과정을 심도 있게 공부하는 시기는 아니지만, 고등학교에서 소홀히 공부하면 안 되겠구나라는 사실을 강의 몇 번과 교재 몇 권만 봐도 금방 알아차

> 릴 수 있습니다. 지금은 차라리 그때 영문도 모르고 마냥 열심히 공부했던 시간을 보상받는 기분이 듭니다. 사실 그렇게 공부했기 때문에 결과적으로 면접도 잘 치를 수 있었다고 생각합니다.

자연계라면 전공에 필요한 과학 과목 공부를 버리지 말라는 뜻이다. 그렇다면 인문사회계열은 어떨까? 경제·경영 등 사회과학 계열로 진학하는 학생에게 수능과목이 아니라도 이수하면 이후에 도움이 되는 과목은 무엇일까? 그것은 '경제'가 아니고 수학에서의 '기하, 미적분Ⅱ'과목이다. 대학에 진학해서 경제 수학을 배우게 될 학생은 고등학교에서 이 과목을 이수해야 한다. 대학에서는 전공필수인 경제 수학을 이수하지 못하면 진급이 안 된다.

필즈상 수상으로 유명한 허준이 교수의 스승으로 다시 한번 이름이 회자되는 히로나카 헤이스케도 필즈상을 수상한 학자인데 그는 《학문의 즐거움》이라는 책으로 유명했었다. 히로나카 헤이스케는 그 책에서 "고등학교 때 배운 여러 과목의 지식을 졸업한 뒤에 다 잊는다. 잊을 걸 알면서도 배우는 이유는 배우는 가운데 지혜가 늘어나기 때문이다. 많이 공부하면 '지혜의 넓이'가 커진다. 한편 생각하는 방식에는 짧은 시간에 결론을 내려야 할 것이 있고, 오랫동안 생각해서 결론을 내려야 할 것도 있다. 그런데 입시 교육은 대체로 짧은 시간에 문제를 푸는 데 맞춰져 있다. 이것은 불행하고 불완전한 교육이다. 오랜 시간 생각하는 훈련이 되어있지 않으면 깊이 생각하는 사람이 될 수 없으므로 '지혜의 깊이'가 키워지지 않는다는 것이다."라고 말하고 있다.

참고로 서울대에서는 학생부종합전형 안내에서 학생들에게 다음과 같은 사항을 요구하고 있다.

> ✓ 암기력보다는 사고력을 중시합니다.
> ✓ 꿈을 실현하려는 의지와 노력을 중시합니다.
> ✓ 수능 점수의 작은 차이를 절대적 차이라고 여기지 않습니다.
> ✓ 결과보다 학교생활 속에서 공부한 과정을 중시합니다.
> ✓ 친구들과 잘 어울리는 학생이기를 바랍니다.
> ✓ 긍정적인 태도를 가진 학생이기를 바랍니다.
> ✓ 리더십, 공동체의식, 책임감, 사회기여가능성을 반영합니다.

점수에 연연해하지 말고 "사고력을 기르는 공부, 다양한 분야의 공부, 공부하는 과정을 중시하는 공부"를 하라는 메시지다.

진로를 정했다고 전공적합성이 있어 보이는 것은 아니다

전공적합성을 어필하려면 진로를 정해야 한다는 말은 그럴듯해 보인다. 그런데 고등학생 때 명확한 진로를 정하기는 쉽지 않다. 결국 전공적합성은 그 학생이 공부한 과목의 경향으로 볼 때, 이 전공에 무리가 없겠다고 판단되면 전공적합성이 있는 것으로 평가한다.

　고등학교 시절에는 자고 일어나면 꿈이 바뀌는데, 어떤 사람들은 학생부종합전형에서는 진로를 미리 정해야 전공적합성에서 높은 평가를 받을 수 있다고 한다. 그러나 한편에서는 진로를 미리 정하기가 어려운데 미리 정하라고 하는 것이 부당하다는 주장도 한다. 이미 2010년에 2020년이 되면 직업의 60%는 없어진다는 둥 미래 세계는 직업에 있어서 큰 변화가 있을 것이라고 미래학자들은 예언했었다. 현재 학생들은 앞으로 적어도 6가지 직업을 갖게 될 것이라고 하기도 했다. 그들은 이를 근거로 미래가 이렇게 불투명한데 진로를 정하라는 것은 불합리하다고 주장한다. 그러다 보니 진로에 관한 사항은 학생에게 부담이 되어 왔다. 그래서 2019학년에 고등학교에 입학한 학생부터는 대학에 진로 희망 분야를 제공하지 않기로 했다. 그만큼 진로나 직업을 미리 정하는 일은 어렵다.

　그렇다고 진로를 탐색하지 않아도 된다는 말은 아니다. 진로 희망 분야는 대학에 제공하지 않지만 진로 활동에 대한 서술 기록은 대학에 제공한다. 이 서술 기록을 바탕으로 학생이 진로 방향을 어떻게 설정했는지를 대학은 확인한다. 그래서 진로 희망 분야 또는 갖고 싶은 직업을 확정하지 않았어도 진로를 탐색하고 자신이 대학에서 어떤 공부를 할 것인지, 그 공부가 자신에게 잘 맞는지를 탐구활동으로 통해 확인하는 활동을 해야 한다. 학과나 학부 모집에서뿐 아니라 전공자율선택 모집 단위에 지원할 때에도 자신이 하고 싶은 분야는 탐구해야 한다. 이 탐구가 과목 선택과 이어지는 정도를 대학은 보고 싶어 한다.

진로를 미리 정하는 것은 자신의 미래를 염두에 두고 노력할 중점을 정하는 일이므로 의미가 있다. 그러나 대학 가기 위해 장래 직업을 미리 정해두어야 한다는 뜻은 아니다. 진로를 미리 정하면 자신이 공부하고 싶은 방향이 정해져 관련된 공부를 할 때도 보상으로 작용하며, 꼭 필요한 공부는 잘 못하는 과목이거나 어려운 과목이라도 인내하고 공부해 내는 힘이 될 수도 있기 때문이다. 그 결과 대학에서 배워야 할 과목의 기초를 고등학교에서 잘 이수할 수 있게 되므로 대학이 평가할 때는 전공적합성이 있는 공부를 한 학생으로 평가할 수 있다.

진로를 정하기 싫거나 정하지 못했으면 진로 관련 검사를 받아 보는 것도 한 방법이다. 중학교에서도 진로 검사를 진행하고, 고등학교에 와서도 진로 검사를 어느 학교나 한다. 학교에서는 커리어넷의 아로플러스를 통해 검사를 해 오라고 하지만 학생들이 워낙 해 오지 않아서 검사지를 구입해서 단체로 하는 경우가 많다. 검사에서 나타난 자신의 모습을 해석해서 자신이 가야 할 방향을 정할 수 있다.

신문이나 잡지를 볼 때 또는 인터넷으로 뉴스를 검색할 때 스포츠면을 제외하고 어떤 기사가 가장 자신의 흥미를 끄는지 생각해 보는 것도 한 방법이다. 과학에 관한 글부터 보게 된다면 순수과학 또는 공학에 관심이 있는 학생이다. 정치면부터 펼친다면 정치외교학을 전공하는 것을 생각해 보자. 흥미 방향뿐 아니라 성격검사까지 해서 자신에게 맞는 직업을 선택해야 한다. 정치외교학을 전공해서 기자가 되거나 정치가가 될 사람이라면 대인관계 능력이 뛰어나야 유리할 것이다. 반면 대인관계 능력이 부족한 사람이라면 연구자의 길을 가는 것이 더 나을 수 있다.

이와 같은 방식으로 진로를 정할 수도 있지만 진로를 정하는 가장 좋은 방법은 자신이 좋아하는 과목을 늘어놓고, 이어서 잘하는 과목도 나열해 보는 것이다. 이런 과목들을 모으면 자신의 진로 방향이 된다. 수학을 좋아한다면 수학과 관련 학과를 가게 될 것이다. 이 학생이 과학에는 흥미가 덜하고 경제 과목을 좋아한다면 진로 방향은 경제학과 쪽일 것이다.

마침 경제학과는 수학 교과 역량이 많이 필요한 분야이므로 잘 맞는다고 하겠다. 그 다음으로 경제학을 전공하기 위해 필요한 공부가 무엇인지를 찾아보는 것이다. 앞으로는 6개의 다른 직업을 갖게 되는 세상을 살게 된다면 좋아하는 과목을 늘리는 것이 진로를 넓히는 것이 된다.

이것으로도 잘 되지 않는다면 자신이 지금 흥미를 가지고 취미 삼아 하는 일을 잘 들여다보자. 고등학교 때 많은 시간을 들여 어떤 것에 대하여 깊이 있게 알고 싶어 한다면 그 '어떤 것'이 평생 직업이 될 수도 있다.

결국은 학교 공부입니다

학생부종합전형 준비는 대학이 상식에 바탕을 두고 기준을 정해 선발한다는 믿음에서 출발한다. 상식에 바탕을 두었다는 말은 바람직한 인간상에 대한 공감대 형성과 그런 사람으로 성장하기 위해서 필요한 과정에 대한 합의를 뜻한다. 이런 공부는 학교에서 이루어진다. 그래서 학생부종합전형을 준비한다는 말은 학교 공부에 충실하게 임하고 있다는 말과 같은 뜻이다.

누차 강조했듯이 대학은 고등학교 교육이 잘 이루어지는 방향으로 전형을 설계하려고 한다. 물론 모든 노력이 일사불란하게 집중되지도 않고, 긍정적인 방향보다 잘못된 방향이 더 눈에 들어오기 마련이다. 첫눈 내린 공원에서 세상을 덮은 눈보다 먼저 눈에 들어오는 것은 점점이 찍힌 강아지 발자국인 것과 같다. 이처럼 학생부종합전형에 관한 바른 정보보다는 학생부종합전형에 관한 잘못된 정보가 오히려 혼란을 가져온다. 앞서 언급한 내용들은 정보를 잘 선택하지 않으면 오해를 하게 되어 문제가 될 수도 있는 사항들이다. 합격하지 못할까 봐 걱정하는 마음은 꼼수를 불사하면서까지 좀 더 유리한 방향으로 국면이 전개되기를 바라지만, 핵심은 공부할 마음을 갖고 노력하는 것이다. 대학은 그렇게 평가한다고 말하고 있는데 이를 해석하고 전달하는 사람들이 설명하는 사이에 정보가 왜곡되기도 하고 자신에게 맞는 정보인지를 제대로 평가해서 수용하지 못한 결과 올바른 대비를 하지 못하기도 한다.

다음과 같은 주장은 눈여겨볼 필요가 있다.

> 모든 정보 중에는 자신에게 맞는 정보가 있다.
> 좋은 학업 태도는 합격에 도움을 준다.
> 나눔과 배려 등 인성 측면이 평가된다.
> 목표를 세워 노력한 모습이 평가된다.
> 도전적 선택과 지속적 노력을 발전 가능성 측면에서 평가된다.
> 어려운 과목을 선택하는 것이 발전 가능성으로 평가된다.
> 독서, 글쓰기, 토론 능력 등 기본적인 학업 역량을 갖추는 것이 기본이다.
> 비교과 영역보다 교과 영역이 더 큰 비중을 차지한다.
> 성적이 오른다는 것은 정량적 측면을 말하는 것이 아니다.
> 시험은 한두 번 망칠 수도 있다.
> 스스로 계획을 세워 공부하는 힘이 평가된다.
> 전공적합성은 대학 가서 공부할 과목들의 기초 과목을 공부해 두는 것이다.
> 진로를 미리 정했다고 직접적으로 유리해지는 것은 아니다.

그러나 다음 주장은 올바르지 않다.

> 학생부에 기재되지 않는 것은 할 필요가 없다.
> 독서 기록은 앞으로 대학에 전달되지 않는 시점이 되면 독서가 필요 없다.
> 소논문 쓰기와 같은 연구 활동을 할 수 있는 과목을 이수하면 유리하다.
> 소수 선택과목을 선택하면 등급이 나빠져 불리하다.
> 전문 교과 과목을 더 많이 이수하면 우수해 보인다.

모든 개별적인 상황에서 기준을 세우고 생각해 보면 판단이 된다. 지금까지 한 이야기는 기준에 관한 이야기이다. 학생부종합전형은 보기가 있는 문제 풀이에 매몰된 학생과, 학원처럼 기능하는 학교를 바꾸기 위해 도입된 제도다. 학생은 행복하게 배우고, 학교는 교육 정상화를 이루고, 국가적으로는 더 생각 있고 자기주도적인 인재, 자존감을 가진 인재를 길러 미래가 밝은 나라가 되는 것을 목표로 한다. 이런 사실을 염두에 두고 개별적인 사항을 생각해 보면 늘 판단의 방향이 보인다.

입시설계, 초등부터 시작하라

초판 1쇄 발행 2020년 4월 2일
2028 대입 반영 개정판 1쇄 발행 2025년 6월 11일

지은이   진동섭
펴낸이   박영미
펴낸곳   포르체

책임편집   유나
마케팅   정은주 민재영
디자인   황규성

출판신고   2020년 7월 20일 제2020-000103호
전화   02-6083-0128
팩스   02-6008-0126
이메일   porchetogo@gmail.com
인스타그램   porche_book

ⓒ 진동섭(저작권자와 맺은 특약에 따라 검인을 생략합니다.)
ISBN 979-11-94634-32-4 (03370)

- 이 책은 저작권법에 따라 보호받는 저작물이므로 무단전재와 무단복제를 금지하며, 이 책 내용의 전부 또는 일부를 이용하려면 반드시 저작권자와 포르체의 서면 동의를 받아야 합니다.
- 이 책의 국립중앙도서관 출판시도서목록은 서지정보유통지원시스템 홈페이지(http://seoji.nl.go.kr)와 국가자료공동 목록시스템(http://www.nl.go.kr/kolisnet)에서 이용하실 수 있습니다.
- 잘못된 책은 구입하신 서점에서 바꿔드립니다.
- 책값은 뒤표지에 있습니다.

여러분의 소중한 원고를 보내주세요.
porchetogo@gmail.com